KB158448

요술봉과 분홍 제복

ORIGINAL JAPANESE TITLE: KOU ITTEN RON
by Minako Saito

Copyright © Minako Saito 2001
Japanese paperback edition published by Chikumashobo Ltd.
Korean translation rights arranged with Chikumashobo Ltd..
through The English Agency (Japan)Ltd. and Danny Hong Agency

이 도서의 국립중앙도서관 출판예정도서목록(CIP)은 서지정보유통지원시스템 홈페이지(http://seoji.nl.go.
kr)와 국가자료종합목록 구축시스템(http://kolis-net.nl.go.kr)에서 이용하실 수 있습니다.
(CIP제어번호: CIP2020039352)

요술봉과 분홍 제복

紅一点論

세일러 문부터
헬렌 켈러까지,
여주인공의
왜곡된 성역할

GRLPWR

사이토 미나코 지음
권서경 옮김

문학동네

일러두기

- 원주는 본문에 번호를 명기한 주석 모양으로 표시했으며, 각 장 끝 '깊이 읽기'에 번호에 맞게 모아 소개했다.
- 역주는 각주(*)로 처리했다.
- 원서에 나오는 일본 서적의 출판사명 정보는 한국어판에서 생략했다.

2부

붉은 용사

3부

붉은 위인

세상은
다수의 남성과 소수의 여성으로
이루어져 있다

홍일점. 정확히 말하자면 만록총중홍일점萬綠叢中紅一點.

중국 북송시대 정치가이자 시인이던 왕안석王安石의 시에서 유래한 말이라고 한다. 녹음이 우거진 가운데 피어난 붉은 꽃 한 송이. 본디 군계일학이라는 의미로 사용되던 말이 변형되어 이제는 '남자들 사이에 있는 여자 한 명'이라는 뜻으로 주로 사용되고 있다.

우리에게 남자들 사이에 있는 여자 한 명은 굉장히 익숙한 모습이다. 예를 들자면 TV에서 방영되던 특수촬영 드라마* 〈비밀전대 고레인저〉에서는 레드, 블루, 그린, 옐로우 사이에서 홍일점인 핑크레인저

* 이하 특촬 드라마

가 전투에 임한다. 〈울트라맨〉에 등장하는 과학특수대에는 홍일점 후지 아키코 대원이 있고, 〈울트라 세븐〉에 등장하는 울트라 경비대에도 홍일점인 유리 안느 대원이 있다. 그 밖에 수많은 TV 프로그램에 나오는 조직에 홍일점이 있다. 그리고 우리는 어른들이 따로 가르쳐주지 않았어도 스스로 배운 것이 있다. 여자아이가 앉을 자리는 하나밖에 준비되어 있지 않다는 사실 말이다.

현실사회를 생각해보자. 기업, 정당, 의회, 학회, 보도기관 등 어디를 보아도 남녀 구성 비율이 비슷하다. 전후戰後 일본은 소위 '남초사회'라 하는데 상위 계층은 '남자들만'의 세상은 아니다. 정확히 말해 '다수의 남성과 소수의 여성'으로 이루어져 있다.

고맙게도 이러한 사회구조를 알게 된 것이 비단 TV 프로그램을 통해서만은 아니었다. 필자가 초등학생일 때 이 문제로 남자아이들과 싸운 적이 있었다. 한 아이가 불쑥 내뱉었다.

"이 세상에서는 남자가 훌륭한 사람이야."

"왜 그런데? 증거 있어?"

"위인들은 다 남자잖아."

이게 어찌된 일인가. '증거'는 무려 양성평등 교육의 중심지여야 할 학교 도서관에 있었던 것이다. 물론 반박은 했다. "나이팅게일이 있잖아. 퀴리 부인은? 헬렌 켈러는?" 상대는 우쭐한 표정으로 킬킬거리며 웃었다. "그것밖에 없잖아. 더 있어?"

이는 상당히 흥미로운 현상이다. '다수의 남성과 소수의 여성'으로 이루어진 세상에서 핑크레인저와 나이팅게일은 동급이 되고 만다.

따라서 이 책에서는 홍일점을 중심으로 전후 아동매체가 여성 주인공들을 통해 시사하는 여성상을 고찰해보았다. 조사 및 분석 대상은 앞서 이야기한 특촬 드라마·애니메이션과 아동용 위인전집이다.

이 매체들을 선정한 데에는 몇 가지 이유가 있다. 이 두 매체야말로 아이가 태어나서 처음으로 마주하는 '홍일점 세상'이라는 점, 전후 일본에서 자란 아이들이 으레 접하는 아주 대중적인 장르라는 점에서 선택했다. 또 각기 허구와 실화, 영상과 활자, 많은 사람이 아직까지도 저급하다고 여기는 서브컬처의 산물과 학부모가 선호하는 교육적 소재라는 점을 고려했을 때, 이렇게 애니메이션과 위인전이라는 대조적인 장르에 아이들이 노출되면서 '다수의 남성과 소수의 여성'이라는 사회관이 더욱 확고해진다는 이유에서다. 애니메이션과 위인전은 얼핏 보면 아무런 상관관계가 없는 것 같지만 사실 수많은 접점을 갖는다는 사실도 차차 알게 될 것이다.

오늘날에는 특촬 드라마와 애니메이션을 둘러싼 말들이 범람한다. 이와 관련된 분야인 만화 평론과 전래동화 연구도 매우 왕성해졌다.

아동용(이라고 명확하게 구분할 수 없는 것까지 포함한) 이야기를 해석하는 활동은 전에 없이 활발하다.

하지만 이 책은 그러한 연구들과는 방향성이 다르다. 첫째로, 각 작품을 평가하려는 목적이 아니라는 점에서 차이가 난다. 작품 성격이나 여주인공을 개별 관찰하기보다 장르 특징과 작품 속 여성상을 총체적으로 살펴보고자 한다. 둘째로, 심층 구조보다 표면에 드러나는 외양에 주목한다. 물론 이야기 구조와 내면 심리를 심층적으로 파헤치는 일 역시 나름대로 의미가 있을 것이다. 하지만 이 책에서 오히려 주목하고 싶은 것은 겉으로 드러나 있는 모습과 그것이 상징하는 바다.

홍일점 현상은 근본적으로 양의 문제다. 그러나 더욱 중요한 문제는 질에 있다. 홍일점 여주인공이란 '남초사회의 일원으로 선택받은 단 한 명의 특별한 여성'을 말한다. 이렇게 말로 풀어내면 간단해 보여도 사실 온갖 골치 아픈 문제를 끌어안고 있다. 특별한 여성이란 어디가 어떻게 특별하다는 걸까? 선택받은 여성은 도대체 누구에게 선택받은 걸까? 그전에, 아동매체 속 세상에도 남초사회가 존재하며 그에 대항하는 여초사회라는 것이 있을까?

이 책은 총 3부로 구성되어 있다. '홍일점 왕국'에서는 애니메이션, 특촬 드라마, 위인전에 공통적으로 나오는 여성상(다시 말해, 전후 아동매체가 꾸준히 제공해온 여성상)과 그것이 형성된 배경에 관해 생각해보았다. '붉은 용사'와 '붉은 위인'*에서는 이에 입각해 아동매체 속 여성상을 한층 자세히 논했다. '붉은 용사'에서는 인기 애니메이션 여주인공이 어떤 모습으로 묘사돼왔는지 분석했으며, '붉은 위인'에서는 아동용 위인전 세계에 군림하는 여성 위인이 어떻게 묘사돼왔는지 알아보았다.

사실 아동용 방송에서 볼 수 있는 홍일점 구도는 90년대에 들어서 급속하게 무너져내리기 시작했다. 또한 판에 박은 듯한 위인전을 계속 찍어내던 출판업계에서는 종래 위인전의 방향성을 다시금 검토하는 움직임이 본격화됐다. 그러므로 이 책은 전후 일본이 쌓아올린 아동매체 속 여성상의 집대성이라 할 수 있다. 우리에게 친숙한 홍일점 주인공이란 과연 어떤 여성일까.

* 남초사회에서 활약하는 여성 전사, 용사, 위인을 각각 붉은 전사, 용사, 위인이라 칭한다.

1부

홍일점 왕국

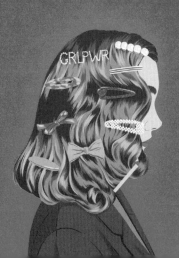

1장

애니메이션 왕국

◇　**동화 왕국에서 애니메이션 왕국으로**

먼저 여주인공이 활약하는 무대에 관해서 이야기해보자.

첫번째는 아동용 TV 방송이다.

일본에서 TV 방송을 시작한 해는 1953년인데, 일본 국내 방송국에서 제작한 첫 TV 드라마(당시에는 TV 영화라고 불렀다)와 첫 애니메이션(당시 TV 만화)은 정의의 사도가 활약하는 내용의 아동용 프로그램이었다. 전자는 〈월광가면〉(1958~1959)이고, 후자는 〈우주소년 아톰〉(1963~1966)이다. 그로부터 약 40년간 제작, 방영된 아동용 특촬 드라마와 애니메이션 작품은 그 수를 헤아릴 수 없다.

이 책에서는 아동용 특촬 드라마와 애니메이션 속 세상을 '애니메이션 왕국'이라고 칭하겠다. 애니메이션 왕국에는 소년 왕국과 소녀 왕국이라는 두 가지 문화권이 존재한다. 검은 책가방과 빨간 책가방, 파란 필통과 분홍 필통, 자동차 장난감과 금발머리 인형, 소년만화와 순정만화. 이같이 전후 일본의 어린이 문화에서는 걸핏하면 남녀가 구분되곤 했다. 애니메이션 왕국 역시 그 원칙에 준한다[1].

애니메이션 왕국 속 소년 왕국을 대표하는 장르는 변신 히어로물로 미래를 배경으로 정의의 사도인 멋진 남주인공이 악당과 싸우는 내용을 담고 있다. 변신 히어로물은 〈울트라맨〉과 〈비밀전대 고레인저〉부터 꾸준하게 이어져 진화를 거듭해왔는데, 전후에 태어난 아이들에게 익숙한 장르일 것이다. 반면에 소녀 왕국을 대표하는 장르는 마법을 부리는 소녀가 주인공으로 등장하는 마법소녀물이다. 〈요술공주 샐리〉〈거울요정 라라〉〈달의 요정 세일러 문〉(이하 〈세일러 문〉)이 이에 해당한다.

그런데 문화를 남자 문화와 여자 문화로 이분법적으로 나누어 생각했을 때, 남아용 이야기와 여아용 이야기는 TV가 보급되기 훨씬 전부터 이미 존재했다. 동화나 전설은 듣는 이의 성별을 따로 구분해서 지어진 게 아니다. 하지만 우리는 어릴 적부터 막연하게 "이건 남자애들 이야기, 저건 여자애들 이야기"라며 구별해오지 않았던가. 애니메이션 왕국은 이러한 전통을 분명히 답습했다.

소년 왕국의 복숭아동자 이야기 형식

남아용 이야기 중 가장 전형적인 장르는 바로 영웅담이다. 영웅담은 남주인공이 괴물을 퇴치하거나 얄미운 악당을 응징하는 이야기로, 주인공이 가상 인물인지 실존 인물인지는 크게 중요치 않다.「복숭아동자」*와「난쟁이 이야기」** 같은 동화 혹은「야마토 다케루」*** 「미야모토노 요시츠네」**** 「다와라노 도타」*****와 같은 영웅전설이 영웅담에 해당한다. 동화는 대부분 해피 엔딩을 장식하고 영웅전설은 비극으로 끝날 때가 많은데, 뭐가 되었든 무예를 겨루고 나라를 구하는 일

* 커다란 복숭아에서 태어난 남자아이가 여행중에 만난 개, 원숭이, 꿩과 함께 요괴를 물리치는 내용으로, 일본에서 가장 대중적인 영웅전설이다.
** 일본의 설화. 키가 3센티미터 남짓인 남자아이가 무사가 되고자 교토로 떠나고, 한 저택에 들어가 일을 하게 된다. 집주인의 딸과 함께 궁중 참배를 하러 여행을 떠났으나 도중에 집주인의 딸이 도깨비에게 유괴를 당해 주인공은 도깨비와 싸운다. 싸움에서 승리한 주인공은 요술 방망이를 손에 넣어 몸집을 보통 사람들 크기만큼 키우고 온갖 금은보화를 얻어 집주인의 딸과 결혼한다.
*** 야마토 왕조 12대 천황인 게이코의 아들로, 동방 원정을 비롯한 수많은 무공을 세웠다고 전해지는 인물. 다만 실존 여부는 불분명하다.
**** 헤이안시대 말기의 무장으로, 가마쿠라 막부를 연 미야모토노 요리토모의 이복동생이다.
***** 헤이안시대 중기의 무장. 지네 퇴치 전설로 유명하다.

화를 한데 뭉쳐놓아 용맹함을 극적으로 보여준다. 이중 가장 대표적인 영웅담은 동화「복숭아동자」일 것이다.

현대 소년 왕국의 이야기도 이와 같은 형식에 바탕을 둔다. 울트라맨처럼 머나먼 별나라에서 온 초능력자가 과학특수대 혹은 지구방위대 같은 조직에 들어가 괴수를 무찌르고 지구의 평화를 되찾는다는 설정의 20세기 히어로드라마. 복숭아에서 태어난 복숭아동자가 개, 원숭이, 꿩과 함께 팀을 이루어 도깨비를 물리치고 마을에 부와 평화를 가져온다는 내용의 영웅담과 아주 비슷하다.

소녀 왕국의 신데렐라 이야기 형식

여아용 이야기를 꼽자면 두말할 것 없이 공주님 이야기, 즉 공주님의 혼인담이다. 역경에 부딪힌 공주님이 왕자님과 만나 시련을 극복하고 결혼에 골인하는 러브 로맨스. 그림 형제 동화 중「백설공주」「잠자는 숲속의 공주」「신데렐라」등이 대표적인 예다. 안데르센 동화의「인어공주」같은 멜로드라마도 있지만, 보통은 왕자님과 결혼하며 끝을 맺는 꿈만 같은 이야기다. 또한 공주란 본디 신분제 사회나 계급사회에서 왕족의 딸에게 주어지는 칭호지만, 여자아이에게 공주님이란 '예쁜 드레스를 입고 왕자님과 춤을 추는 사람'을 달리 이르는 말이다.

따라서 공주님 이야기의 백미는 허름한 옷을 입은 소녀가 마법의 도움으로 아름다운 드레스 차림으로 변신하고 단번에 왕비 자리를 차지하게 된다는 신데렐라 이야기다.

현대 소녀 왕국의 이야기도 이와 같은 형식을 이어받았다. 그렇다 해도 오늘날 애니메이션 왕국에서 왕자님이 도와줄 때까지 얌전히 기다리기만 하는 공주는 드물다. 특히나 90년대에 히트를 친 애니메이션 〈세일러 문〉 이후로 여주인공이 적과 맞서 싸우는 설정은 당연해졌다. 그럼에도 마법의 힘으로 변신을 하는 점을 비롯한 신데렐라 이야기의 전통은 분명히 이어지고 있다[2].

사실 소녀 왕국과 소년 왕국이 서로 대척 관계에 있다고 하긴 어렵다. 소년 왕국의 인지도가 훨씬 높고 규모도 크기 때문이다. 소녀 왕국을 배경으로 하는 작품은 그 수가 적은데다가, 특히 마법소녀물은 주 시청 연령대의 여아와 일부 성인(이런 부류의 작품은 '로리콘* 애니'라는 속칭이 생길 정도로 이를 즐겨 보는 성인 남성 시청자가 꽤 많이 존재한다)을 제외한 사람에게는 그리 잘 알려지지 않았다. 하지만 양에 관한 문제는 제쳐두고 우선 질을 비교해보자. 그러면 재미있는 사실을 깨닫게 된다. 그것은 두 장르의 뼈대는 거의 같고, 주된 차이는 인물의

* 롤리타콤플렉스의 약어.

외양에 있다는 점이다.

두 왕국의 이야기 형식과 사상은 각 작품의 제목에까지 영향을 미치고 있다. 변신 히어로물과 마법소녀물의 제목은 주로 한자어와 외래어의 합성어인데, 어린 친구들은 글자를 읽지 못하니 귀로 들리는 소리로 가장 먼저 제목을 접한다.

참고할 수 있도록 「결전! 거대 로봇 애니메이션」과 「슈퍼 마법소녀 대전」에서 1975년 이후 제작된 소년·소녀 왕국의 작품명을 각각 20개씩 임의로 선정해봤다[3].

소년 왕국을 배경으로 하는 작품 제목

〈초전자로봇 컴배틀러 V〉* 〈투장 다이모스〉 〈혹성 로봇 당가드 A〉(날아라 스타에이스) 〈합신전대 메칸더로봇〉(메칸더 V) 〈무적초인 잠보트 3〉 〈무적강인 다이탄 3〉 〈기동전사 건담〉 〈전설거신 이데온〉 〈전국마신 고쇼군〉(무적의 메카로봇 챌린저) 〈육신합체 갓마즈〉(우주전사 마르스) 〈은하선풍 브라이거〉 〈마경전설 아크로번치〉 〈초시공요새 마크로스〉(마크로스) 〈기갑창세기 모스피다〉(모스피다) 〈전투메카

---

* 한국에 정식 수입되지 않은 애니메이션은 원작명을 직역하고, 수입된 애니메이션은 독자의 이해를 돕고자 원작명 뒤 괄호 안에 한국어판 제목을 병기했다.

자붕글〉〈성전사 단바인〉〈중전기 엘가임〉〈태양의 송곳니 다그람〉
〈장갑기병 보톰즈〉〈기갑계 가리안〉.

소녀 왕국을 배경으로 하는 작품 제목

〈꼬마마녀 메구짱〉(요술천사 꽃분이)〈꼬마마녀 티클〉〈꽃의 아이
룬룬〉(꽃천사 루루)〈마법소녀 라라벨〉〈마법의 프린세스 밍키모모〉(요
술공주 밍키)〈마법천사 크리미마미〉(천사소녀 새롬이)〈마법요정 페
르샤〉(샛별공주)〈마법의 스타 매지컬 에미〉(요술가족)〈마법의 아이
돌 파스텔 유미〉(꽃나라 요술봉)〈에스퍼 마미〉〈아이돌 천사 어서와요
요코〉〈마법의 엔젤 스위트민트〉(뾰로롱 꼬마마녀)〈꽃의 마법사 마리
벨〉(꽃의 천사 메리벨)〈미소녀 전사 세일러 문〉(달의 요정 세일러 문)
〈히메짱의 리본〉(마법의 리본)〈미라클 걸즈〉(요술소녀)〈빨간 망토 차
차〉〈마법기사 레이어스〉〈애천사전설 웨딩피치〉(사랑의 천사 웨딩피
치)〈너스엔젤 리리카 SOS〉(리리카 SOS).

소년 왕국을 배경으로 하는 작품은 G, D, B 음에 중점을 두어 강인한
느낌을 준다. 반면 소녀 왕국을 배경으로 하는 작품은 M, R, S 음에 중점
을 두어 귀여운 어감을 살린다.

"자아, 강하게 들리는 이 소리가 남자 어린이 거예요. 앗, 안 돼요. 우리 여자 어린이 건 그게 아니라 여기 있는 귀여운 소리란다."

이렇게 일본 아이들은 아주 어릴 때부터 각자 다른 길로 유도된다.

이 정도면 아동용 애니메이션을 본 적 없는 사람이라도 조금은 마음의 준비가 되지 않았을까? 그렇다면 이제 두 왕국을 탐험해보자.

군사대국으로 성장한 소년 왕국

소년 왕국은 미래와 우주와 전쟁이 배경인 세상이다

소년 왕국의 무대는 미래 세계다. 미래의 지구는 반드시 위험에 처하게 된다. 지구는 적, 다시 말해 지구를 정복하러 우주에서 온 침략자 혹은 수수께끼로 둘러싸인 비밀결사대의 표적이 된다. 그래서 소년 왕국은 국제적 규모의 군사조직(지구방위대 혹은 국제비밀방위기구 등)을 항시 갖추고 있을 뿐 아니라 용감하게도 거의 매주 출동한다.

소년 왕국은 은하계는 물론 몇 만 광년 혹은 몇 억 광년 떨어진 공간까지 거느리는, SF 세계다. 방대한 우주 공간을 배경으로 지구를 넘나드는 규모의 공방전을 벌이는 이 조직이 바로 소년 왕국의 주역이다. 팀 멤버로는 명사수, 천재, 괴력의 소유자 등이 있으며 능력과 성격이 제각각인 다양한 연령층 사람들이 선발된다. 남주인공은 외계인이거나 안드로이드일 때도 많다. 하지만 그들은 정체를 숨기고 지구방위대에 가담한다. 소년 왕국은 전투(심지어 대부분이 본토전)에 온 힘을 쏟아야 하는 전시 상황에 놓여 있으며, 남주인공은 병사로서 조직에 충성을 바친다.

소년 왕국의 전투는 이질적 존재를 배척하는 전쟁이다

소년 왕국이 먼저 전쟁을 일으키는 경우는 없다. 반드시 적군이 먼저 공격해온다. 따라서 소년 왕국은 매번 평화를 지키려는 목표로 방어전을 치른다. 그렇게 따지자면 스파르타-아테네 전쟁을 비롯해 걸프전쟁에 이르기까지, 인류 역사상 자칭 '평화를 위한 싸움'이 아니었던 전쟁은 없다지만 말이다.

그런데 적이란 누구를 말하는 걸까. 흔히 침략자라고 불리는 이들은 겉모습이 보통 사람과 다르거나 사회 기준에 맞지 않는 존재들이다. 이들은 괴수, 괴물, 로봇 등 동식물이나 기계가 진화하다 만 것 같은 모습을 띤다. 소년 왕국에서 전투란 곧 이질적 존재를 배척하는 전쟁을 말하며, 소년 왕국에서 말하는 정의正義란 '지구적 민족주의' 또는 '인류 에고이즘'이라 할 수 있다. 물론 적군은 눈 하나 깜짝 않고 마을을 파괴하는 악당이라지만, 길거리에서 전투를 하거나 자연을 파괴하는 일도 서슴지 않는 안하무인격을 따지자면 지구 팀 역시 만만치 않다. '지구 대 외계에서 온 침략자'라는 대립 구도는 '일본 대 이국에서 온 침략자' 또는 '일본 민족 대 비非일본 민족'이라는 대립 구도의 연장선상에 있다 할 수 있다. 〈울트라 세븐〉(1967~1968)은 자위대(지구방위대) 대 구소련 군(괴수)의 전투 상황에서 미·일 안보조약(울트라 세븐)이 체결돼 결판이 나는 이야기라는 의견이 있는데, 마냥 틀린 말도 아닐 것이다[4].

소년 왕국의 팀은 국가를 배후에 둔 군대다

소년 왕국에서 주인공은 국제적 군사조직의 일원이다. 그런데 이 조직의 구성원은 어느 모로 보나 일본인이 대부분이다. 정확히 말하면 일본어를 구사하는 황인종뿐이다. 따라서 소년 왕국은 언어로 보나 인종으로 보나 균질적인 사회라 할 수 있다.

다만 조직 형태에 주목해야 한다. 소년 왕국은 아무래도 군대이다 보니 빈말로도 민주적이라 할 수 없는 피라미드식 수직사회다. 대여섯 명으로 구성된 주인공 팀은 인원수로 보아 군에서 가장 작은 단위인 분대에 해당할 것이다. 흔히 대장이라고 불리는 팀의 리더(〈울트라맨〉의 무라마쓰 캡틴, 〈울트라 세븐〉의 기리야마 대장)는 기껏해야 분대장에 지나지 않으며 그 위로는 참모장이나 사령관 같은 높으신 분이 반드시 존재한다. 말하자면 우리의 소년 왕국 팀은 거대 관료기구의 말단조직에 불과한 것이다.

주인공 팀이 인류를 지켜야 한다는 사명을 짊어지고 있으니 이들의 배후에 조국이 존재하는 것을 당연하게 여길 수 있겠으나, 반드시 그래야 할 이유는 없다. 영국의 특촬 드라마 〈썬더버드〉에 등장하는 국제구조대는 재벌가에서 관리하는 자주독립적인 조직이다. 또한 영화 〈스타워즈〉에서 루크 스카이워커의 팀 역시 자발적으로 움직이는 (심지어 사용하는 언어와 인종이 제각각인) 오합지졸 집단이다. 소년 왕국 팀은 공공조직이 지니는 강점으로 최첨단 설비를 갖춘 훌륭한 작전 본부가 있지만, 우리의 소년 왕국 팀이 '같은 값이면 다홍치마'를 추구한다는 점에 주목할 필요가 있다.

소년 왕국은 과학기술에 기반을 둔다

초능력은 동서고금을 막론하고 어린이를 대상으로 한 작품에서 빼놓을 수 없는 소재다.

소년 왕국에서는 초능력을 오로지 과학기술이라는 말로 설명한다. 물론 실상은 허무맹랑한 공상과, 유사과학에 지나지 않는다. 그렇지만 소년 왕국에서 초능력 스펙을 설명할 때는 기계와 관련된 명칭과 과학용어, 그리고 그럴싸한 수학 공식을 쓰는 것이 중요하다.

이런 식으로 말이다. 각종 특수탄을 장전할 수 있는 초고성능 광선총(《울트라맨》), 700마력짜리 강화 제트엔진을 탑재한 최고 시속 500킬로미터에 이르는 사이클론(《가면라이더》), 무한한 태양열에너지로 움직이며 초합금 Z로 만들어진 거대 로봇(《마징가 Z》), 공룡을 멸종시킨 초능력에너지 겟타선으로 기동하며 초금속 합성 강철 G로 만들어진 슈퍼 합체 로봇(《겟타로보》), 물속을 100노트, 하늘을 8마하, 지상을 시속 650킬로미터로 달리는 만능 전함 덴지타이거(《전자전대 덴지맨》). 이는 '완력 10만 마력과 제트 추진력 5마하'(《우주소년 아톰》)와 '10만 킬로와트짜리 초소형 원자로 탑재'(《에이트맨》)가 등장한 시절부터 이어져온 전통이다.

소년 왕국은 첨단기술을 이용해 주로 전투용 로봇과 이동 수단과 무기를 만든다. 아니, 소년 왕국에서 과학기술은 대부분 군수산업에만 이용된다고 해야 맞을 것이다. 게다가 소년 왕국은 장난감업계와 동맹을 맺기라도 한 건지 이상하리만치 군장비 확장을 지향한다. 작품 후반에 들어서면 무슨 일이 있어도 군장비 강화 계획이 세워지고,

이전에 사용하던 무기의 성능을 뛰어넘는 최신형 기계 혹은 거대 로봇이 만들어진다. 무기를 개발하는 사람들은 '○○ 박사' 'XX 연구소 △△ 소장' 등으로 명성 높은 천재 과학자들이다. 개중에는 자유로운 영혼의 소유자도 있지만, 군사대국답게 산학협동 체제가 발달한 소년 왕국에서는 대부분이 조직에 고용된 어용학자다. 이들은 대부분 천재라는 이름에 걸맞게 무기 설계부터 제작까지 모든 과정을 대개 혼자서, 그것도 상당히 짧은 기간 안에 소화해내는 초인적인 능력을 지닌 과학자다.

소년 왕국에서는 적대국 역시 지구 못지않게 과학을 신앙처럼 받들어 끊임없이 새로운 무기를 개발한다(그중에는 매주 새로운 무기를 개발해내는 베테랑도 있다). 소년 왕국에서 무기 개발 경쟁은 날로 치열해지고 있다. 연간 군 예산을 얼마나 책정하는지 궁금할 따름이다. 해마다 가정에서 새로운 장난감 무기를 구입하는 데 드는 비용도 궁금해진다.

소년 왕국에서 변신은 무장이다

소년 왕국에서 변신이란 중요한 순간에 이루어지는 무장을 의미한다.

변신이라 하면 보통 〈울트라맨〉이나 〈가면라이더〉에 나오는 변신의 정석을 떠올릴 것이다. 베타캡슐이나 울트라아이 같은 도구를 사용하거나 정해진 포즈를 취하면서 "변-신!"을 외치는, 바로 그것 말이다. 80년대에 한 시대를 풍미한 특촬 드라마 '우주형사 시리즈'에서는 변신에 대해 '증착蒸着*' '적사赤射**' '소결燒結***' 등 그럴듯한 명칭을 붙여놓고, 특수 전투복을 순식간에(0.05초쯤) 갈아입는 과정임을 그림까지 그려가면서 열심히 과학적으로 설명한다. 물론 오늘날에도 울트라 시리즈처럼 전통적 변신을 중시하는 작품이 있다. 하지만 과학 지상주의가 뿌리내린 국가 입장에서는 과학적으로 완벽히 설명하기 어려운 변신 방법에 내심 납득이 가지 않았을 것이다. 기껏 요란스럽게 군사조직을 정비해놓았건만 울트라맨이나 가면라이더 같은 초능력자, 즉 다른 세계에서 온 변신 히어로에게 도움을 받는 상황은 분명 굴욕이었을 것이다.

그래서 고안해낸 새로운 변신 방법이 바로 거대 로봇이다. 사람이 탑승해서 조종하는(철인 28호처럼 외부에서 조종하는 게 아닌) 거대 로

---

* 금속·화합물 등을 가열해 발생한 증기를 물체 표면에 부착시켜 코팅하는 방법.
** 특촬 드라마 〈우주형사 샤리반〉에서 주인공이 변신할 때 외치는 코드명. 전함 그랜드버스에서 뿜어져나오는 태양열에너지를 쐬면 붉은 태양광 입자 금속으로 만들어진 '컴뱃슈트' 차림으로 변신할 수 있다.
*** 분말 입자를 녹는점 이하의 온도로 가열했을 때, 분말이 서로 밀착해 고결되는 현상.

봇은 〈마징가 Z〉(1972)에 등장한 것이 시초라고 전해지는데, 이것이 훗날 가장 보편화된 또하나의 변신 방법이다. 거대 로봇이라는 소재는 애니메이션업계에서 입지를 굳혔고, 특촬 드라마 중 '슈퍼 전대물*'에서는 〈배틀 피버 J〉(1979~1980) 이후로 등장인물들이 기존의 변신 방법과 거대 로봇에 탑승하는 것을 결합한 2단 변신을 거쳐 전투에 임한다.

거대 로봇은 사람 형상을 한 이동 수단이자 무적의 전투 능력을 갖춘 무기이며 특수합금으로 만들어져 뛰어난 방어력을 자랑하는 우수한 방어복이다. 거대 로봇은 기존의 변신(=무장) 기능을 모두 갖추고 있다. 물론 이 로봇은 나라에서 자체 제작한 공업품이라 과학지상주의를 표방하는 국가의 체면을 세우면서 장난감업계의 기대에도 부응할 수 있다. 바로 이런 이유 때문에 거대 로봇이 등장하는 장면은 기존의 변신 장면처럼 웅장한 음악을 배경으로 작품의 하이라이트를 장식한다.

---

* 일본 특촬 TV 드라마 시리즈로, 무려 45년에 걸쳐 방영되고 있다. 이 시리즈의 기본 콘셉트는 등장인물 몇 명이 팀을 꾸려서 각자 이미지에 맞는 색깔의 헬멧과 슈트로 무장해 적과 맞서 싸우는 히어로물이다.

소년 왕국에는 성희롱이 난무한다

소년 왕국 사람들은 매주 전투에 여념이 없다. 애당초 소년 왕국에서 사생활이란 거의 없는 거나 마찬가지다. 어쩌다 누리는 휴가 중에도 어김없이 악당이 습격을 가해 사람들은 본부에 호출되곤 한다. 평범한 사람이 이렇게나 빈번하게 구속받으면서 전투에 강제 참전하게 된다면 폐인이 되고 말 것이다. 하지만 소년 왕국 사람들은 다들 비정상적으로 튼튼하기에 누구 하나 앓는 소리를 내는 법이 없다. 물론 이들이 노동조합을 결성해 처우 개선을 요구하는 경우 또한 없다. 국가를 배후에 둔 공무원이라 단결권이나 단체교섭권, 파업권을 박탈당했을지도 모르는 일이다.

이러한 일상을 보내는 소년 왕국 사람들이 여가에 할 수 있는 일로 공인된 것이 바로 성희롱이다. 근무시간에 여성 대원을 조롱하는 것은 예삿일이고, 신체를 터치하거나 쳐다보는 것 또한 다반사다.

소년 왕국에서는 여성 대원을 성희롱 대상으로 삼으려고 고용했다 해도 과언이 아니다[5]. 소년 왕국에서 흔히 발생하는 성희롱은 '욕실 엿보기'라는 저질스러운 행위다. 언제부터인가 모두 약속이라도 한 듯 앞다퉈 샤워신을 집어넣기 시작했다는 것은 애니메이션을 즐겨보는 팬이라면 모두가 아는 사실이다. 덧붙여 말하자면 〈미토코몬〉

의 유미 가오루부터 〈쇼군〉의 시마다 요코에 이르기까지 사극에 등장하는 여주인공들 역시 무슨 이유에서인지 목욕을 참 좋아한다. 학원 드라마에서도 합숙만 했다 하면 남학생들이 여탕을 훔쳐보는 설정은 몇십 년 동안 전해내려오는 풍습이다. 남학생들이 "나도 좀 보자"라며 옥신각신하는 사이에 여학생에게 들켜서 반나체 차림의 여자들이 비명을 지르고, 여주인공이 밖으로 나와 "뭐하는 짓들이야!"라며 호통친다. 이처럼 익숙한 고전적인 장면은 훈훈한(그렇게 여겨지는) '개그'로 통한다.

일본인의 무의식 속에 자리잡고 있는 입욕에 대한 욕망은 아동용 애니메이션에까지 영향을 미쳐서, 〈극장판 도라에몽〉에는 이슬이의 누드신이 단골로 등장한다. 진구가 욕실에 있는 이슬이를 훔쳐보며 인생 최대의 보람을 느낀다 할 수 있을 정도다. 게다가 이슬이가 목욕하고 있을 때면 어김없이 사건이 발생한다. 목욕할 때만 사건이 일어나는 걸로 보아 이슬이는 하루에 다섯 시간 정도 욕실에 있는 것이 아닐까.

이렇게 살펴보면 소년 왕국은 미국과 구소련도 울고 갈 만큼 강력한 군사대국(성희롱 옵션 포함)이다. 소년 왕국이 전시 체제하에 있다고는 하지만 본디 전쟁이란 군사와 외교가 함께 이루어지는 것이다. 매사를 전투로 해결하려다보면 서로 힘만 들 뿐 아무런 이득을 얻지 못한다. 그런데 소년 왕국에서는 소위 '간접 전쟁'이라 할 만한 외교교

섭이 행해지지 않는다. 외교에 의지하지 않고 매주 (유사)과학의 힘을 한데 모아 총력을 기울여서 적(이질적 존재)을 물리치고자 '직접 전쟁'을 되풀이한다. 이곳이 바로 소년 왕국이다.

연애지상주의가 만연한 소녀 왕국

소녀 왕국은 꿈과 별과 사랑으로 이루어진 세상이다

최근 들어 전투라는 요소가 소녀 왕국에도 도입되면서, 소녀 왕국도 소년 왕국과 훨씬 비슷해지고 있음은 분명하다. 하지만 소녀 왕국에는 소녀 왕국만의 규정이 있다.

소녀 왕국의 배경은 현대사회다. 우주나 지구 등 SF 요소는 그다지 많지 않으며, 사건은 오로지 지역사회, 학교 주변, 또는 마을 안에서만 발생한다. 그렇다고 해서 소녀 왕국의 스케일이 작다고 생각한다면 큰 오산이다. 소녀 왕국은 스케일이라고 할 만한 게 아예 없기 때문이다. 소년 왕국은 미래 혹은 과거라는 배경을 뚜렷이 설정하고 있다. 우주 머나먼 곳에 존재한다는 M78성운이나 혹성 이스칸달의 실존 여부는 별개로 치더라도, 어쨌거나 소년 왕국은 20세기의 우주 개념과 시간 개념에 바탕을 두고 있다. 하지만 소녀 왕국에는 아인슈타인이나 뉴턴은커녕 여태껏 갈릴레이나 코페르니쿠스조차 등장한 적이 없다. 지구와 다른 세계라고는 오로지 마법의 나라뿐. 우주라는 개념은 달님과 별님이 전부이고 전생, 환생, 유체이탈은 당연한 현상이라 믿어 의심치 않는다.

소년 왕국의 사명은 '지구를 지키는 것'으로 명확하지만, 소녀 왕국의 사명은 '사람들에게 꿈을 심어주는 것' '사랑의 힘을 모으는 것' 등으로 은근히 추상적이다. 소녀 왕국은 시공간의 개념이 얽히고설킨 꿈의 세상이며 근대 이전의 우주관이 살아 있는 이상한 나라다.

소녀 왕국은 세상에서 단 하나뿐인 보물을 지키려 전투를 벌인다

소녀 왕국은 대체로 평화롭고 일상적인 세상을 배경으로 한다. 이곳에는 군대도 전쟁도 없기에 분위기만 놓고 보면 밝고 명랑한 학원 드라마 느낌을 풍긴다.

그런데 근래에 들어서 소녀 왕국에도 지구 정복을 노리는 악의 무리가 등장하기 시작했다. 이 악당들도 나름대로 작전을 세워 접근한다. 그들은 직접적으로 전쟁을 일으키는 대신에 세계를 정복할 수 있는 힘을 지닌, 주인공의 보물, 다시 말해 환상의 크리스털(〈세일러 문〉),

생명의 꽃(〈리리카 SOS〉), 공중원소 고정 장치(〈큐티 하니 플래쉬〉) 따위를 빼앗고자 수단과 방법을 가리지 않는다. 따라서 소녀 왕국이 벌이는 전투란 소중한 보물을 지키기 위한 방어전, 즉 도둑 퇴치에 가깝다.

그런데 소녀 왕국의 적은 과연 누구일까? 흔히 악의 무리라고 불리는 집단에 속한 이들은 의외로 살짝 중성적인 훈남일 때가 많다. 이른바 미남 캐릭터로 나오는, 장발을 한 청년이 보물을 노리는 악당으로 등장하곤 한다. 소녀 왕국 사람들은 전투중에 머리를 쥐어뜯거나 옷이 갈기갈기 찢기고 호흡이 거칠어지는 등 은근히 에로틱한 모습을 보인다. 음흉한 어른들은 이를 보고 '보물이 처녀성을 암시하는 것 아니냐'고 억측할지도 모른다. 〈세일러 문〉의 전투 장면은 성인 남자(어둠의 왕국 수하)와 어린 소녀(세일러 요정)의 성관계(강간?)를 은유적으로 표현한 것이라는 지적이 있는데, 마냥 틀린 말도 아닐 것이다[6].

소녀 왕국의 팀은 친한 친구들끼리 무리 지어 만든 그룹이다

애초에 소녀 왕국에는 조직이라는 개념이 형성돼 있지 않았다. 등장인물들이 팀을 이루어 활약하는 이야기로 유명한 〈세일러 문〉과 그밖의 사례들을 살펴보더라도 소녀 왕국에서는, 소년 왕국에서처럼 남자나 나이 차이가 많이 나는 어른이 조직의 일원으로 있는 경우가 없다. 〈스케반 형사〉(1985)에서 비롯된 관습인지 몰라도 소녀 왕국의 팀은 남성 출입이 금지된 여학교를 다니는 동년배 소녀들로 구성된 것 같은, 지극히 사적인 친한 친구 무리에 불과하다. 애당초 소녀 왕국에서는 '과학특수대'나 '울트라 경비대' 같은 팀명조차 짓지 않는다. 〈세일러 문〉에서는 세일러 요정 열 명이 훌륭한 팀을 이루고 나서도 멤버를 통틀어 '세일러 요정'이라고 칭할 뿐 끝내 팀명은 짓지 않는다.

이처럼 불완전한 상태인 소녀 왕국의 조직은 작전 본부 건물은 물론 그럴듯한 명령 체계도 없다. 소녀 왕국에는 비밀 아지트 하나 없으니, 소년 왕국이 최첨단 컴퓨터가 구비된 군사기지를 소유한 것과는 하늘과 땅 차이다. 〈세일러 문〉에서 세일러 요정들이 작전 회의라고 말하기에도 민망한 잡담을 나누는 곳은, 같은 멤버가 사는 신사神社*이거나 멤버의 집 거실, 패밀리 레스토랑 구석, 오락실 구석 등지다. 형편이 이러하니 전투가 발생하면 임기응변으로 대처할 수밖에 없다.

소녀 왕국 사람들은 비과학적인 마법을 사용한다

소녀 왕국 사람들이 갖춘 초능력, 즉 소년 왕국의 과학기술에 해당

---

* 한국의 세습무와 비슷한 개념으로 신사에 기거하는 무녀가 있다고 한다.

하는 능력은 마법이다. 두 능력 모두 공상의 산물이고 허구임에 틀림 없다. 그러나 소녀 왕국이 열 올려 전투를 치르고 나서도 과학기술은 끝내 발달하지 않는다.

물론 소녀 왕국도 소년 왕국과 마찬가지로 장난감업계와 동맹을 맺은 관계이니 소녀 왕국에서 주문만 외워서 마법을 부린다는 건 어림도 없는 소리다. 마법은 반드시 마법도구와 짝을 이룬다. 다만 소녀 왕국에는 소년 왕국의 천재 과학자처럼 마법도구를 만드는 사람이 없다. 마법도구는 자국에서 직접 개발한 것이 아니라 '거울의 정령' '꽃의 요정' '달의 여신' 등이 전해준 것이다. 소년 왕국에서는 무슨 일이든 스스로 노력하는 과정을 중시하지만 소녀 왕국 주인공들은 걸핏하면 남의 힘을 빌리곤 한다.

소년 왕국에서 특수합금 재질로 만든 전투기나 총기 형태를 띠던 무기가, 소녀 왕국에서는 보석이 과하게 박힌 콤팩트나 액세서리, 지팡이 형태로 등장한다. 기능 면에서 봐도 '피융' '콰앙' 하고 총기에서 특수탄이 발사돼 폭발을 일으키는 방식이 아니라 지팡이 끝에서 일곱 빛깔 별가루나 반짝이가 뿜어져나와 팔랑팔랑 흩날리는 식이다. 또한 소녀 왕국에서는 필살기를 사용할 때에도 "○○ 광선 발사!" "XXXX 출동!"처럼 촌스러운 대사가 아닌 "문 파워 액션" "생명의 물 머큐리 웨이브" "앤젤 샤인 스크롤" 같은 화려한 기술명이 울려퍼진다.

그런데 소녀 왕국에는 비장의 무기가 있다. 그 어떤 마법보다도 강력한 소녀 왕국의 무기는 바로 눈물이다. 마지막 화에서 여주인공이 똑 흘리는 눈물이 다른 사람들의 목숨을 구하거나 악당의 마음을 누그러뜨리는 장면을 심심찮게 볼 수 있다. 소년 왕국이 군장비 확장에 심혈을 기울이는 동안 소녀 왕국은 남몰래 눈물 제조에 매진하기라도 하는 걸까.

소녀 왕국에서 변신은 패션쇼를 방불케 한다

소년 왕국에서 변신은 곧 무장이다. 하지만 소녀 왕국에서는 그렇지 않다. 소녀 왕국에서 변신은 무장이 아닌 화장이고, 파워 업이 아닌 메이크업을 의미한다. 달리 말하자면 소녀 왕국에서 변신이란 곧 신데렐라의 변신과 마찬가지로 '옷 갈아입기'를 뜻한다.

소녀 왕국 사람들이 변신을 한 모습은 변신 전보다 방어력이 크게 떨어지는데 아예 전투에 부적합한 복장을 한 경우가 많다. 다리를 훤히 드러내 보이는 미니스커트, 가슴이 푹 파인 레오타드, 앞코가 뾰족한 하이힐, 팔랑거려서 거치적거리는 리본과 스카프, 반짝거리는 액세서리(이것이 무기일 때가 많다 해도 말이다). 소녀 왕국 사람들의 변신이 의상뿐 아니라 육체를 탈바꿈하는 행위, 다시 말해 성인 여자로 변하는 행위를 의미하던 시기는 오랜 기간 지속됐다. 70, 80년대 소녀 왕국에서 변신이란 곧 마법의 힘으로 어른이 되는 것이었다.

변신은 그 자체가 쇼이기에 시간이 걸린다. 변신 중인 여주인공은 화려한 음악에 맞춰 자기 자신에 흠뻑 취한 표정을 지으면서 발레라도 하듯 빙글빙글 돌며 춤춘다. 옷을 갈아입는 상황이니 스트립쇼에서처럼 홀딱 벗겨낸 모습(즉 알몸!)까지 끼워넣는다. "달빛의 요정이여, 빛으로 얍"이라는 주문을 외치면 손톱에 매니큐어가 칠해지거나(〈세일러 문〉), 간호사 복장이라 하기에도 민망한 핑크색 미니스커트를 입고서 하늘거리는 흰색 앞치마를 두르고 보석이 박힌 간호사 모자를 쓴 모습으로 변신하거나(〈리리카 SOS〉), 주인공 3인조가 전투에 임하기 직전에 뜬금없이 웨딩드레스 차림(왜죠?)을 하는 등(〈사랑의 천사 웨딩피치〉), 다들 참 바쁘기도 하다. 큐티 하니가 변신하는 모습은 그야말로 패션쇼 무대를 서는 것과 다름없다. '칠색변화七色變化'라고 불리는 하니의 변신은 스튜어디스, 간호사, 무대의상을 입은 아이돌, 웨딩드레스를 입은 신부 등 그 종류도 각양각색이다. 이렇게 의미 없는 코스프레를 잠시 즐기고 나서 전투복을 입은 전투용 큐티 하니로 2단 변신을 한다. 말이 좋아 전투복이지 실상은 가슴골이 강조되는 타이트한 점프 슈트다.

소녀 왕국 사람들은 연애지상주의에 빠진 채 왕자님에게 의존하려 한다

소녀 왕국은 소년 왕국과 다르게 공과 사가 심하게 뒤엉켜 있다. 여주인공이 학교나 가정에서 지내는 모습이 중점적으로 그려지며 연애는 중요 소재다. 아니, 순정만화와 마찬가지로 사랑을 빼놓고 이야기가 성립되지 않는 곳이 바로 소녀 왕국이다.

로맨스물 중 둘째가라면 서러운 작품으로 애니메이션 〈들장미 소녀 캔디〉가 있지만 역사물인 척하는 〈베르사이유의 장미〉와 스포츠물의 탈을 쓴 〈에이스를 노려라!〉마저도 결국에는 사랑 이야기로 흘러간다. 소녀 전사들이 활약하는 작품이라고 예외는 아니다. 남몰래 여주인공을 지켜주고 도와주는 연상의 남자가 반드시 존재한다. 〈세일러 문〉의 턱시도 가면, 〈리리카 SOS〉의 캐논, 〈큐티 하니〉의 트레이시, 〈소녀혁명 우테나〉의 왕자님은 정체를 알 수 없는 커다란 수수께끼로 남아 있으며 남자 몇 명이 여주인공의 주변을 맴돈다.

이 남자들은 평소 여주인공이 동경하거나 짝사랑하는 대상인데, 이따금 의미심장하고 불가사의한 면모를 보이고 유사시에는 특별한 임무를 수행한다. 때로는 여주인공과 대적해 싸우고 때로는 궁지에 몰린 주인공을 위기에서 구해낸다.

소녀 왕국에 거주하는 여자아이들은 대부분 엄청난 사랑꾼이다. 사실 주인공이 싸움에 휘말리는 계기나 행위의 원동력으로 삼는 부분이 사랑과 관련될 때가 적지 않다. 초등학생·중학생 때부터 이러하니 장래가 심히 염려된다.

이렇게 살펴보면 소녀 왕국은 별자리 운세, 패션, 연애 콘텐츠를 제공하는 여성잡지 속 세상과 비슷하다. 이질적 존재를 배척하는 데 힘쓰던 소년 왕국과 달리 소녀 왕국에서는 여자들이 받아들일 수 없는 존재는 이미 배제되어 있다. 이야기 구조 면에서 「백설공주」「잠자는 숲속의 공주」「신데렐라」와 큰 차이가 없지만, 실생활에 가까운 학교생활 혹은 가정생활과 「신데렐라」 같은 동화 속 세상이 한데 뒤엉켜 공존하는 세상이 바로 소녀 왕국이다.

애니메이션 왕국은 어른 사회의 모형

앞서 기술한 내용을 바탕으로【표1】에 두 왕국의 특징을 정리해보았다.

【표1】 소년 왕국과 소녀 왕국 특징을 보여주는 주요 사례

		소년 왕국	소녀 왕국
무대 개요	시간 배경	미래	현재
	활약하는 장소	우주 공간, 도시, 다른 세계	지역, 동네, 학교
	시간 감각	사차원, 시간 왜곡	전생, 환생
	우주관	근대적, 과학적	전근대적, 점성술적
	초능력의 근원	과학, 기술	마법, 육감
전투 체제	전투 목적	지구방위, 인류 구원	문제 해결, 친구 구조
	전투 주체	지구방위대, 군대	개인, 친구 무리
	전투 상대(적)	지구 정복을 노리는 악의 무리	주인공들을 함정에 빠뜨리는 악의 무리
	작전 사령부	최신 설비를 갖춘 군사기지	없음(간혹 개인 집)
	무기 형태	총기, 첨단 기기 등	지팡이, 액세서리 등
	무기 개발자	천재 과학자, 박사	XX의 정령, 여신

		소년 왕국	소녀 왕국
주인공 설정	출신지	우주 끝, 외계 행성 등	꿈의 나라, 마법의 나라 등
	연령	청년(10대 후반~20대 남자)	소녀(10대 초반 여자)
	신분	지구방위대 대원	초·중학생
	동기	인류애	이성애
	변신 의미	무장, 파워 업	화장, 드레스 업
	변신 도구	손목시계 등	콤팩트 등
메시지	좋아하는 말	정의	사랑
	국가 이념	민족주의	낭만적 사랑

  주구장창 전쟁만 반복하는 군사대국 소년 왕국과 연애와 패션에 정신이 팔린 환상의 나라 소녀 왕국. 뼛속까지 근육질이 될 것만 같은 소년 왕국 사람들과, 애정행각을 벌여 뼈가 흐물흐물 녹아내릴 것만 같은 소녀 왕국 사람들. 서로 손톱의 때만큼이라도 닮는 편이 좋지 않을까. 소년 왕국은 소녀 왕국의 평화로운 일상을 본받고, 소녀 왕국은 소년 왕국의 사회성을 받아들인다면 두 왕국 모두 지금보다는 더 나

은 나라가 될 것이다.

그런데 잘 생각해보면 애니메이션 왕국은 현실사회를 축소한 모형이라 할 수 있다. 질서정연한 조직, 절대적인 명령 체계, 근대과학과 공업기술에 대한 신봉, 작전 본부, 최첨단 기기. 이미 눈치챘겠지만 소년 왕국은 전후 일본을 지배해온 멸사봉공 정신을 가진 기업 사회와 닮았다. 팀을 회사에, 전쟁을 업무에 대입해보면 소년 왕국은 곧 아이들 아빠가 생활하는 사회가 된다. 기업전사의 애국심 못지않은 애사심이 50년 동안 일본 경제를 뒷받침해왔다. 아빠는 매일 아침 양복에 넥타이를 매는 변신(무장)을 하고 업무 전쟁터로 돌격한다.

한편 소녀 왕국은 패션과 사랑(그리고 그 연장선상에 있는 결혼과 가정)의 가치를 추구하는 지극히 사적인 세상이다. 무질서한 조직, 이성애를 향한 집착, 꿈과 현실이 뒤엉킨 상태. 소녀 왕국은 엄마들의 의식이 반영된 모습을 하고 있는 건지도 모른다. 어린 시절 공주님을 꿈꾸던 소녀는 엄마가 되어 남모르게 끙끙 앓고 있는 것이다. 내 인생은 이대로 괜찮을까? '진정한 나'는 따로 존재하는 게 아닐까? 엄마는 현실에 이래저래 불만을 품은 채, 마법의 힘으로 변신을 하고 백마 탄 왕자님이 나타나 단조로운 일상에서 자기를 구해줄 날을 아직까지도 어렴풋이 꿈꾸고 있다.

이를 두고 신데렐라 콤플렉스라 한다면, 기업전사인 아빠들은 복숭아동자 콤플렉스를 가졌다고 해야 마땅하지 않을까. 그렇게 치면 애니메이션 왕국은 아이들이 미래에 발을 내딛게 될 사회를 체험해볼 수 있는 미디어 역할을 한다는 이야기가 된다.

◆1 성별로 놀이와 장난감을 구분하는 사상

성별로 놀이와 장난감을 구분하는 사상은 메이지시대 '남자는 강하
고 씩씩하게, 여자는 부드럽고 조신하게'라는 남녀분리 교육 이념에
서 비롯되었다 한다. 이러한 사상은 근래에 들어 바로잡히기는커녕 더
욱 강화되고 있다. 이야기, 광고, 상품이 남자용과 여자용으로 나뉘고 놀
이가 지금처럼 남녀별로 철저히 구분된 시대는 또 없을 것이다. 성을 구
분하는 놀이 사상의 변천에 관해서는 마스부치 소이치의 저서『소녀 인
형론, 금단의 백년왕국』(1995)에 상세한 내용이 나온다.

◆2 복숭아동자 이야기와 신데렐라 이야기의 형식

괴물을 물리치는 페르세우스와 헤라클레스 이야기, 아서왕과 원탁의
기사 이야기,『삼국지』『서유기』 등 영웅전설은 전 세계에 있지만 일
본인은 서양이나 중국 이야기보다 일본 이야기를 더 친숙하게 느낀
다. 특히 복숭아동자가 일본의 국민영웅인 데에는 그만한 이유가 있
다. 메이지시대 이후 국정 국어 교과서에 「복숭아동자」가 수록된 것
을 시작으로 복숭아동자 이야기는 노래, 아동도서, 연극의 소재가 되
어 일본열도 전체에 널리 퍼졌기 때문이다. 더욱이 「복숭아동자」는
전쟁중 군국주의 교육의 일환으로 충군애국 사상을 널리 알리는 데
이용되기도 했다. 남주인공이 단독으로 활약하는 설정의 「난쟁이 이

야기」와 달리 「복숭아동자」는 우두머리와 세 명의 충신이 팀으로 움직인다는 점에서 충성심을 불러일으키는 이야기로 인정받은 건지도 모른다.

반면 공주님 이야기는 서양에 압도적으로 많다. 일본의 유명한 공주님 이야기는 고작 「가구야 공주」 정도다. 서양 공주님 이야기가 유명한 이유는 디즈니 영화와 동화책 영향 때문일 것이다. 사실 우리가 익히 알고 있는 백설공주나 신데렐라 이야기는 그림 형제 동화집에 수록된 전래동화가 아니라 디즈니에서 각색한 것이다. 디즈니 동화는 잔혹한 에피소드를 걷어내고 "두 사람은 오래오래 행복하게 살았답니다"라며 이야기를 끝맺는 것이 특징이다. 이 같은 공주님의 결혼 이야기는 '사랑이 있는 결혼이야말로 여자 인생의 전부'라는 낭만적 사랑의 이데올로기 강화에 일조했다.

◆3 소년 왕국과 소녀 왕국의 작품명

잡지 『기네마 준포』의 별책부록 「동영상 왕」에 수록된 「결전! 거대 로봇 애니메이션」(1997)과 「슈퍼 마법소녀 대전」(1997)은 소년 왕국과 소녀 왕국을 배경으로 하는 애니메이션 작품을 살펴보는 데 유용한 자료다.

◆4 소년 왕국의 민족주의

이런 논리의 배타성과 차별성을 어느 정도 의식하는 제작자는 '계속 이런 식이었다가는 좋을 리가 없을 텐데'라고 생각하기도 할 것이다. 그래서 악당(배척당하는 존재)의 비애를 그린 이야기가 마치 면죄부라도 되는 듯 만들어진다. 대표적인 예로 〈울트라 세븐〉에는 괴수, 괴인, 외계인의 비극을 그린 몇몇 에피소드가 있다. '사상이 심오한 작품'이라며 칭찬하는 의견도 있으나, 이는 어른들의 자기합리화에 불과하다. 악당은 아주 잠시 안쓰럽게 여겨지지만 결국 배척당하고 만다. 그것이 작품의 핵심인 이상 어쩔 수 없다. 소년 왕국의 민족주의에 관해서는 사토 겐지의 저서 『고질라와 야마토와 우리들의 민주주의』(1992)에 재미있는 고찰이 담겨 있다.

◆5 소년 왕국의 성희롱 경향

소년 왕국의 성희롱 경향은 아이하라 고지와 다케쿠마 겐타로의 공동 저서 『원숭이여도 그릴 수 있는 만화 교실』(1990)에 먼저 언급되었다. 여기에서는 소년만화의 기본 캐릭터가 남주인공, 라이벌, 여주인공, 안경잡이 소년이라고 설명한 다음, "소년만화에서 여주인공의 진짜 역할은 팬티 노출이지!"라고 강력하게 주장한다. 해당 서적에는 저자가 이를 중심으로 원시인 팬티부터 현대인 팬티까지 '팬티 진화론'이라는 전대미문의 연구에 돌입하는 내용이 나온다. 소년 왕국에 나오는 팬티 노출, 샤워, 목욕, 옷 갈아입기 등의 장면이 독자이자 시청자인 남자아이들에게 미치는 영향에 관해 연구해볼 가치가 있을지도 모르겠다. 예를 들면 이러한 매체를 보고 자란 남자아이들이, 욕실을 엿보는 행위는 성희롱이며 엄연한 범죄라는 사실을 이해하는 어른으로 자랄 수 있을지, 혹은 초등학생 남자아이가 좋아하는 여자아이의 치마를 들추는 행위가 정말로 훈훈한 건지 의심해볼 수 있는지에 대해서 말이다.

◆6 소녀 왕국의 전투 양상은 강간을 묘사한 것이다?

다카다 아키노리는 저서 『풀리지 않는 애니메이션의 마법』(1995)에서 〈세일러 문〉의 전투 장면이 성관계를 은유적으로 표현한 것이라는 사실을 명쾌하게 논한 바 있다. 그 외에도 이 책은 방대한 양의 애니메이션 작품 구조를 분석한 내용을 담고 있어 읽어볼 가치가 있다.

2장

마법소녀와 붉은 전사

동화 왕국의 여주인공

현대 복숭아동자 문화권을 형성하는 소년 왕국과, 신데렐라 문화권을 형성하는 소녀 왕국. TV 속에 존재하는 두 문화권의 개념을 잡았으니 이제 슬슬 각 왕국에 존재하는 여성상에 관한 이야기를 시작해보자.

앞서 동화 왕국은 애니메이션 왕국의 조상이라고 설명했는데, 이는 등장인물에 관해서도 똑같이 해당된다. 설화와 전설에는 다양한 인물이 등장한다. 그중 애니메이션 왕국에 계승된 여성 캐릭터를 생각해보면 다음과 같이 네 가지 유형이 떠오른다.

(1) 왕자님과 결혼하는 공주님

첫번째 유형은 앞 장 서두에서도 언급한 '공주님 동화'의 주인공이다. 동서양을 막론하고 여자아이가 감정이입을 할 만한 인물로는 공주님 외에 다른 선택지가 없을 만큼, 동화와 전설의 여주인공 중에는 공주님이 많다. 신데렐라, 백설공주, 잠자는 숲속의 공주, 라푼젤, 엄지 공주, 인어공주. 일본 동화에서 꼽자면 가구야 공주, 바리때 공주, 우리코 공주 등등…… 공주님이 공주님다우려면 '눈이 번쩍 뜨일 만큼 아름다울 것' '왕자님과의 결혼을 인생 최대 목표로 삼을 것' 이 두 가지 조건을 충족해야 한다.

해당 유형은 애니메이션 왕국 여주인공의 전형이기도 하다. 사실 소녀 왕국 여주인공 중에는 공주가 아주 많다. 또한 소년 왕국의 홍일점 주인공 중에도 결혼과 사랑에 지대한 관심을 두는 여성이 적지 않다.

(2) 희생을 감내하며 싸우는 소녀

적에게 맞서 싸우는 동화 속 소녀는 그리 많지 않다. 그나마 잘 알려진 소녀로 그림 형제 동화 「헨젤과 그레텔」의 그레텔, 안데르센 동화 「눈의 여왕」의 겔다, 「백조 왕자」의 엘리사 등이 있다. 이 작품들은 서로 유사한 면이 있다. 바로 주인공 소녀가 지혜와 용기를 발휘해, 못된 마녀에게 붙잡히거나 저주에 걸린 오빠 또는 남자친구를 구해내는 점이 비슷하다. 주인공을 여자 몸으로 악당과 싸우는 듬직한 여성이라고 볼 수도 있겠지만, 그가 싸우는 이유는 자신과 가까운 사이인 남자가 위기에 처했기 때문이다. 소녀들이 '저 남자를 구해야 한다'는 마음에서 움직이는 것이다. 일본 헤이케 이야기에 등장하는 도모에 고젠(기소 요시나카의 연인)이 그렇다. 또 대표적으로 〈백조 왕자〉에서 말하기를 금지당한 채 시련을 견뎌내는 소녀가 있다. 이들은 걸핏하면 자기를 희생해가며 싸우곤 한다.

애니메이션 왕국에서 해당 유형은 소년 왕국 여주인공에게 먼저 계승되었다. 그리고 요즘 소녀 왕국에서도 무기를 들고 싸우는 여주인공이 일반적이다. 사실 그들이 실전에 나서기 시작한 건 비교적 최근 일이지만 말이다.

(3) 주인공의 목숨을 노리는 마녀와 계모

동화 속 악역이라 하면 못된 마녀와 계모가 떠오른다. 신데렐라를 괴롭히는 계모, 백설공주의 아름다움을 시샘해 독이 든 사과를 먹이는 계모, 잠자는 숲속의 공주에게 저주를 거는 마녀, 헨젤과 그레텔을 숲속에 버린 계모와 남매를 잡아먹으려 계획을 꾸미는 마녀. 동화 속 세상은 마녀와 계모 천지다. 일본에도 마귀할멈, 처녀귀신 전설 혹은 못된 계모 이야기가 잔뜩 남아 있다. 이야기 속 마녀는 중세 유럽 마녀(마녀사냥의 대상이 된 민간 여성)를 연상시킨다. 또한 계모는 모성과 대비되는 성질을 보여주는, 단적으로 말하자면 아이를 낳지 않은 성인 여자의 모습을 반영한 인물이라 할 수 있다. 동화 속에서는 누구보다 자기중심적인 인물로 그려지는, '자립한 여성'이 마녀와 계모라는 사실을 놓쳐선 안 된다. 이것이 성인 여자에게 주어지는 악역이다[1].

(4) 구세주로 등장하는 여신과 어머니

여신, 선녀, 요정 등 뭐가 됐든 간에 못된 마녀가 등장하는 동화에는 그와 대비되어 주인공을 도와주는 착한 마법사가 등장한다. 마법으로 신데렐라를 변신시켜주는 마법사, 잠자는 숲속의 공주가 받은 저주를 풀어주는 요정 등이 이에 해당한다. 동화 속 인물이 아니더라도 서구 사회에는 비너스(사랑의 여신), 빅토리아(승리의 여신) 등 기독교 탄생 이전에 인기를 끌던 여신을 비롯해 성모 마리아까지 이어지는 여성 숭배의 역사가 있다. 일본 여성으로 치면 관음보살 같은 존재가 아닐까. 그 연장선상에 있는 존재가 대지의 풍요를 주재하는 가이아인지 뭐시긴지 하는 여신이다. 여신은 마녀에 대항하는 존재라 할 수 있는데, 이보다 더 친근한 이미지를 지닌 인물로는 어머니를 들 수 있다. 모든 것을 용서하고 지구 전체를 감싸안는 어머니. 이것이 바로 성인 여자에게 주어지는 선한 역할이다.

사실 동화 속 여주인공 마녀, 여신은 서로 복잡하게 얽혀 있는 캐릭터라 위에서 정리한 내용이 결코 정확하다 할 수는 없다. 하지만 우리는 동화나 전설이 아니라 애니메이션 왕국을 살펴보고 있으니 일단 큰 문제는 없을 것이다. 애니메이션 왕국의 주요 여성 캐릭터는 동화 속에서 고정관념화된 여성상을 어떠한 형태로든 이어받았다. 우선 네 가지 유형에 이름을 붙여두도록 하자.

(1) 마법소녀 (소녀 왕국 여주인공)

(2) 붉은 전사 (소년 왕국 여주인공)

(3) 악의 여왕 (악의 제국 여주인공)

(4) 성모 (조연)

이중 성모는 어디까지나 조연에 불과하다. 마법소녀에게 마법도구를 전달하는 여신님, 주인공을 도와주는 연상의 여성 등이 이 유형에 해당하는데(특히 소녀 왕국에는 딸의 배후에서 도움을 주는 엄마가 마법소녀의 조력자일 때가 많다) 완성도 높은 캐릭터라 하기는 어렵다. 동화 속 착한 마법사가 지니는 여신의 성질과 모성은 오히려 주인공 인 마법소녀와 붉은 전사에 반영됐다고 보는 것이 맞다. 따라서 애니 메이션 왕국 여주인공은 '마법소녀' '붉은 전사' '악의 여왕'이라는 세 가지 캐릭터로 분류할 수 있다. 애니메이션 왕국은 어른들이 살아가 는 현실사회를 반영한다. 이 점을 염두에 두고 더 자세히 살펴보자.

'우리 딸'로서의 마법소녀

마법소녀는 아버지가 생각하는 이상적인 딸이다

소녀 왕국의 주역인 마법소녀. 애니메이션 왕국에서 변신 히어로물 과 마법소녀물을 통틀어 명실공히 주인공이라 할 수 있는 유형은 마 법소녀뿐이다. 마법소녀는 동화 속 공주님과 착한 마법사의 특징을 두루 갖춘 캐릭터로, 쉽게 말하면 마법을 부릴 줄 아는 공주님이다. 이 는 선천적으로 마법사로 태어난 소녀(《요술공주 샐리》 유형)와 후천적 으로 마법도구를 손에 넣은 소녀(《거울요정 라라》 유형)로 나눌 수 있 는데, 두 유형 모두 평소에는 평범한 여자아이로 지낸다. 이들은 TV

앞 여자아이들이 동경하고 감정을 이입하는 대상이다(아마 남자아이들은 이런 방송을 보지 않을 것이다). 그리고 사실 성인 남성 중에도 마법소녀를 남몰래 좋아하는 팬이 존재한다. 어째서일까? 소녀 왕국은 패션과 사랑(그리고 그 연장선상에 있는 결혼과 가정)이 절대적 가치를 지니는 사적인 사회다. 마법소녀는 주 시청자인 여자아이들의 눈높이에 맞춰 그려진다기보다 부모님, 특히 아버지가 보기에 '이상적인 우리 딸'의 모습으로 묘사된다. 적어도 이렇게 생각해보면 어느 정도 앞뒤가 들어맞는다.

마법소녀는 15세 미만인 공주님이다

소녀 왕국 여주인공은 소년 왕국 남주인공과 다르게 주로 열 살에서 열두 살 짜리 초등학생이다. 이곳에서 열다섯 살 이상이면 중년에 속할 나이이며 주인공은 기껏해야 중학생까지가 고작이다. 사람들은 그저 주 시청자인 여자아이들이 마법소녀에게 쉽게 감정이입을 할 수 있도록 또래 연령대를 선정한 결과라고 생각할 것이다. 하지만 실제로 여아용 애니메이션 시청자는 열 살 미만인 초등학교 저학년생이 대부분이다. 10~12세가 시청자 연령대라고 단정지을 수 없다는 뜻이다. 그렇다면 소녀 왕국 주인공들은 어째서 10대 초반인가. 딱 그 정도 연령대의 모습이 여자아이들에게 보여줄 만한 귀여운 여성상과 닮아 있기 때문이다. 딸이 고등학생이 되면 집밖에서 보내는 시간을 중시하고 부모는 거들떠보지도 않게 된다. 심지어 아빠를 꺼릴 때도 있다. 바꿔 말하면 그나마 10대 초반 여자아이가 부모에게는 '우리 예쁜 딸'로 존재해주는 마지노선이란 얘기다.

마법소녀 대부분은 '달의 왕국' '꿈의 나라' '꽃 행성' 등 다른 세계 왕국에서 넘어온 공주님이다. 가구야 공주의 영향인지, 출신지로서는 달이 가장 인기가 많다*. 여자아이들의 공주님에 대한 열망을 생각해보면 이는 시청자의 기호를 반영한 설정일 것이다. 꼬마 아가씨들은 공주님에 대해 뿌리깊은 열망을 지닌다. 어쩌면 어린 시절 공주병에 걸려보지 않은 여성이 있을까? 하지만 부모 입장에서 딸은 모두 공주님이나 마찬가지다. 즉 공주님이란, 고도 경제 성장기 이후 저출생시대에 태어나 금이야 옥이야 업어 키운 딸을 이르는 통칭이라 할 수 있다.

마법소녀는 항상 펫(신하)과 함께한다

소녀 왕국에서 조직 문화는 발달하지 않았지만, 가족 문화는 이상

---

* 빛이 나는 대나무 안에서 발견된 가구야 공주는 자신을 길러준 노부부에게 달에서 유배 온 공주라는 사실을 밝히고 8월 보름날 달나라로 돌아간다.

하리만치 발달했다. 심지어 부모가 두 쌍인 공주도 있다. 적절한 예로 〈요술공주 밍키〉를 들 수 있는데, 부모님 한 쌍은 주인공 밍키의 고향인 이세계異世界의 왕과 왕비이고, 또다른 한 쌍은 자기 딸이 다른 세계 공주라는 사실을 모르는 지구의 양아버지와 양어머니다(부모가 두 쌍이나 있다니 마치 친정과 시가 같다). 또한 학교에는 자칭 여주인공과 절친한 여자아이와 주인공의 라이벌 여자아이, 그리고 툭하면 주인공과 싸우면서도 그를 미워하지 못하는 남자친구까지 있다. 게다가 마법소녀는 반드시 펫을 데리고 다닌다. 이는 〈거울요정 라라〉의 싯포(고양이), 〈요술공주 샐리〉의 카브(얘는 동물은 아니지만)에서 이어져온 전통이다. 개(〈꽃의 천사 메리벨〉), 검은 고양이(〈세일러 문〉), 혹은 복숭아동자 이야기에서처럼 원숭이, 개, 작은 새가 등장하기도 한다(〈요술공주 밍키〉). 펫은 신하이자 보디가드이며, 마스코트이자 감시자다. 마법소녀에게는 추종자가 많다. 가족들이 지켜주고(속박), 신하가 지켜주며(감시), 좋은 친구들이 함께한다(훼방). 여주인공 혼자서 폭주하지 않도록 방어막이 겹겹이 쳐져 있는 것이다.

마법소녀의 장래 희망은 아내가 되는 것이다

아빠에게 딸의 연애는 복잡한 일이다. 딸이 연애 따위 안 했으면 좋겠지만 그렇다 해서 인기가 아주 없는 딸이어도 괜찮지 않다. 가장 이상적인 딸은 남자들에게 인기가 있고 품행은 단정한 아이일 것이다. 실제로 마법소녀는 모두 사랑꾼이지만 결코 선을 넘는 불순한 이성교제는 하지 않는다. 소녀 왕국의 전투 장면이 성관계를 은유적으로 표현한 것이란 주장은 괜히 나온 이야기가 아니다. 딸의 성관계를 위기로 여기고 가장 초조해할 사람은 과연 누구일까? 부모, 특히 아버지다. 심지어 마법소녀는 적을 쓰러트리고 결국에 반드시 승리한다. 승리를 하면 보물, 즉 처녀성이 지켜지는 것이다. 이 결말에 가장 안도하고 쾌재를 부를 사람은 누구일까? 다름 아닌 아버지다.

마법소녀의 연인은 마치 소년 왕국의 남주인공이 소녀 왕국에 출장을 나오기라도 한 듯, 누가 보기에도 훈훈한 청년이다. 그런데 소녀 왕국은 이 남자에게 모호한 역할을 맡기는데, 남자가 악당에게 세뇌당해 여주인공을 공격하는 내용은 작품 중반부의 하이라이트이자 주인공이 겪는 가장 큰 시련으로 마련돼 있다. 남자가 한번 세뇌를 당하면 그에게 "왜 그러세요? 눈을 떠요, 턱시도 가면 님!"이라고 외친들 한동안 소용이 없다. 늘 곁에 두고 싶지만 언젠가 시집보내야 하는 딸(아빠 입장에서는 딸이 결혼을 하지 않는 것도 곤란하다). 그러니 결국에는 딸을 책임져줄 예비 사위를 이용해 딸에게 '남자는 모두 늑대'라는 사실을 가르치는 것이다. 이것도 자식 생각하는 부모 마음일까.

직장의 꽃, 붉은 전사

붉은 전사는 상사의 시선으로 보는 여성 사무원이다

소년 왕국의 주인공 팀에는 홍일점 대원이 반드시 한 명씩 있다. 홍일점 대원은 조연이긴 해도 남초사회의 마돈나로서 중요한 존재다. 이들은 동화 속 소녀 전사의 후예라 할 수 있는데, 남자들이 치켜세워주는 공주님으로 지내다가 별안간 모성애를 발휘하는 여신이 되는가 하면, 때로는 덜렁대는 사고뭉치가 되기도 한다. 소년 왕국은 멸사봉공 정신을 가진 기업사회와 닮았다. 소년 왕국 여주인공(붉은 전사)은 이러한 남초사회에서 기쁜 마음으로 받아들일 수 있는 여성이다. 마법소녀에게 한없이 상냥한 아빠도 소년 왕국에 출동하면 평범한 중년 남성에 불과하다. 붉은 전사는 성인 남성이 젊은 여성을 바라보는 시점, 다시 말해 그다지 질이 좋지 않은 남자 상사가 여자 부하를 바라보는 관점에서 그려진다.

붉은 전사는 스무 살 전후의 섹시하고 젊은 여자다

붉은 전사는 하나같이 예쁜 여성이다. 애니메이션에 나오는 모습으로 말할 것 같으면 가슴까지 크다. 몸은 말랐는데 가슴은 왕가슴이고, 거기에 큰 눈망울을 지닌 앳된 얼굴이 부조화를 이룬다. 소년 왕국은 고용 차별이 당당하게 판을 치는 세상이다. 남성 대원에게 요구하는 조건은 능력이지만, 여성 대원에게 요구하는 조건은 아름다운 외모다. 아마 여성 대원에게 지원 서류와 함께 얼굴사진과 전신사진을 제출할 것을 요구하고, 그걸로도 모자라 이력서에는 가슴·허리·엉덩이 둘레를 기재하게 했을 게 분명하다.

외모 조건뿐 아니라 나이 제한도 엄격하다. 붉은 전사는 대체로 젊다. 〈울트라맨〉〈울트라 세븐〉〈비밀전대 고레인저〉가 방영됐을 때부터 소년 왕국 홍일점 대원의 나이는 모두 스무 살 전후로 설정됐다. 남성 대원은 머리에 피도 안 마른 꼬마부터 아저씨까지 여러 세대가 두루 섞여 있는 반면, 여성 대원은 당연히 아줌마여서는 안 되고 너무 어려도 안 된다. 여성 대원 합격 기준은 10대 후반에서 20대 초반까지가 고작이다.

그야 물론 예외는 존재한다. 〈울트라맨 티가〉(1996~1997)에서는 울트라맨 시리즈가 시작된 이래 처음으로 여성 대장을 배출한다. 하지만 이 여성은 젊은 여자가 아닐 뿐더러 당당한 풍채를 가진 중년 여성도 아닌, 청초한 분위기를 풍기는 고급 술집 마담 같은 여자다(이 역할을 다카키 미오*가 맡았다고 설명하면 이해하기 쉬울 것이다). 승진에도 외모지상주의가 작용하는 것인지 모른다.

붉은 전사는 아버지의 후광을 업은 금수저다

고용 차별이 존재할 만큼 불공평한 사회에서는 당연한 얘기겠지만, 지구방위대에 들어가는 데에는 부모의 연줄이 절대적인 힘을 발휘한다. 소년 왕국에는 ○○ 박사 딸(손녀)이나 XX 소장 딸(손녀)이 우글거린다. 오래전 작품인 〈마보로시 탐정〉의 요시노 사쿠라는 '마보로시 호'라는 로봇을 발명한 요시노 박사의 손녀이고, 〈울트라 세븐〉의 유리 안느 대원은 우주항해학 권위자 유리 겐자부로 박사의 손녀다. 거대 로봇 애니메이션의 선구작 〈마징가 Z〉의 유미 사야카는 로봇 발명가이자 태양열에너지연구소 소장인 유미 겐노스케 교수의 딸, 〈용자 라이딘〉의 사쿠라노 마리는 미래공학연구소 소장인 히가시야마 다이사부로의 딸, 〈인조인간 키카이다〉의 고묘지 미쓰코는 인조인간을 만든 고묘지 박사의 딸, 〈닌자 캡터〉의 덴도 미키는 닌자 캡터 팀을 만든 덴도 무진의 손녀, 〈파워레인저 썬발칸〉의 아라시야마 미사는 지구평화수비대 장관인 아라시야마 다이사부로의 딸이다.

* 일본 여성 배우. 〈울트라맨 티가〉 촬영 당시 긴 검정 생머리로 차분한 이미지를 풍겼다.

소년 왕국에서는 남주인공이 로봇 발명가의 아들인 경우를 심심찮게 볼 수 있다. 하지만 그들의 아버지는 진작에 사망했거나 행방불명됐다. 그래서 이런 설정은 단지 혈연에서 끝나지 않고 남주인공은 '돌아가신 아버지의 뜻 이어받기' '행방이 묘연한 아버지 찾기' 따위의 사명이나 의지(혹은 대를 이어야 한다는 생각)에 얽매여 있는 유형이 많다. 하지만 그렇게 동기부여가 될 만큼 특별한 사연이 붉은 전사에게는 없다.

조직의 일원이 어용학자나 높으신 분의 딸(손녀)이라면 고용자에게 신원이 확실한 아가씨임을 증명할 수 있으며, 박사인 아버지는 집밖에서도 딸을 자기 눈길이 미치는 범위 안에 둘 수 있다. 그런 딸이기에 붉은 전사는 남자들이 다니는 직장에 예외적으로 출입이 허가된 것이다. 딸은 아버지의 후광을 업고 아버지의 권력이 미치는 곳에서 근무하니 제법 마음 편하게 직장을 다니는 셈이다. 요컨대 이 딸들 또한 공주님들이다. 붉은 전사가 이유도 없이 예쁨 받는 데 비해 제대로 된 일을 맡지 못하는 것은, 소년 왕국이 금수저 딸만 고집하기에 겪는 후유증일지도 모른다.

붉은 전사는 공식적으로 통신(전화) 업무를 담당한다

소년 왕국 사람들은 전투에 참가하는 것이 주된 임무다. 하지만 그들도 평상시에는 다양한 일을 분담한다.

붉은 전사의 공식 임무 중 가장 높은 비중을 차지하는 역할은 통신이다. 그들은 작전 본부나 기지에서 레이더를 관측하면서 적의 이동 경로를 전달하거나 키보드를 두드리며 정보를 수집한다. 이렇게 말하면 듣기에 그럴싸해도 붉은 전사는 사실상 사무직 여성과 큰 차이가 없다. 모스부호로 통신하던 시대라면 또 모를까, 첨단기술이 발달한 소년 왕국에서 통신 업무는 생각보다 편한 일이다. 레이더망 혹은 컴퓨터 모니터를 주시하면서 보고 들은 바를 앵무새처럼 반복할 뿐이니 말이다. 예쁜 여자가 머리에 헤드셋을 끼고 모니터에 바짝 달라붙어서 "적함 접근! 타깃은 동쪽 방향으로 이동중" 따위의 말을 하면 흡사 일하는 듯이 보이지만, 하루종일 컴퓨터 앞에 앉아 있어야 하는 사무직 여성의 모습과 전혀 다를 게 없다. 어차피 중요한 순간이 오면 대장이 직접 모니터를 살피며 지시를 내리기에 통신 담당은 허울좋은 전화 담당이거나 끽해야 중역 비서다. 덧붙여 말하자면, 옛날에는 사회에서 일하는 여성을 주로 사무실에서 전화 거는 모습으로 그렸다.

붉은 전사는 비공식적으로 허드렛일과 성적 서비스를 담당한다

붉은 전사가 많이 맡는 또다른 일은 의료 업무다. 그렇다고 해도 〈로빈 특공대〉에 등장하는 간호사 로봇 리리와 〈울트라 세븐〉의 유리 안느 대원을 제외하면 전문직에 종사하는 여성은 거의 없다. 소년 왕국에서 '여자는 의료 담당'이라는 생각은 예로부터 전해지는 '전쟁터에 뛰어든 여자는 모두 종군간호사'라는 낡아빠진 고정관념에서 비롯됐을 것이다. 그런데 소년 왕국에서는 1년 내내 전쟁이 벌어져도 사망자나 부상자가 발생하지 않는다. 부상을 입어도 찰과상 정도가 고작이다. 그래서 소년 왕국 위생병은 생각보다 한가로운 직업으로, 들것을 메고 현장으로 달려갈 일도 없거니와 구급상자를 들고 전쟁터를 이리저리 뛰어다닐 일도 없다. 일이라고 해봤자 진료실 같은 곳에 자리잡고 앉아 대원들의 상처에 붕대를 감아주거나, 청진기를 대보고 "괜찮아, 걱정할 거 없어. 피곤해서 그런 거야"라며 미소 짓는 것뿐이다. 붉은 전사는 위생병이나 종군간호사라기보다 운동부 여자 매니저에 가깝다. "내 할일은 대원들의 정신건강을 돌보는 거야"라고 말하는 역할이라 하면 될까.

붉은 전사에게 맡겨진 또 한 가지 일은 정규직 업무로 취급되지 않는 허드렛일이다. 차 내오기, 식사 시중 같은 건 예삿일이고 어쩔 때는 어린아이 뒤치다꺼리까지 떠맡는다. 소년 왕국에는 종종 출입이 특별히 허락된 어린이 대원이 존재하는데, 이 아이들의 뒤치다꺼리를 떠맡는 보모 역할은 어김없이 여성 대원 몫이다. 붉은 전사의 업무는 여기서 끝이 아니다. 솔선수범하여 왕가슴 미소녀를 고용하는 소년 왕국 사람들이 붉은 전사에게 진정으로 원하는 것은 여성 접대원으로서 하는 업무, 즉 성적 서비스다. 붉은 전사들은 팀원(그리고 시청자)의 기대에 부응해 굳이 가슴이 강조되는 옷을 입거나, 일부러 허벅지를 노출하거나, 팬티가 보일 만큼 짧은 치마를 입고 전투에 임한다. 이 얼마나 순종적인 여성이자 자기현시욕 강한 사람이란 말인가.

붉은 전사는 동성 친구가 없다

붉은 전사들은 워낙 소수인데다가 왕가슴 미녀이기까지 해 남자들에게 인기가 많다. 이에 대해 붉은 전사는 관심 없는 척하지만 신경쓰이지 않을 리가 없다. 더구나 붉은 전사는 성희롱이 난무하는 직장에서 성적 서비스를 제공할 것을 요구받는다. 이런 직장에서 일하기란 쉽지 않을 것이다. 여성 동료 혹은 여성 상사가 없다는 점에서도 성평등 면에서 건강한 직장환경이라 하기 어렵다. 그러나 붉은 전사는 성희롱을 고발하지 않을뿐더러 차별 대우를 시정할 것을 촉구하지도 않는다. 그들은 죽어도 여성 대원 수를 늘려달라고 요구하지 않는다. 여성 대원 수가 늘어났다가는 더이상 여자라는 이유만으로 대접받을 수 없게 돼서일까. 붉은 전사는 '남초사회에서 사랑받는 홍일점'이라는 자기 모습에 만족을 느끼고, 계속 홍일점으로 존재하고자 약간의 희생도 기꺼이 감내한다. 얼핏 당차 보이는 이 인물의 모습이 붉은 전사의 실체다².

붉은 전사가 조직에 불만을 제기하지 않는 또다른 이유가 있다. 사실 그들은 연애를 목적으로 남성 조직에 들어간 것이다. 소년 왕국에서 남주인공과 연애할 생각을 하지 않는 여자는 찾아보기 힘들다. 행위의 동기가 사랑이라는 점만큼은 붉은 전사와 마법소녀가 동일하다. 그런데 붉은 전사는 여성 친구가 없다. 〈도라에몽〉의 이슬이부터가 그렇다. 초등학생은 동성 친구들끼리 어울리는 것을 중요하게 여길 텐데, 어째서 이슬이는 동성 친구가 없을까? 항상 진구의 꽁무니를 따라다니면서 마돈나 취급을 받는 게 그렇게나 좋을까? 마법소녀와 달리 붉은 전사는 고독하다. 하지만 남자들의 관심을 끌거나 남주인공에게서 사랑을 받기만 해도 만사 오케이인 모양이다.

성인 여성으로서의 악의 여왕

악의 제국은 여권이 높은 나라다

애니메이션 왕국에는 소년 왕국과 소녀 왕국 외에 제3의 나라가 있다. XX단, 다크XX, 블랙XX, 데스XX라는 이름을 지닌 악의 무리, 이름하여 악의 제국이다. 세계 정복과 지구 멸망을 노리는 악의 제국 일당은 명백한 악역이다.

그런데 재미있는 사실은 여성 인재 등용 면에서 보면 악의 제국이 소년 왕국이나 소녀 왕국을 훨씬 앞선다는 것이다. "입 닥쳐!"라며 고압적인 태도를 취하고 "오~호호호호호"라며 앙칼진 목소리로 기분 나쁘게 웃는 화려한 여자 악당을 본 적 있을 것이다. 여성 비율이 낮은 것은 악의 제국 역시 마찬가지지만, 소년 왕국과 다르게 악의 제국에서는 발언권을 갖는 간부급 여성 캐릭터가 여기저기 등장한다. 악의 제국은 소년 왕국이나 소녀 왕국보다 여권이 훨씬 높은 나라다.

악의 여왕은 드센 성인 여자다

악의 여왕은 성인 여자다. 그것도 얼굴에 짙은 화장을 한 성숙한 여자다. 머리에는 뿔 같은 뾰족한 장식을 쓰고 있으며 의상은 엄청나게 화려하다. 악의 여왕은 성인 여성을 풍자한 캐릭터라 할 수 있는데, 그런 설정이 대번에 동화 속 마녀를 연상시킨다. 어린아이에게 세상에서 가장 무서운 존재는 다름 아닌 엄마다. 엄마한테 혼날까봐 공포에 떠는 게 일상인 아이들에게, 화가 난 엄마는 머리에 뿔 달린 악의 여왕이나 마찬가지다. 그러나 자신을 감싸주는 엄마는 세상에서 가장 든든한 내 편이기도 하다. 그렇기 때문에 엄마가 곧 악의 여왕의 모델이라고 보기는 어렵다. 악의 여왕은 모성애가 약한 성인 여자, 다시 말해 모성이 제거된 엄마를 성인 여자를 통해 노골적으로 보여주는 것이다. 화가 난 엄마도 그 부류에 속하는데, 악의 여왕은 그보다는 아이가 없는 노처녀 골드미스의 이미지를 지닌다. 소녀 왕국에 등장하는 성모(여왕과 왕비)와 비교해보더라도 이 점은 분명하다.

악의 여왕은 남자 부하를 거느리는 두목이다

악의 제국에서는 대체로 여성이 권력을 쥔다. 조직은 보통 여자 두목과 남자 부하로 구성돼 있으며, 여자 두목이 "너희가 가서 (주인공을) 잔뜩 귀여워해주거라" 하며 턱짓으로 남자 부하들에게 명령하면 그들은 "하하, 맡겨만 주십시오" 하며 머리를 조아린다.

하지만 소녀 왕국 악당은 소년 왕국 악당과는 다소 차이가 있다. 소녀 왕국 속 악의 제국은 〈세일러 문〉의 베릴여왕이 지배하는 어둠의 왕국처럼 여왕을 받드는 나라가 많다. 마법소녀를 공격하는 자는 머리를 근사하게 기른 청년이거나 성인 여자로 변신한 요괴다. 악의 여왕은 어딘가에 숨어 있다가 맨 마지막에 등장해 마법소녀와 사투를 벌인다. 소녀 왕국에서는 '여자의 적은 여자' '어린 여자의 적은 나이 든 여자'라는 공식이 성립된다.

한편 소년 왕국은 남자 폭군이 독재하는 전제군주국가다. 설령 여자가 출세한다 하더라도 2인자 자리에까지만 올라설 수 있다. 여자는 〈전자전대 덴지맨〉〈태양전대 선발칸〉의 헤드리안여왕처럼 언뜻 우두머리로 보여도 사실 꼭두각시라는 식의 까다로운 설정이 있을 정도다. 소년 왕국에는 '큰일은 남자가, 작은 일은 여자가' '남자는 강적, 여자는 약한 적'이라는 공식이 있다.

악의 제국은 '직장의 꽃'처럼 쓸모없는 인재는 고용하지 않는다. 여자 캐릭터 대부분은 조직의 간부이거나 다음 수를 생각하는 작전 본부장, 현장에서 직접 명령을 내리는 지휘관, 로봇 개발을 담당하는 과학자 등 책임자 직위에 자리한다. 그들은 상사로 두고 싶지 않은 중간 관리직이라 할 수 있는데, 위로는 아첨을 하고 아래로는 난폭하게 명령을 내린다. 하지만 여성에게도 평등한 기회가 주어지는 만큼 인사

제도 면에서 소년 왕국보다 앞서 있음은 분명하다.

악의 여왕은 요술을 부리는 마녀다

여자와 마녀는 끊으려야 끊을 수 없는 관계다. 마법소녀도 마법을 쓰지만, 마법소녀의 힘은 다른 세계 여신이 하사한 것이며 기술에도 한계가 있다. 마녀로 태어난 소녀도 아직 수행중인 몸인지라 번듯한 마법사라 하긴 어렵다.

반면 악의 제국 여자들은 능숙하게 다양한 마법을 부리는, 말 그대로 '마녀'다. 마법소녀들이 어른이 돼서 실력이 숙달되면 악의 제국에 취직하기라도 하는 걸까? 그렇게 하는 편이 소년 왕국의 이상한 지구 방위대에 입대하는 것보다 나을 것 같긴 하지만, 세상은 그리 호락호락하지 않다. 악의 제국에서 여자가 발휘하는 초능력은 요술·주술·마술 따위다. 이는 언뜻 '마법'과 비슷해 보여도 엄연히 다른 능력이다.

악의 제국처럼 소년 왕국을 상대로 무기 개발 경쟁에 열을 올리는 군사대국에서조차 간부를 비롯한 여성 캐릭터의 특기는 '기계 조종'이 아닌 '요술'이다. 또한 수많은 괴물 로봇을 거느리는 이곳에서도 한 번 등장하고 사라지는 여자 악당이 단순한 암컷 괴물이 아닌 인간 여자의 모습에 가까운 요술사로 나올 때가 많다. 이들은 붉은 전사와는

다른 유형의 냉미녀들인데, 미인계를 써 남주인공을 꾀어내는 등 수준 높은 요술을 부린다.

여담이지만 이러한 유형의 성인 여자와 악의 여왕을 두려워하는 사람이 정말로 어린아이일까? 어쩌면 성인 남자(정확히 말하자면 미성숙한 여성관을 지닌 성인 남자)가 이들을 두려워하는 게 아닐까?

악의 여왕은 질투심이 많고 물욕이 강하다

마법소녀와 붉은 전사에게 삶의 원동력은 사랑이다. 그렇다면 악의 여왕에게 삶의 원동력은 무엇일까. 세계 정복? 권력욕? 아니, 그건 표면상 구실일 뿐이다. 악의 여왕이 가지는 삶의 원동력은 질투 내지 물욕이다. 이 점은 유아용 애니메이션과 코믹 애니메이션에 가장 두드러진다. 〈날아라 태극호〉의 마녀는 달라몬드라는 우주에서 제일가는 보석을 손에 넣고자 매번 남자 부하 두 명을 이용해 주인공 일행을 공격해오며, 〈날아라 호빵맨〉의 세균맨은 짤랑이(악의 여왕이라기에는 부족하지만)의 고집에 못 이겨 매번 악행을 저지른다.

조금 큰 아이들이 보는 작품에는 질투심에 치정이 얽힌다. 애초에 〈세일러 문〉의 베릴여왕이 지구를 멸망시키려 하는 이유는 다른 사람의 연인을 사랑하기 때문이다. 지구의 왕자 엔디미온과 달의 여왕 세레니티가 서로 사랑하는 모습을 질투하는 것이다. 사실 전대물에 등장하는 현장지휘관, 과학자와 같은 커리어우먼 역시 동료를 향한 라이벌 의식이나 질투심을 원동력으로 삼곤 한다. 조직에 대한 충성심을 곧 '사회정의'로 여기는 애니메이션 왕국의 가치관으로 미루어볼 때, 악의 여왕이 사적인 감정에 치우쳐 이기적으로 행동하는 것은 '사회악'이다. 그런 곳에서 여자들이 이 모양인 이상, 위에서 여성 멤버를 늘리려 하지 않는 건 어쩌면 당연한 일인지도 모른다. 그게 아니라면 여자가 출세할 때 이런 꼬리표라도 붙여둬야 부하들이 반발하지 않기 때문이거나.

악의 여왕은 반드시 패배한다

아동용 방송에서 악의 여왕은 숨은 주인공이다. 악당들의 매력 여하에 따라 작품의 재미가 좌우될 정도다. 스스로 판단해 적극적으로 과감하게 움직이는 악의 여왕은, 단조로운 여성 등장인물이 많은 애니메이션 왕국에 활기를 불어넣는 중요한 캐릭터라 할 수 있다.

하지만 그렇다고 해서 악의 여왕에게 순순히 박수를 보낼 수는 없다. 마녀가 등장한다고 다가 아니기 때문이다. 생각해보자. 악의 여왕은 태연하게 비겁한 짓을 저지르고(이 점에서 그를 이단이라고 칭송하는 건 어리석은 판단이다), 잔머리 굴리다가 얼빠진 짓을 하거나 추태를 부리기도 한다. 결국에는 반드시 무참히 패배하는데 그런 다음 덜 떨어진 부하를 히스테릭하게 꾸짖어야 한다.

"뭘 멍청히 서 있는 거야!"

"XX 님, 부디 용서해주십시오."

악의 제국의 본질은 그들이 나쁜 놈이어야 하는 게 아니라 제아무리 지혜를 쥐어짜내든, 요술을 부리든, 치열한 사투를 벌이든 간에 마지막에 반드시 패배한다는 데 있다.

애니메이션 여주인공의 규정

앞의 내용을 【표2】에 정리해보았다.

마법소녀와 붉은 전사는 어린 소녀 혹은 젊은 여자라는 점. 악의 여왕은 사회적 지위가 높은 성인 여자라는 점. 전자는 반드시 이기고 후자는 반드시 굴복하게 된다는 점. 이 눈부신 결과를 어떻게 봐야 하는가? 간단히 말해 마법소녀와 붉은 전사는 남초사회에서 부리기 쉬운 여성상이며, 악의 여왕은 남초사회에서 부리기 까다로운 여성상이라 할 수 있다.

【표2】 애니메이션 왕국 여주인공—세 가지 유형

	마법소녀	붉은 전사	악의 여왕
주거지	소녀 왕국	소년 왕국	악의 제국(적대국)
평균연령	어린이(10~14세)	젊은 여자(18~20세)	성인(연령 미상)
평상시 역할	초·중학생	보조 노동 인력	우두머리 또는 간부
유사시 역할	착한 마법사	통신 담당자, 간호사	사령관, 요술사
외모 특징	귀여운 소녀	청순한 미녀	화려한 화장과 옷차림을 한 여자
본래 이미지	공주님, 아이돌	공주님, 마돈나	마녀, 악마의 부하
실상	부모 그늘 아래 있는 딸, 예비신부	직장의 꽃인 여직원, 신부 후보	출세한 커리어우먼, 노처녀

다시 한번 말하지만 악의 여왕이 실권을 장악한 진취적인 여성상을 반영한 캐릭터라고 할 수는 없다. 마법소녀, 붉은 전사, 악의 여왕, 이 세 가지 유형은 서로 동떨어진 여성상으로 보인다. 하지만 실제로는 마치 동전의 양면처럼 여성성(이라고 여겨지는 성질)의 장점과 단점을 나눠 가지고 있을 뿐인지도 모른다. 조연인 성모를 포함해 애니메이션 왕국이 보여주는 여성상을 다시 한번 정리해보자.

사생활 면에서 여성들에게 할당된 캐릭터는 다음과 같다.

(1) 마법소녀: 부모의 그늘 아래에서 놀고먹으며 결혼을 꿈꾸는 소녀(성모 예비군)

(2) 붉은 전사: 남자들 틈에서 일하며 신랑감을 물색하는 젊은 여자(성모 예비군)

(3) 악의 여왕: 시집도 못 가고 어머니도 되지 못한 노처녀 근로자(성모 실격자)

(4) 성모: 남편과 자식의 활약을 뒤에서 지지하는 이상적인 여자

사회생활 면에서 보면 다음과 같다.

(1) 마법소녀: 노동시장에서 쫓겨나 일을 하지 않는 소녀

(2) 붉은 전사: 보조 노동력과 성적 서비스만 제공하는 여자 회사원

(3) 악의 여왕: 출세는 했으나 도움이 안 되는 무능한 여자 상사

(4) 성모: 가정에서 삶의 보람을 찾는 전업주부

앞의 내용을 다시금 정리해보면 애니메이션 왕국이 보여주는 여성관을 이렇게 요약해볼 수 있다.

(1) 여자는 사랑(치정)과 관련된 일에만 나선다.

(2) 여자에게 일을 맡겨봤자 좋을 게 없다.

(3) 마법소녀와 붉은 전사는 어차피 시집을 갈 테니 상관없다.

(4) 성모는 결혼해서 성공한 좋은 여자의 표본이다.

(5) 악의 여왕은 결혼시장에서 배제된 나쁜 여자의 전형이다.

애니메이션 왕국이 이러한 여주인공들을 내세워 아이들에게 전달해온 메시지는 과연 무엇일까. 겉으로 드러난 부분만 정리해보면 다음과 같이 재미있는 이야기가 만들어진다.

TV 앞 꼬마 도련님들에게

네가 소년 왕국(전쟁터)에서 활약하려면 사생활을 포기하고 조직에 들어가 다 같이 힘을 합쳐 이질적 존재를 배척해야 해. 그게 바로 정의란다. 여차할 땐 무장(변신)을 하고 악당과 끝까지 맞서 싸워야 해. 그중에는 무서운 여자 어른들도 있단다. 그 여자들은 요술을 부리니까 아주 조심해야 해. 하지만 걱정 말렴. 어떤 문제라도 과학기술이 해결해줄 테고, 조직에는 섹시한 여자가 있으니까 한숨 돌리면서 성희롱을 할 수도 있단다.

TV 앞 꼬마 아가씨들에게

네가 소년 왕국(전쟁터)에서 활약하려면 실력 말고 용모를 가꾸고 섹시미를 겸비해야 한단다. 만일 그렇게 하지 않으면 소녀 왕국(결혼 시장)이란 좁은 세계에서 싸워야 할 거야. 그때는 메이크업과 드레스 업을 통해 변신을 하고, 여자 어른들을 하나둘 쓰러트리고 나서 멋지게 사랑을 쟁취하렴. 걱정 마. 무슨 일이 생기면 마법을 쓰면 되고, 여차하면 어디선가 멋진 왕자님이 나타나 너를 구해줄 거란다.

이런 애니메이션과 특촬 드라마를 보면서 자란 아이들이 어떤 어른이 될지 걱정이라고요? 걱정 마시라. 그런 단계는 이미 한참 전에 지났으니. 지금 아이들의 엄마와 아빠, 다시 말해 1960년대 이후에 태어나 이미 어른이 된 사람들은 이와 같은 매체에 푹 빠져 살았던 세대다. 이런 이야기의 영향을 받고 자란 아이들이 이미 일본 사회의 주축을 이루기 시작했다. 그리고 일본의 특촬 드라마와 애니메이션(재패니메이션)은 일대 산업으로 성장해 이제는 전 세계 시장에 퍼져 있다.

악의 여왕처럼 "오~호호호호호호호호호호호" 하고 소리 높여 웃어주자. 다들 똑똑히 듣거라! 악의 제국의 음모를 이제 알겠느냐? 굴복한 척했지만 우리는 처음부터 지구를 멸망시킬 속셈이었다. 머지않

아 재패니메이션인지 뭔지 하는 게 지구를 집어삼킬 날이 닥쳐올 것이
다. 그때 인류는 전쟁밖에 모르는 성추행남과 사랑밖에 모르는 멍청한
여자로 우글거리겠지. 앗, 아니지. 벌써 그렇게 되었구나.

◆ 1 동화 속 마녀와 계모

「백설공주」와 「헨젤과 그레텔」의 계모는 원작과 초판에서 친모로 그려졌으나 그림 형제가 계모로 수정해 대중에 유포한 것으로 전한다. '친엄마가 자식을 버리거나 죽일 리 없다'는 이유에서다. 동화 속 마녀와 계모는 아이가 부리는 응석을 받아주지 않고 자립정신을 심어주는 현명한 어머니를 상징한다는 주장도 있다. 이러한 사고방식은 엄마에게 야단맞은 아이들이 '우리 엄마는 계모일지도 모른다'는 의심을 품는 것과 비슷하다. 동화 속 등장인물에 관해서는 막스 뤼티의 저서 『옛날 옛적에―민담의 본질에 대하여』(1994), 『민담의 해석―오늘날에도 살아 있다』(1997) 등을 참조하라. 또한 동화 속 마녀와 역사 속 마녀, 유럽 마녀와 일본 마귀할멈 전설 등을 포괄해 흥미롭게 분석한 책으로는 다카하시 요시토의 저서 『마녀와 유럽』(1995)이 있다.

◆ 2 붉은 전사의 인기

붉은 전사는 당연히 (남자) 시청자에게도 인기가 많다. 별책 다카라지마*『공상 미소녀 독본』(1997)에 수록된 「홍일점! 정통파 히로인」에 다음 내용이 나온다.

* 일본 다카라지마 출판사에서 발행하는 간행물 표제. 잡지와 서적이 합쳐진 출판물이다.

"'직장의 꽃'이 여성 차별 표현이라니, 도대체 누가 그런 소리를 했단 말인가. 직장에서든 전쟁터에서든 학교에서든 '꽃'이야 없는 것보다 있는 게 훨씬 낫지 않은가. 다만 여자라고 해서 누구든지 꽃이 될 수 있는 건 아니다. 외모와 성격을 통틀어 남들보다 우수한 '재능'이 필요하다(이러나저러나 무조건 여성 차별을 지적하며 흠 잡으려는 분들은 사양하겠다). 홍일점이 꽃이라 해서 단순히 장식품인 건 아니다. 아름답고 가련하게 피어나 누군가는 고뇌하고, 누군가는 싸우고, 때로는 잡초 같은 강인함마저 보여준다. 우리는 그 모습에 순수하게 감동해 홍일점을 동경하며 사랑하게 된다."

위 인용문은 여성 차별이라는 지적에 대한 공포, 도발, 변명, 적반하장이 담긴 명문冥文(?)이다. 좌우간 시청자 역시 붉은 전사의 모습에 순수하게 감동해 그를 동경하며 사랑하게 됐다는 점을 이해할 수 있을 것이다.

3장

위인전 왕국

◇ **애니메이션 왕국과 위인전 왕국은 유사하다**

먼저 위인전 이야기를 해보자. 애니메이션, 특촬 드라마, 위인전을 함께 다루는 이유가 궁금할 것이다. 이에 대한 답변을 한번 더 해두려 한다.

지금이야 판타지(허구)와 위인전(실화)이 별개로 취급되지만 한때 소설과 비소설의 경계는 굉장히 모호했다. 우리는 복숭아동자가 허구의 인물이고, 미나모토노 요시쓰네가 역사 속 인물이라는 사실을 안다. 그런데 요시쓰네가 어린 시절 고조 다리 위에서 벤케이와 대결을 벌였다는 일화는 역사적 사실일까? 요시쓰네가 대륙으로 건너가 칭기즈칸이 되었다는 전설은 또 어떠한가?

동화, 전설, 신화는 아주 긴밀하게 연관돼 있다. 이야기 소재와 내용만 봐서는 장르를 구별하기가 어렵다[1]. 이 장르들 사이에 위인전을 끼워넣어도 무방할 것이다. 사실 일본에서는 전설과 위인전의 경계마저 모호하다.

제2차대전 이전의 위인전은 전설이나 다름없었다

위인전 혹은 비소설 분야의 근대화가 빠르게 진행된 나라는 영국과 미국이었다. 특히 서구 중에서도 18세기 영국에서는 실증적 자료를 바탕으로 한 위인전 장르가 일찍이 정립됐다. 영국과 미국은 수많은 위인전 작가를 배출했고, 정치가·과학자·예술가·사업가 등 쟁쟁한 인물의 위인전이 집필됐다.

반면 일본에서는 예로부터 '요시쓰네전' '노부나가전' 같은 전쟁소설, 즉 전설을 대중적인 장르 혹은 야담으로 각색해 즐기는 전통이 있었다. 예를 들어 겐로쿠시대를 떠들썩하게 했던 보복 사건이 아시카가足利 시대의 일화라고 전해지는 연극 '주신구라'로 둔갑했는데, 이는 오이시 구라노스케가 오보시 유라노스케로 이름을 바꾸고 영웅이 되는 일본 특유의 이야기다. 오늘날에도 글쓴이의 해석이 가미된 평전이나 역사소설 같은 창작물이 활개를 치는 것에 비해, 사실만을 중시하는 위인전 장르가 제대로 정립돼 있다고 하긴 어렵다. 이는 옳고 그름을 따지기 이전에, 관습의 차이에서 비롯된 것이다.

예전에는 아동용 위인전에서도 실화와 허구를 구별하기가 쉽지 않았다. 가장 적절한 예로 제2차대전 이전의 국정교과서를 들 수 있다. 국어, 역사, 도덕 교과서에는 「복숭아동자」 「꽃 피우는 할아버지」 「원숭이와 게의 싸움」 등 설화와 함께 어설픈 위인전(전설)이 잔뜩 수록됐다. 요시쓰네 전설, 우에스기 겐신이 다케다 신겐에게 소금을 보냈다는 역사 속 비화, 콜럼버스가 달걀을 세운 일화, 에드워드 제너가 자기 자식을 우두접종 실험에 이용했다는 미담은 전부 국정교과서에 실린 '국민 전설'이다[2].

제2차대전 이전의 위인전 왕국을 소년 왕국이 모방했다

애니메이션 왕국과 위인전 왕국의 또다른 공통점은 내용에 있다. 제2차대전 이전에 남아용 위인전이 성황을 이룬 시기가 있었다. 그 시기는 다이쇼(1912~1926) 말기에서부터 쇼와(1926~1989) 초기까지 걸쳐 있다. 이 무렵 등장한 위인전에는 군인과 영웅의 이름이 줄지어 나온다.

이를테면 고학년 아동서인 『서양 위인전』(『초등학생 전집』, 1928)이 있다. 이 책 첫머리에는 "우리는 서양 위인 하면 곧바로 알렉산더, 카이사르, 나폴레옹, 넬슨, 워싱턴, 비스마르크, 이런 사람들을 떠올리곤 합니다"라는 문장이 나온다. 그래서 이 책은 "소년, 소녀 제군이 잘 알지 못하는 위인을 소개해 새로운 지식을 쌓게 해주고 싶었습니다"라는 편집 방침 아래 소크라테스, 카네기, 톨스토이, 밀레 등을 소개한다. 그럼에도 나머지 절반은 '독일 대통령 힌덴부르크 원사' '애국소녀 잔 다르크' '나폴레옹의 라이벌 웰링턴' '검은 셔츠단의 수상 무솔리니' '로마의 영웅 카이사르' '프랑스 황제 나폴레옹' 등 용맹무쌍한 인물들뿐이다.

혹은 『세계 용사 이야기』(『일본 아동 문집』, 1928)라는 책을 펼쳐보자. 이 책은 그리스신화에 나오는 페르세우스, 구약성서에 등장하는 기드온, 잔 다르크, 빌헬름 텔, 넬슨 제독, 극지탐험가 난센 등을 '용사'라는 이름으로 한데 묶어 신화·전설·실화의 구별 없이 대등하게 다루고 있다.

더 말할 것도 없이 이러한 영웅과 용사들의 무용담 대부분이 오늘날 소년 왕국 이야기와 아주 흡사하다. 사실 위인전이 원조이고, 제2차대전 이후 소년 왕국이 이를 모방한 셈이니 비슷한 것도 당연하다.

아동용 위인전은 애니메이션과 비슷한 구조를 지닌다

위와 같이 애니메이션의 뿌리가 옛날 위인전에 있다는 역사적 배경을 살펴보지 않더라도, 아동용 위인전이 현대 애니메이션과 유사하다는 걸 알 수 있다.

먼저 아동용 위인전에서는 일반 위인전에서보다 극적 요소가 중시된다. 아동용 도서에 실을 수 있는 정보의 양은 한정돼 있어 이야기가 너무 길어도 너무 어려워도 안 되기 때문이다. 따라서 아무리 실화를 바탕으로 했다 하더라도 이야기가 소설처럼 흘러가기 십상이다. 더군다나 위인전은 영웅들 이야기라 기승전결이 뚜렷한 이야기로 만들기가 쉽다. '길고 긴 고난 끝에 어마어마한 성공과 승리와 영광을 거머쥐었다'는 식으로 말이다. 이는 영웅담 이야기 구조와 똑같다.

또한 아동용 위인전은 일반 전기보다 인물 선정 기준이 까다롭다. 역사적으로 중요한 인물이라고 해서 아무나 위인이 될 수 있는 건 아니다. 아동용 위인전집에 히틀러전을 집어넣진 않는다. 위인, 다시 말해 '훌륭한 사람'은 아이들의 본보기가 될 만한 인물이어야 한다. 위인은 애니메이션 주인공과 마찬가지로 정의의 사도다. 더욱이 아동용 위인전에는 시각적 요소가 많다. 삽화나 컬러사진에 주인공의 얼굴과 복장이 구체적으로 형상화되어 있다. 글로 된 책이지만 의외로 만화책이나 애니메이션과 유사하다.

한 가지 덧붙이자면 아동용 위인전은 유사품이 많다. 일반 서적은 독창성이 가장 중요하지만 아동용 도서는 보편성이 훨씬 중요하다. 그래서 학교 도서관에 구비해놓을 만한 위인전 주인공으로 확실한 인물이 선호된다. 따라서 유사한 책이 여러 출판사에서 나오고, 한 인물의 위인전이 열몇 권씩 존재하게 된다. 게다가 아동용 도서는 수명이 길어 100쇄를 넘긴 스테디셀러를 흔하게 볼 수 있다. 그렇기에 주인공의 초상과 이름이 애니메이션 주인공의 그것과 같이 기억에 남아 있는 것이다. 애니메이션이나 특촬 드라마에서 비슷한 이야기가 지속적으로 생산되고 널리 유포되는 현상 역시 위인전에서도 비슷하게 일어난다 할 수 있다.

종류가 다른 매체일지라도, 조국의 존망을 걸고 싸운 영웅과 용맹하고 비범한 군인의 모습을 극적으로 묘사한 과거의 위인전은 '전후 애니메이션'과 '전후 위인전'의 공통된 뿌리다. 파충류와 조류가 공통 조상에서 나온 것과 같은 이치다. 영웅전설의 극적인 이야기를 계승한 것이 오늘날의 애니메이션이고, 역사적 인물의 개인사 중심 이야기를 계승한 것이 위인전이라고 설명하면 이해가 가는가.

영웅이 없는 나라

이러한 연유로 이번에는 현재 위인전 왕국의 상황에 관해 이야기할까 한다.

출판사 아홉 곳에서 내놓은 아동용 위인전집 시리즈 열다섯 개에 수록된 인물을 훑어보자. 한 가지 시리즈에만 수록된 인물은 필연성이 없을 수도 있으므로, 두 시리즈 이상 수록된 인물들을 시대별·직업별로 정리해보았다.

【표3】은 세계편 인물이다. 물론 필자가 임의로 선정한 시리즈를 조사해 표로 작성한 것이기에 정확한 통계자료라 할 수는 없다. 하지만 대략적인 방향성은 파악할 수 있을 것이다. 여기에 이름이 오른 사람들은 현대 위인이라 해도 무방하다.

물론 위인전 왕국이 멤버를 통째로 갈아엎고 '누가 봐도 위인' 같은 라인업을 갖춘 건 전후의 일이다[3]. 특히 1950년부터 발행되기 시작한 『위인 이야기 문집』은 100권이 넘는 거대 시리즈인데, 이것이 전후 위인 선정 기준에 큰 영향을 미친 건 분명하다. 이 시리즈에 뒤이어 1956년(일본이 국제연합에 가입한 해) 무렵부터 1964년(도쿄 올림픽이 개최된 해)까지는 비슷한 인물들이 수록된 비슷한 위인전집이 물밀듯 쇄도했다. 전후에 태어난 베이비붐 세대를 강타한 이른바 제2차

【표3】 위인이란 누구인가: 세계편

시대	직업	위인(♥: 여성)	시리즈 수 (★: 세계편과 일본편이 혼합 구성된 시리즈, ☆: 개별 구성된 시리즈)
고대		예수	★★★★★
		석가모니	★★★
		♥클레오파트라	★★
중세·근대		콜럼버스	★★★★★☆
		갈릴레이	★★★★☆☆
		마르코 폴로	★★★★
		나폴레옹	★★★
		♥잔 다르크	★★
근현대	정치가	링컨	★★★★★★★★☆
		케네디	★★★★
		워싱턴	★★★
		간디	★★★
		마틴 루터 킹	★★
	예술가	베토벤	★★★★★★★☆☆
		모차르트	★★★★★★☆☆
		안데르센	★★★★★☆
		슈베르트	★★★★
		고흐	★★★★
		디즈니	★★
		채플린	★☆
		어니스트 시턴	★☆
		♥로라 잉걸스 와일더	★☆

근현대	의뢰인 봉사자	♥나이팅게일	★★★★★★★★★★☆☆☆
		♥헬렌 켈러	★★★★★★★★★☆
		슈바이처	★★★★★☆
		♥테레사 수녀	★★★★
		파스퇴르	★☆
	과학자 발명가	♥퀴리 부인	★★★★★★★★★★☆
		에디슨	★★★★★★★★★☆
		파브르	★★★★★★★☆☆
		라이트 형제	★★★★★★☆
		노벨	★★★★★☆
		뉴턴	★★★
		아인슈타인	★★
	기타	베이브 루스	★★★★★★
		♥안네 프랑크	★★★★☆

위인전 유행이 일었다. 제2차대전 이전의 전설적 인물들이 국정교과서를 통해 그 이름을 알렸다면, 전후의 위인은 학교 도서관 책장을 떡 하니 점령한 위인전으로 이름을 알렸다고 할 수 있겠다.

그런데 어릴 때부터 익히 봐온 이 이름들을 살펴볼 때 '누가 선택받았는지'가 아니라 '누가 선택받지 못했는지'에 초점을 맞추면 재미있는 사실을 발견할 수 있다.

위인전 왕국은 백인 남성 우월주의에 사로잡혀 있다

위인전 왕국은 서고동저西高東低 지대다. 위인전집 종류로는 세계편과 국내편으로 나뉜 것과, 두 부류가 함께 섞인 시리즈가 있는데(★표시가 혼합 구성, ☆표시가 개별 구성), 이것들을 전부 합쳐도 외국인과 일본인의 비율은 2대 1이다. 그것까지는 괜찮다. 문제는 비 백인종이 거의 없다는 점이다. 백인이 아닌 사람은 석가모니, 간디, 마틴 루터 킹뿐이다. 아프리카와 라틴아메리카 출신은 단 한 명도 없다. 인도를 제외한 아시아, 즉 서아시아, 중국, 한반도, 동남아시아 등지에는 관심도 없다. 한 시리즈에만 수록된 비백인종 인물을 전부 끌어모아 보더라도 루쉰, 칭기즈칸, 투투 대주교(남아프리카의 인종 차별 반대운동 지도자)를 겨우 찾아볼 수 있는 수준이다[4].

위인전 왕국에는 영웅이 없다

세계편은 제2차대전 이후로 인물 교체 양상이 두드러진다. 기존 멤버 중 여태껏 위세를 떨치고 있는 인물은 링컨뿐이다. 과거 위인전 왕국의 군사적 색채는 싹 사라졌고 유일하게 나폴레옹을 제외하고 넬슨, 비스마르크, 힌덴부르크는 물론 카이사르, 알렉산더대왕, 칭기즈칸마저 자리에서 물러나게 됐다. 사실 20세기가 전쟁과 혁명의 시대였음에도 위인전 왕국에는 두 차례의 세계대전, 러시아혁명, 중국혁명, 베트남전쟁이 발발한 적 없는 듯한 세상으로, 레닌, 쑨원, 마오쩌둥, 호찌민이 존재한 적 없는 듯한 세상으로 그려진다. 위인전 왕국은 정치와 전쟁을 꺼린다. 바꿔 말하면 영웅을 꺼린다는 뜻이다.

영웅을 혐오하는 위인전 왕국에서는 사상과 철학도 꺼린다. 『소피의 세계』에 등장할 법한 사상가나 철학자는 단 한 명도 없다. 그러므로 소크라테스, 플라톤, 데카르트, 헤겔, 칸트, 니체, 마르크스, 프로이트, 사르트르는 위인이 될 수 없다. 또한 제2차대전 이전에 세력을 떨친 카네기, 헨리 포드 등 성공한 사업가들 역시 모습을 감췄다.

위인전 왕국은 과학과 음악의 나라다

정치도 안 돼, 전쟁도 안 돼, 철학도 안 돼, 사업도 안 돼. 그렇다면 남은 건 뭘까. 과학과 예술이다. 대학 학부로 말하자면 이공계와 예술계 정도가 되겠다. 정치 이데올로기와는 인연이 없는 (것처럼 보이는) 사람들이 위인전 왕국의 주인공이다. 발명가, 의료 관계자, 과학자. 마찬가지로 예술계라도 자칫 정치 성향이 드러날 수도 있는 문학이나 연극보다는 음악과 미술 분야가 바람직하다. 돌이켜보면 퀴리 부인, 노구치 히데요, 에디슨, 파브르, 라이트 형제, 나이팅게일, 슈바이처 등 누가 봐도 위인 같은 사람들은 모두 이공계 출신이었다.

위인전 왕국에는 사극 속 인기 캐릭터가 섞여 있다

그런데 일본편 위인전을 살펴보면 제2차대전 이전의 영웅전설에서 벗어난 모습은 찾아볼 수가 없다. 【표4】를 보면 군인들이 즐비하다. 미야모토 무사시 같은 검객이나 신화 속 인물인 야마토 다케루가 아직까지 버티고 앉아 있다는 사실도 놀랍지만, 무엇보다 눈에 띄는 인물은 사극 속 인기 캐릭터들이다. 다이라노 기요모리, 미나모토노 요시쓰네, 오다 노부나가, 도요토미 히데요시, 도쿠가와 이에야스, 사이고 다카모리, 사카모토 료마 등등. 일본편 위인전 라인업이 영웅에 치중되어 있는 이유는 오늘날의 야담이라 할 수 있는 TV 사극과 관련이 있다. 특히나 NHK 대하드라마는 위인을 선정하는 데 지대한 영향력을 행사한다. 아시카가 다카우지, 도쿠가와 요시무네, 다테 마사무네, 가스가노 쓰보네 등은 전후 위인전에서 한번 사라졌다가 사극의 영향력에 힘입어 다시금 위인으로 부상한 사람들이다(그래서 1997년에는 모리 모토나리, 1998년에는 도쿠가와 요시노부 관련 서적 수가 증가했다). 세계편에 나오는 인물 중 80퍼센트가 근현대 위인이지만 일본편에는 근현대 위인이 과반수에도 미치지 못한다는 점은 의문으로 남는다.

【표4】 위인이란 누구인가 : 일본편

시대	직업	위인(♥: 여성)	시리즈 수 (★: 세계편과 일본편이 혼합 구성된 시리즈, ☆: 개별 구성된 시리즈)
고대 (아스카시대~ 헤이안시대)		쇼토쿠 태자	★★★★☆
		쇼무 천황	★☆☆
		다이라노 기요모리	★☆☆
		♥무라사키 시키부	★☆☆
		♥히미코	★☆☆
		야마토 다케루	★☆
중세 (가마쿠라시대~ 무로마치시대)		미나모토노 요리토모	★★★☆☆
		잇큐	★★★★
		미야모토노 요시쓰네	★★☆☆
		아시카가 다카우지	★☆☆
		아시카가 요시미쓰	☆☆
		호조 도키무네	☆☆
		구스노키 마사시게	☆☆
근대 (아즈치모모 야마시대, 에도시대)	정치가	도쿠가와 이에야스	★★★★★★★★☆☆
		도요토미 히데요시	★★★★★★★☆☆
		오다 노부나가	★★★★★☆☆
		다케다 신겐	★★☆☆
		미야모토 무사시	★★
		도쿠가와 요시무네	★☆
		사나다 유키무라	★☆
		다테 마사무네	★☆
		♥가스가노 쓰보네	★☆

근대 (아즈치모모 야마시대, 에도시대)	그 외	니노미야 긴지로 료칸 고바야시 잇사 히라가 겐나이	★★★★ ★★★ ★★★ ☆☆
근현대 (바쿠마쓰 시대, 메이지시대, 다이쇼시대)	정치가 사상가	후쿠자와 유키치 사카모토 료마 사이고 다카모리 가쓰 가이슈 니토베 이나조 이토 히로부미	★★★★★☆ ★★★☆☆ ★★★☆☆ ★★☆ ★★ ★☆
	과학자 의사 발명가	노구치 히데요 마키노 도미타로 기타사토 시바사부로 유카와 히데키 도요타 사키치 미나카타 구마구스	★★★★★★★ ★★★ ★★ ★★ ★★ ★★
	문학가 예술가 그 외	미야자와 겐지 나쓰메 소세키 데즈카 오사무 우에무라 나오미 이시카와 다쿠보쿠	★★★★★ ★★★★ ★★★ ★★★ ★★

위인전 왕국과 애니메이션 왕국은 서로 색채가 반전된 모습이다

여기까지 내용을 종합해보면 흥미로운 사실이 떠오른다. 위인전 왕국은 애니메이션 왕국과 반대 방향으로 성장했다는 점이다. 일본편에는 제2차대전 이전의 옛 위인이 남아 있지만, 사람들이 위인이라 하면 떠올리는 인물은 도쿠가와 이에야스(이 사람 역시 역사 혹은 사극 속 인물이다)가 아니라 슈바이처, 나이팅게일, 퀴리 부인, 노구치 히데요일 것이다. 위인전 왕국에서 선호하는 인물은 정치적·군사적 성향을 띠지 않으며 출세욕이 없고 재물에 대한 욕심 없이 한 가지 일에만 매진하여 평생을 가난하게 살아간 고결한 사람이다[5]. 위인전 왕국은 오로지 박애주의와 휴머니즘만이 용납되며 세속성이라고는 눈을 씻고도 찾아볼 수 없는 세상이다. 애니메이션 왕국이 어수선하고 세속적인 곳이라면, 위인전 왕국은 반대로 신성하고 따분한 곳이다. 자극적인 요소만 모아놓은 세상이 애니메이션 왕국이라 한다면 위인전 왕국은 자극적인 요소가 모조리 제거된 곳이다.

악의 여왕이 없는 나라

위인전 왕국도 애니메이션 왕국과 마찬가지로 여성 인구가 현저히 적다. 그럼에도 위인전 왕국을 지탱하는 슈퍼스타 인기 순위 3인방이 여성이라는 사실은 대서특필해야 마땅할 것이다. 나이팅게일, 퀴리 부인, 그리고 헬렌 켈러. 이 세 여성의 위인전은 상업적 면에서도 근 30년간 매출 3위까지를 차지하고 있다 한다[6].

그러나 이 얘기는 잠시 제쳐두고 우선 【표5】와 【표6】을 살펴보자. 여성은 인원수가 적어서 한 시리즈에만 수록된 인물까지 전부 포함했다. 참고로 여성 위인의 영역을 넓혀준 것은 만화 위인전이다. 슈에이샤에서 출판된『학습만화/세계 위인전』시리즈에 나오는 위인으로 클레오파트라, 잔 다르크, 마리 앙투아네트, 클라라 슈만, 마리 로랑생, 애거사 크리스티가 있고, 쇼가쿠칸에서 출판된『학습만화 인물관』시리즈에 나오는 위인으로는 요사노 아키코와 쓰다 우메코가 있다. 그림체가 순정만화를 연상시키는 이 두 시리즈가 없었더라면 여성 위인전 목록은 아마 지금보다 훨씬 더 빈약했을 것이다.

그건 그렇다 치더라도 여성 위인전 목록은 변변찮다는 표현으로밖에 평가할 도리가 없다. 특히나 일본편은 여성 위인 인원수와 라인업 면에서 모두 할말을 잃게 만든다. 가장 돋보이는 인물이 히미코와 무라사키 시키부라니 이게 어찌된 일인가. 군이 짚고 넘어갈 필요도 없 겠지만, 히미코와 관련해서 이국의 옛 문헌에 "함께 여자 한 명을 왕으 로 세우니, 이름을 히미코라 한다"라는 기록이 남아 있을 뿐이며 그의

【표5】 붉은 위인: 세계편

시대	위인	시리즈 수 (★: 세계편과 일본편이 혼합 구성된 시리즈, ☆: 개별 구성된 시리즈)
고대 ~근대	클레오파트라(기원전 69~기원전 30)	★★
	잔 다르크(1412?~1431)	★★
	마리 앙투아네트(1755~1793)	★
근현대	나이팅게일(1820~1910)	★★★★★★★★★★☆☆☆
	퀴리 부인(1867~1934)	★★★★★★★★★★☆☆
	헬렌 켈러(1880~1968)	★★★★★★★★★★☆
	안네 프랑크(1929~1945)	★★★★☆
	테레사 수녀(1910~1997)	★★★★
	와일더(1867~1957)	★☆
	엘리너 루스벨트(1884~1962)	★
	클라라 슈만(1819~1896)	★
	몽고메리(1874~1942)	★
	마리 로랑생(1883~1956)	★
	애거사 크리스티(1890~1976)	★
	베아트릭스 포터(1866~1943)	☆
	레이첼 카슨(1907~1964)	☆

【표6】 붉은 위인: 일본편

시대	위인	시리즈 수 (★: 세계편과 일본편이 혼합 구성된 시리즈, ☆: 개별 구성된 시리즈)
고대 ~근대	히미코(3세기)	★☆☆
	무라사키 시키부(978 ? ~1016 ?)	★☆☆
	가스가노 쓰보네(1579~1643)	★☆
	세이 쇼나곤(966 ? ~1025 ?)	★
	히노 도미코(1440~1496)	★
	요도도노(1567~1615)	☆
근현대	쓰다 우메코(1864~1929)	★
	요사노 아키코(1878~1942)	★
	이와사키 치히로(1918~1974)	★

실존 여부조차 확인되지 않았다. 무라사키 시키부는 실존하긴 했으나 생몰년이 밝혀지지 않았다. 심지어 근현대 위인으로 말할 것 같으면 한 시리즈씩에만 나오는데, 요약하자면 "근현대 일본 여성 중에는 이렇다 할 사람이 없었다"라는 얘기인가7.

여성 위인은 남초사회에서 성공한 붉은 전사다

여성 위인의 첫번째 유형은 '남성을 중심으로 돌아가는 사회에서 남성과 견주어도 손색없는 업적을 이룬 사람'이다. 말하자면 이들은 여자임에도 남자들의 활동 영역에서 업적을 남긴, 남자 못지않은 능력을 지닌 여자다. 과학자로서 노벨상을 두 차례나 수상한 퀴리 부인이 이에 해당한다. 퀴리 부인에게는 '여성 최초 노벨상 수상자'라는 수식어가 따라붙는다. '여성 최초 ○○○'라는 표현은 오늘날에도 흔히 접할 수 있는데, 여기에는 '여자답지 않은' 점이나 '남자 못지않은' 점을 향한 칭송과 감탄이 담겨 있다. 애니메이션 왕국에 빗대어 말하자면 소년 왕국에서 홍일점으로 성공한 붉은 전사가 그러하다. 그 밖에 여자임에도 백년전쟁에서 용맹을 떨친 잔 다르크, 여자임에도 미스터리 작가로 성공한 애거사 크리스티, 여자임에도 정치적 실권을 장악한 가스가노 쓰보네와 히노 도미코가 있다. 클레오파트라, 히미코 같은 여왕들도 이 유형에 해당된다.

여성 위인은 사람들을 구원하는 성모다

여성 위인의 두번째 유형은 '여성에게 적합한 활동 영역에서 훌륭한 업적을 세운 사람'이다. 시쳇말로 하면 '여성 특유의 감성'을 지닌 사람이라고나 할까. 이 유형은 다시 둘로 나뉜다. 하나는 인류 구제 및 자선사업을 펼친 사람들이다. 대표적인 인물로 간호사를 여성 특유의 직업으로 인식시킨 나이팅게일이 있다. 사회복지 방면에는 생전에 위인전 왕국에 입성한 테레사 수녀가 있다. 엘리너 루스벨트는 프랭클린 루스벨트 전 대통령의 아내이자 자선사업가였다.『침묵의 봄』을 집필한 레이첼 카슨도 인류를 구제한 인물이다. 이들은 성모 이미지를 지닌다. 그 증거 중 하나가 위인전 표지에 그려진 모습 혹은 우리 기억 속에 남아 있는 이미지다. 나이팅게일이나 테레사 수녀의 이름을 듣고 그들의 어린 시절 모습이 떠오르지는 않을 것이다. 이들은 소녀 왕국에서 조력자로 등장하는 착한 마법사(성모) 캐릭터에 해당한다 할 수 있다.

여성 위인은 영원한 마법소녀다

'여성 특유의 감성' 그 두번째는 바로 소녀들에게 꿈을 심어주는 예술가, 또는 소녀다움을 유지하고 있는 (것처럼 보이는) 사람들이다. 와일더는『초원의 집』저자, 몽고메리는『빨강 머리 앤』의 저자, 베아트릭스 포터는『피터 래빗』을 그린 그림 동화 작가, 마리 로랑생은 소녀의 사랑스러움을 강조한 그림을 그린 화가, 클라라 슈만은 로베르트 슈만의 부인으로 피아니스트다. 소녀 시절에 생을 마감한 안네 프랑크는 그야말로 영원한 소녀이며, 형장의 이슬로 사라진 마리 앙투아네트는 공주님의 대명사다. 일본 위인도 마찬가지로 소설가(무라사키 시키부), 수필가(세이 쇼나곤), 시인(요사노 아키코), 일러스트레이터(이와사키 치히로) 등 소위 여자아이들 취향에 맞아 보이는 직업을 가진 인물들이 선정됐다. 이들은 소녀 왕국에서 영원히 살아가는 주민이라 할 수 있다. 다만 조금 고민되는 사람은 헬렌 켈러다. 위 논리대로라면 헬렌 켈러 역시 사회복지 계열에 속하겠지만, '삼중고의 성녀' '기적의 여인'이라는 수식어를 보면 알 수 있듯 그의 인생 역시 소녀 시절 일화를 중심으로 평가된다. 그러니 헬렌 켈러야말로 대표적인 영원한 마법소녀라 할 수 있다.

위인전 왕국에는 남초사회를 위협하는 악의 여왕이 없다

여기까지 소개한 세 유형의 여성은 각각 앞 장에서 설명한 '붉은 전사' '성모' '마법소녀' 이미지를 지닌다. 이들은 소년 왕국에 공헌하는 인물이거나 소녀 왕국 안에만 머무는 인물이라는 점에서 차이가 있지만 어느 왕국의 평화도 흐트러뜨리지 않는 여성이다. 이것이 핵심이다. 위인전 왕국에는 소년 왕국에 결투를 청하거나 소녀 왕국에 개혁을 강요하는 캐릭터가 없다. 위인전 왕국이 정치, 사상, 분쟁을 꺼리는 나라이다보니 새삼 놀랄 것도 없지만, 위인전 왕국에서 위인으로 수용 가능한 여성은 쓰다 우메코와 요사노 아키코 같은 교육자나 시인이 고작이다. 위인전 왕국에서는 여성의 권리를 주장하거나 여성의 지위 향상에 공헌하는 사람은 위험한 사상을 지닌 악의 여왕으로 간주된다. 또한 자유로운 사랑을 추구하거나 결혼제도에 따르지 않는 여자도 악의 여왕으로 여겨진다. 따라서 히라쓰카 라이초, 시몬 드 보부아르는 말할 것도 없고, 위험한 사상을 지닌다는 점에서 가게야마(후쿠다) 히데코, 이치카와 후사에 역시 악의 여왕이다. 하물며 열렬한 페미니스트인데다가 남편을 갈아치우기까지 한 이토 노에는 어떠하랴. 이를 두고 "여성 해방 운동에 힘쓰고 차별과 맞서 싸운 여자야말로 아이들에게 용기를 심어주는 진정한 구세주 아니겠는가"라고 반론해봤자 소용없다. 아이들의 본보기가 되려면 이처럼 위험한 사상을 가진 사람보다 히미코나 무라사키 시키부가 그나마 적절하다. 이것이 위인전 왕국 논리다.

여자가 위인이 되기 위한 조건

애니메이션 왕국과 정반대 방향으로 발전했으며 줏대라고는 없어 보이는 위인전 왕국. 아무래도 이곳 역시 여성을 보는 눈만큼은 애니메이션 왕국과 큰 차이가 없는 모양이다.

그런데 수많은 남성 위인을 비웃기라도 하듯 나이팅게일과 퀴리 부인과 헬렌 켈러가 위인전 왕국 정상에 군림하는 현실은 여전히 흥미를 자극한다. 이들은 상당히 이른 시기부터 위인전 왕국을 대표하는 인물이기도 했다.

가장 먼저 위인전 왕국에 들어선 사람은 나이팅게일이다. 나이팅게일은 일찍이 1930년에 출간된 『소년소녀 위인전집』에 넬슨 제독과 노기 마레스케라는 무시무시한 군인들과 어깨를 나란히 한 채 수록된 전적이 있다. 퀴리 부인과 헬렌 켈러가 위인전에 등장한 시기는 제2차 대전이 끝난 직후였다. 이들은 가장 먼저 단행본으로 발행된 위인전을 통해 소개됐는데, 1948년에 다섯 권이 넘는 아동용 퀴리 부인전의 뒤를 이어 나이팅게일전, 헬렌 켈러전이 발행됐다.

더욱이 전후 위인전 유행을 이끌어낸 『위인 이야기 문집』(1950)에는 『사랑과 과학의 어머니 퀴리 부인』과 『크림의 천사 나이팅게일』이 수록되었고, 뒤이어 발행된 『위인전 문집』(1953)에도 『나이팅게일, 사랑의 천사』『헬렌 켈러, 삼중고의 성녀』가 나란히 등장했다.

전후 성행한 위인전에서는 이 세 여성이 크게 한몫했다. 이들이 위인전 왕국에서 출세할 수 있었던 이유를 추측해보자면 다음과 같다.

(1) 백인 여성

위인전 왕국에 팽배한 백인 우월주의에 부합한다. 나이팅게일은 영국인, 퀴리 부인은 프랑스로 이주한 폴란드인, 헬렌 켈러는 미국인이다.

(2) 좋은 가정환경에서 자란 모범생

부모님과 선생님이 생각하는 바람직한 여자아이의 모습에 부합한다. 여자는 출신도 중요하다. 아동용 위인전은 주인공의 어린 시절을 중요하게 다룬다. 가난하고 불우한 청소년기를 보내고 출세한 이야기는 남자 위인전에서 선호되지만, 여자 위인전에서는 그렇지 않다.

(3) 성적인 면에서의 정숙함

'여자는 정숙해야 한다'는 세상의 가치관에 부합한다. 나이팅게일과 헬렌 켈러는 생애를 독신으로 마감했으며, 퀴리 부부는 세계적으로 유명한 잉꼬부부였다. 여성 유명인 중에는 성적으로 자유분방한 사람이나 이혼과 결혼을 반복한 사람이 적지 않았으니, 정숙함은 위인전 왕국에서 귀중한 자질이었다. 따라서 테레사 수녀 역시 소중한 인재다. 웨일스 공작부인 다이애나는 현재 위인전 왕국 입성이 유력한 후보지만 위 조건에 살짝 못 미친다.

(4) 남성 권력자의 인정

세 인물은 살아 있을 당시부터 전설이 되었을 만큼 슈퍼스타였다. 시인 롱펠로는 나이팅게일에게 시를 바쳤고, 퀴리 부인은 노벨상을 두 번 수상한 데 이어 아인슈타인의 극찬을 받았으며, 마크 트웨인은 헬렌 켈러에게 격찬을 아끼지 않았다. 이는 각각 위인전 왕국으로 입장할 수 있는 추천장인 셈이었다.

(5) 뚜렷한 특징

나이팅게일은 성모, 퀴리 부인은 예외적인 우수성을 인정받아 출세한 붉은 전사, 헬렌 켈러는 영원한 마법소녀라 할 수 있다. 이처럼 그들은 애니메이션 왕국을 대표하는 주인공들의 여성상과 부합하는, 이야기의 주인공으로 삼기 좋은 요소를 갖추고 있었다.

아무래도 이런 조건들이 충족되지 않은 채 여자가 위인이 되기란 어렵다. 하지만 그들은 애니메이션 왕국 주인공이 아니라 근대를 살아간 실존 인물이다. 제2차대전 이전에 존재했던 위인전이 전설과 큰 차이가 없다는 점을 고려하면, 위인전을 통해 세상에 널리 퍼진 여성 위인들의 이미지가 실제 모습과 같다는 보장은 없다. 이와 관련된 내용은 뒤에서 자세히 다루겠지만, 이 시점에 떠오르는 의문을 하나 제시하자면 3대 여성 위인 이름을 표기하는 방법은 모두 제각각이라는 점이다. 나이팅게일은 성姓만 표기하고, 퀴리 부인은 '부인'이라는 수식어가 붙으며, 헬렌 켈러는 성과 이름이 모두 표기된다. 이 미세한 차이가 왠지 모르게 꺼림칙하지 않은가?

외국 출신 위인 이름은 보통 에디슨이나 슈바이처 같이 성으로 표기된다. 따라서 나이팅게일은 일반적인 표기법에 따른 것이다. 그렇다면 퀴리 부인의 '부인'은 무엇인가. 남편 피에르 퀴리와 구분하기 위해서라면 '마리 퀴리'라 하면 되지 않는가. 헬렌 켈러에게 붙어 있는 '헬렌'은 무엇이란 말인가. 그냥 '켈러'라 하면 안 되는 걸까? 뭘 그리 세세하게 따지느냐고 생각할지 모르겠지만 여성의 이름을 표기하는 방법은 생각보다 중요하다. 이름을 부르는 방식은 곧 세상이 그 사람을 어떻게 바라보는가에 대한 척도가 되기 때문이다.

◆1 동화, 전설, 신화

「복숭아동자」는 동화이고, 「긴타로」는 전설이며, 「야마토 다케루」는 전설이자 『고사기古事記』*에서 유래된 신화이기도 하다. 동화는 문학적이고 전설은 역사적이다. 동화는 해피엔딩을 장식하고 전설은 비극으로 끝난다. 신화는 종교색이 짙고 동화와 전설은 종교색이 옅다. 등등 각종 논의가 계속돼오고 있으나 확고한 결론은 나오지 않았다. 이에 관한 참고문헌은 굉장히 많지만 서양 이야기에 관해서는 노무라 히로시의 저서 『그림 형제의 동화와 문학』(1997), 일본 이야기에 관해서는 노무라 준이치가 편찬한 『필수로 읽어야 할 동화·전설』(『별책 고쿠분가쿠』 41호, 1991)에 내용이 간결하게 나와 있어 이해하기 쉽다.

◆2 국정교과서에 실린 왜곡된 위인전

나카무라 기쿠지의 저서 『교과서의 사회사』(1992)에 따르면 국정교과서 40년 역사(도중에 다섯 차례 개정됐다) 중 도덕 교과서에서 다룬 인물은 240명에 이르는데, 인물 선정 기준과 이야기 내용이 상당히 제멋대로였다고 한다. 니노미야 긴지로 전설과 에드워드 제너 전설이 날조되었음을 검증한 부분은 아주 흥미롭다. 제너의 첫 생체 실험 대상은 자기 아이가 아니라 신원 불명의 소년이었다 한다. 참고로 제너

* 일본에서 가장 오래된 역사서.

는 오늘날 위인전에서는 거의 다뤄지지 않는다. 지구상에서 천연두가 소멸한 뒤로 관심이 식어서일까, 아니면 미담 하나 없는 사람은 별 볼 일 없다는 이유에서일까?

◆ 3 제2차대전 이전의 위인전집

국회 도서관 소장 아동서 목록 중 가장 오래된 도서는 1896~1897년 도에 출간된 『소년 위인전 총서』다. 이것보다 작은 시리즈 중에서는 1898~1902년에 출간된 『소년 독본』이 눈길을 끈다. 이는 총 오십 권 짜리 대작인데 사이고 다카모리, 사카모토 료마, 아라이 하쿠세키, 나카에 도주, 모토오리 노리나가, 이노 다다타카, 가이바라 에키켄, 와타나베 카잔, 사쿠마 쇼잔, 오규 소라이, 오시오 헤이하치로, 교쿠테이 바킨, 마쓰오 바쇼 등 문·무인을 통틀어 근대 거물을 줄줄이 다루는 거대한 인물의 집대성이다. 집필진은 이와야 사자나미, 고다 로한, 다야마 가타이, 사카이 도시히코 등 화려한 멤버로 구성됐다.

◆ 4 위인전의 백인 우월주의

아동용 위인전 『루쉰』(『인간 이야기』, 1992)의 저자 요모타 이누히코 는 해당 책 말미에 새로운 위인전집 기획을 부탁받았던 당시에 들었 던 생각과 책을 집필하게 된 경위를 설명한다. "일본인을 따로 분류하면 아시아인은 한 명도 없습니다. 그리고 아프리카인도요. 위인전에 적합한 인물이 서양에만 있는 건 아니지 않습니까." "그럼 요모타 씨가 아시아인 위인전을 한 권 쓰신다면 어떤 인물이 좋을까요?" 이런 점이 다른 책에서는 거의 지적되지 않고 있다는 현실이 가히 기이하다.

◆5 고결한 인격

물론 이는 어디까지나 이미지에 관한 이야기다. 아동용 위인전은 필요 이상으로 인물을 신격화하곤 한다. 가령 노구치 히데요가 화상을 입은 사건을 계기로 의학의 길을 걷게 되었다는 이야기가 속설이라 하더라도 '가난한 한부모 가정에서 태어나 어린 시절에 화로 위로 넘어져 화상을 입었고, 미국으로 넘어가 세균학자가 되어 성공했지만 끝내 전염병에 걸려 사망했다'는 비극적인 일생은 그것만으로도 '고결한 인격'과 연결 짓기 좋은 설정이다. 하지만 아무리 고결한 사람이라 해도 그가 만약 군인이었다면 위인이 될 수는 없었을 것이다.

◆6 위인전 왕국 슈퍼스타

출처는 「책 이야기」(1997년 5월호). 인기 순위 5위까지 꼽자면 에디슨과 노구치 히데요가 추가된다.

◆7 여성 위인전 기근

약 10년 전. 필자는 여성 위인전이 너무나도 적은데다가 특정 인물에 편중되어 있다는 현실에 질린 나머지 모 출판사의 아동서 편집자에게 "근대에 활약한 여성의 일화를 모아 만화로 엮은 『슈퍼우먼 사전』을 만들지 않겠냐"고 제안한 적이 있다. 그 자리에서 퇴짜를 맞았는데, 독자층 절반인 여자아이들만 대상으로 책을 낼 수 없다는 이유에서였다. 그 말을 듣고 무심결에 납득하긴 했지만, 이는 말도 안 되는 핑계다. 여성 위인전을 여자아이들만 읽는다는 생각부터가 잘못됐다(퀴리 부인전은 여자아이만 읽는가). 하지만 설령 여자아이들만 읽는다 해도 상관없다. 세상에는 남자아이들만 대상으로 하는 아동서적(예를 들면 '야구 사전' 같은 부류)도 있는데다가 초등학생 때는 남자아이들보다 여자아이들이 독서를 훨씬 많이 하기 때문이다. 더욱이 아동서적에 대한 선택권은 여성들이 훨씬 많이 쥐고 있다(엄마는 물론 이에 해당되거니와 초등학교 교사와 도서관 사서 역시 현재는 여성이 주를 이룬다). 아동도서는 여성에게 잘 먹히는 상품이 잘 나간다. 요즘 위인전이 인기 없는 이유는 여성 위인이 부족한 탓에 여성 독자들을 놓치고 있기 때문 아닐까?

4장

홍일점의 원조, 잔 다르크

◇　　잔 다르크전은 아동매체 속 여성상의 집대성

　앞 장에서 제2차대전 이전의 위인전 왕국이 마치 오늘날의 애니메이션 왕국과 같다는 이야기를 했다. 위인전 왕국은 제2차대전 이후 군국주의 색채를 걷어내고 썩 그럴듯하면서도 따분한 박애주의 국가로 다시 태어났다. 한편 바통을 넘겨받기라도 한 듯 새롭게 부흥한 애니메이션 왕국, 특히 소년 왕국은 제2차대전 이전의 영웅전설을 계승하는 형태로 군사대국의 길을 걷기 시작했다. 이리하여 두 왕국은 같은 뿌리를 지녔지만 현재는 규모로 보나 질로 보나 전혀 다른 문화 양상을 보인다.

이것이 지금까지의 내용인데 아직 확실하게 와닿지는 않을 것이다. 위인전 왕국과 애니메이션 왕국을 이어주는 실, 위인전의 여주인공과 애니메이션의 여주인공을 연결해주는 다리는 과연 어디에 있을까.

그래서 위인전 왕국 아이돌 스타를 한 명 섭외하려 한다. 바로 잔다르크다. 그의 이름을 모르는 사람은 없을 것이다. 하지만 그의 성품은 잘 모르지 않는가? 잔 다르크는 서양, 특히 프랑스에서는 아직까지도 국민 영웅으로 추앙받는다. 제2차대전 이전 일본에서도 잔 다르크는 '충군애국 소녀'라는 별칭을 얻을 정도로 위인전 왕국에서 제일가는 아이돌이었다. 하지만 그래봤자 충성심과 애국심을 펼칠 때만 필요할 뿐이다. 잔 다르크는 전쟁이 끝나고 위상이 추락하면서 은퇴할 수밖에 없었다. 최근 들어서 다시 위인으로 부상하고 있지만 과거의 영광은 사라진 지 오래다[1]. 위인전 왕국에 군인이 설 자리는 없다. 소녀 전사는 이제 애니메이션 왕국의 전매특허가 되었다. 똑같은 소녀 전사라 해도 〈세일러 문〉이나 〈바람계곡의 나우시카〉에 나오는 주인공의 인지도가 훨씬 높을 것이다.

하지만 잔 다르크는 무시할 수 없는 인물이다. 잔 다르크야말로 위인전 왕국(실화)과 애니메이션 왕국(허구)에 존재하는 여성상의 원조다. 잔 다르크는 위인전 왕국 인물임에도 마법소녀, 붉은 전사, 악의 여왕의 세 가지 이미지를 전부 혼자서 떠맡고 있다. 심지어 애니메이션 왕국 여주인공들을 능가할 만큼 특출나게 말이다. 잔 다르크가 역사의 무대 위에 서 있던 기간은 17세 때부터 19세 때 사망에 이르기까지 고작 2년 남짓이다. 그러나 이 2년이라는 시간 동안 벌어진 일은 장편 애니메이션 못지않게 드라마틱하다. 우선 잔 다르크 이야기를 해보자[2].

잔 다르크의 조국은 멸망할 위기에 처해 있었다

때는 바야흐로 15세기 초, 백년전쟁이 막을 내릴 무렵이었다. 백년전쟁이란 프랑스 왕족과 영국 왕족 사이에서 벌어진 왕위 계승 분쟁을 발단으로 100년이 넘도록(1337~1453) 이어진 전쟁을 말한다. 당시 프랑스군은 압도적 군세를 자랑하는 영국군을 상대로 고전을 면치 못하고, 아쟁쿠르 전투에서 프랑스 사상 최대의 패전을 맛보며 어마어마한 타격을 입고 영토 대부분을 영국군에게 점령당한 상황이었다. 게다가 프랑스 국왕 편에 선 아르마냐크(오를레앙) 세력과 영국 국왕 편에 선 부르고뉴 세력 사이의 내분이 겹쳐 왕권은 추락하고 토지가 황폐해져 생산력이 저하되었으며 군의 약탈이 횡행했다. 한마디로 프랑스 국내 상황은 엉망진창이었다.

이것만으로도 충분히 애니메이션 내용 같다. 유럽대륙 정복을 노리는 침략국 영국, 장기화되는 전쟁, 고군분투하는 방위군, 멸망할 위기에 처한 프랑스. 프랑스는 정의의 사도가 나타나기를 기다릴 뿐이었다. 이런 상황에서 말 그대로 역사의 무대에 영웅처럼 등장한 사람이 바로 '라 퓌셀(처녀·소녀 등으로 번역됨)'을 자칭하던 열일곱 살 소녀 잔 다르크였다.

잔 다르크는 마법소녀의 원조다

잔 다르크는 1412년 (혹은 1411년) 프랑스 동북부에 위치한 로렌 지방의 동레미에서 태어났다. 집안은 특별히 유복한 편이 아니었으나 당시로서는 그럭저럭 풍족한 농가였던 모양이다. 잔 다르크에게는 오빠 세 명과 여동생이 한 명 있었으며, 유소년기에 신앙심이 깊었던 점을 제외하면 그리 유별난 아이가 아니었고 열다섯 살 전까지는 고향에서 아주 평범한 여자아이로 지냈다.

다만 유일하게 평범하지 않았던 부분은 잔 다르크가 때때로 신의 목소리를 들었다(스스로 그렇게 주장했다)는 점이다. 그는 열세 살 때 처음으로 신의 목소리를 들었는데, "행실을 올바르게 하고 교회를 열심히 다니라"는 내용이었다. 그런데 이윽고 목소리와 함께 성녀 마르가리타, 성녀 카트리나, 대천사 미카엘의 형상이 나타났으며, 그 계시는 점점 구체적인 내용으로 급격하게 변해갔다. "마을을 떠나 프랑스로 가라" "보쿨뢰르(인근의 큰 마을)의 수비대장에게 청해 샤를 왕세자를 알현하도록 하자" "오를레앙의 포위군을 해방시키고 왕세자 대관식을 거행하게 하라"는 식으로 말이다. 목소리의 주인공은 잔 다르크에게 "순결을 지켜라"고까지 했다는데, 요구사항이 참 많은 까다로운 신이다. 잔 다르크는 같은 마을에 사는 남자에게서 청혼을 받았는데(그때는 13~14세에 결혼하는 것이 당연한 시대였다), 잔 다르크와 신은 그 남자가 마음에 들지 않았던 건지도 모른다.

여하튼 잔 다르크는 처음에 "말도 안 돼. 나는 검을 휘둘러본 적도 없고 말을 탈 줄도 모르는데"라며 주저하다가 계속되는 계시에 자신의 사명을 깨닫게 된다. 평범한 소녀였지만 하늘의 목소리에 이끌려 초자연적 힘을 부여받고 영靈 능력을 지니게 되자 세상을 구하러 나선 소녀. 우리는 이를 보고 소녀 왕국의 마법소녀를 떠올릴 수밖에 없다.

잔 다르크는 변신하는 주인공의 원조다

신의 계시를 듣기 시작한 지 어언 4년, 잔 다르크는 열일곱 살이 되었다. 잔 다르크는 보쿨뢰르의 수비대장을 찾아가 왕세자를 만나게 해줄 것을 요청했지만, 수비대장은 분별력 있는 어른으로서 어린 여자아이의 요청 따위를 단호하게 거절했다. 그러나 시민들의 열렬한 지지 덕분에 잔 다르크는 세번째 요청 때 호위병 여섯 명과 함께 왕세자를 만날 수 있었다. 출발을 앞두고 기사복과 말을 하사받은 잔 다르크는 남자옷으로 갈아입고 머리를 짧게 잘랐다. 남장 여주인공의 탄생이었다. 참고로 잔 다르크에게 남자옷을 입도록 명령한 것 또한 신이었다(이 신은 여러모로 까탈스럽다).

그런데 남장이란 뭘까? 말 타고 여행을 할 때는 활동성이나 방어력 면에서 남자 옷차림이 적합한 건 사실이다. 하지만 남장은 단순히 활동적인 옷으로 갈아입는다는 사실을 넘어서 명실공히 '변신'을 의미한다. 남장이라는 키워드 하면 떠오르는 작품으로 〈사파이어 왕자〉와 〈베르사이유의 장미〉가 있는데, 잔 다르크의 경우에는 이 작품들의 주인공처럼 성별을 속이고 남자로 '변장'한 게 아니다. 여자가 아닌 존재, 혹은 천사 같이 성별을 초월한 존재로 변신한 것이다. 당시 교회는 다른 성별의 사람으로 변장하는 행위를 금했다. 그 당시 가치관에 비춰볼 때 남장이란 곧 무장이자 영적인 의미로는 성별을 초월한 효과를 지니는 차림새였다.

잔 다르크는 애니메이션 왕국 남주인공과 여주인공이 전투에 나설 때 반드시 변신(무장/환복)을 하는 관행을 500년이나 앞서 행했던 것이다.

잔 다르크는 붉은 전사의 원조다

아까부터 언급되던 왕세자는 훗날의 프랑스 왕 샤를 7세를 가리킨다. 이때는 그가 아직 대관식을 마치지 않은 상태였기에 왕세자로 불렸다. 잔 다르크는 마법소녀답게 왕세자를 알현할 당시 수많은 신하사이에 숨어 있던 왕세자를 단번에 알아봤다고 한다.

왕세자는 잔 다르크와 만나기 전까지 주색에 빠져 사는 소심한 청년이었다. 부왕 샤를 6세는 자신의 출생의 비밀(모친의 간통으로 태어난 아이였다)을 알고 자포자기한 심정으로 미쳐버린데다 전쟁 상황마저 불리해져 망명중인 몸이었다. 벼랑 끝에 위태롭게 서 있던 샤를 6세는 밑져야 본전이라는 생각으로 자칭 신의 사자라는 어린 여자아이에게 모든 걸 걸어보기로 결심한 건지도 모른다.

잔 다르크는 종교재판과 생활 태도 조사 등 엄격한 채용시험을 거쳐 병사와 부하를 거느리고 귀족계급 출신인 사령관 대우까지 받게된다. 순조롭게 소년 왕국 입성에 성공한 것이다. 물론 왕세자 밑으로 잔 다르크 외에 고쿠르, 라 이르, 바타르, 생트라유, 질 드 레 등 다른 사령관도 있었다. 당연히 모두 남성이며 개성 강한 인물들이었다.

잔 다르크가 애니메이션 왕국에 적합한 인물임은 말할 필요도 없다. 잔 다르크는 남성 군단을 이끄는 여성 사령관이었으며 사령관들 사이에서도 홍일점이었다.

잔 다르크는 '포로가 된 공주님' 상태였다

남장하고 갑옷으로 몸을 감싸는 2단 변신을 한 다음 로봇 대신 백마에 올라탄 채 "신께서 비호하시니 나를 따르라" 하고 외치듯 한 손에 깃발을 들고 앞장서는 잔 다르크. 이러한 모습은 아군의 전의를 불태우고 적군의 전의를 상실하게 만드는 데 큰 역할을 했을 것이 분명하다. 잔 다르크 군단은 승리를 이어간 끝에 영국군에 포위돼 있던 오를레앙을 되찾았다. 그 기세를 몰아 왕세자를 프랑스로 인도했고 염원하던 대관식을 거행해 샤를 7세로 즉위시켰다. 잔 다르크는 '오를레앙의 해방'과 '왕세자의 즉위'라는 두 가지 과업을 동시에 달성했다.

그러나 이를 마지막으로 잔 다르크의 운명은 끝이 난다. 왕위에 오른 샤를 7세는 부르고뉴 세력과 화합할 계획을 꾸미고 있었는데, 소년 왕국 조직의 리더답게 전쟁을 일으켜 파리를 탈환할 것을 주장하는 잔 다르크와 군사들이 눈에 거슬리기 시작했다. 요컨대 부하의 머릿속에는 전쟁밖에 없었지만 왕은 외교를 염두에 두고 있었던 것이다. 이후로 잔 다르크가 참가해 승리를 거둔 전쟁은 없다.

이듬해 잔 다르크는 몇 안 되는 병사를 이끌고 싸우다가 부르고뉴 세력에 붙잡혀 포로가 된다. 게다가 샤를 7세가 몸값을 지불해주지 않은 탓에 잔 다르크는 영국군 손에 넘어가 탑의 감옥에 갇힌다. 이 부분은 동화에 나오는 '높은 탑에 갇혀버린 공주님' 상황과 다를 바 없다. 그림 형제의 동화 「라푼젤」 혹은 애니메이션 〈루팡 3세: 칼리오스트로의 성〉을 상기시키는 광경이라 할 수 있다.

잔 다르크는 처녀 공방전을 벌였다

잔 다르크는 처녀다. 이는 사소한 문제가 아니다. 잔 다르크는 '잔느라 퓌셀(처녀 잔느)'을 자칭하고 주위에서도 그를 "라 퓌셀"이라고 불렀다. 앞서 잔 다르크가 신 앞에서 평생 순결을 맹세했다는 이야기를 했다. 잔 다르크에게 있어 처녀성을 지키는 것은 신에게 한 중요한 맹세이자, 그가 신의 사자로 존재할 수 있음을 정당화하는 중요한 요소였다.

잔 다르크는 왕세자의 신하를 뽑는 채용시험을 치를 때도 종교재판을 받을 때도 정말로 처녀가 맞는지 검사받았다. 처녀가 아니라면 악마의 앞잡이(악마와 몸을 섞었을 테니까)라는 이유에서였다. 결과는 당연히 무죄였다. 남자들과 여행을 하고 노숙했을 때, 늑대로 변모한 남자는 없었을지 걱정이 될 수 있지만, 신기하게도 전우들은 모두 부정한 마음을 품은 적이 없다고 증언했다. 잔 다르크의 고결한 인격(알다시피 신의 사자니까)에 더해 남장(변신)의 위력도 그들에게 영향을 미쳤을 것이다.

하지만 그런 잔 다르크에게도 정조를 빼앗길 위기가 찾아온다. 영국군은 포로가 되어 감옥에 갇힌 잔 다르크에게 회개의 의미로 여자옷을 입게 했다. 즉 변신이 풀려버린 것이다. 그와 동시에 잔 다르크는 소녀 왕국의 주민으로 간주돼 병사에게 겁탈 당할 위기에 처한다.

소녀 왕국에서 벌어지는 전투가 처녀 공방전 성격을 띠며 소년 왕국에는 성희롱이 난무한다는 사실을 떠올려보자. 잔 다르크가 소년 왕국에서 붉은 전사로 싸워오다가 하필이면 옥중에서 소녀 왕국의 소녀가 되어 처녀 공방전에 맞서는 꼴이 된 것이다. 잔 다르크는 성희롱 공격을 견디다 못해 자기 몸을 지키려 다시금 남장하게 되는데(다시 변신을 해서 소년 왕국으로 돌아갔다), 이는 결국 스스로 명을 재촉하는 원인이 되었다.

잔 다르크는 악의 여왕(마녀)으로서 눈을 감았다

잔 다르크는 아군에게 붉은 전사였을지 몰라도 적군에게는 당연히 악의 여왕이었다. 그래서 그는 적군으로부터 번번이 '악마의 부하' '매춘부'라는 욕을 먹곤 했다. 잔 다르크는 영국군에게 포로로 팔려가 전쟁재판이 아닌 종교재판 형태로 이단 심문에 서게 된다. 그렇게 진짜 '마녀'가 된 것이다. 영국군과 부르고뉴 세력은 잔 다르크를 전쟁범죄자가 아닌 악마의 수하, 즉 마녀로 낙인찍으려 했다. 악마를 상대로 패배했다고 하면 체면이 서는데다가 적국의 왕인 샤를 7세의 평판까지 깎아내릴 수 있었기 때문이다.

1431년 5월, 4개월에 걸친 집요한 재판 끝에 잔 다르크는 이단자로 결론 내려져 루앙 광장에 끌려나온다. 주 죄목은 '신을 영접했다고 주장한 것'과 '남장한 것'이었다. 이 죄목은 달리 말하면 '영 능력이 강한 마법소녀로 태어난 것'과 '변신을 해 붉은 전사가 된 것'이다. 특히 옥중에서 다시금 남장(변신)을 한 행위는 잔 다르크가 죄질이 나쁜 범죄를 거듭 저지른 이단자라는 증거로 받아들여졌다³. 잔 다르크는 십자가를 가슴에 품고 "예수님!"을 외치며 화형대 위에서 숨을 거두었다. 그 순간 잔 다르크의 몸에서 하얀 비둘기 한 마리가 날아올랐다 한다. 그의 마지막 모습을 지켜본 집행관은 벌벌 떨었고, 영국 병사 한 명은 이렇게 외쳤다. "이제 끝장이야. 우리가 성녀를 불태워 죽이고 말았어." 그야말로 영화 같은 마지막 장면이다.

잔 다르크는 사후에 성녀로 부활했다

잔 다르크는 마녀, 다시 말해 악의 여왕이라는 이유로 처형당하고 유골은 센강에 무참히 버려졌지만 주인공의 죽음으로 이야기가 끝나는 건 아니다. 우선 잔 다르크가 처형당한 지 25년이 지난 1456년에 샤를 7세의 명령으로 재심이 열렸다. 백년전쟁은 영국과 프랑스가 화해하면서 이미 종결된 상태였다. 잔 다르크의 부모와 전우들이 차례로 증언대에 선 결과 잔 다르크의 명예는 회복되었다. 그로부터 약 500년 뒤인 1920년에 또다시 깜짝 놀랄 만한 사건이 발생한다. 바티칸에서 공식 절차를 밟아 잔 다르크를 열성列聖(가톨릭 절차에 따라 역사상 인물을 성인으로 공식 인정하는 것)에 올린 것이다.

어제의 마녀는 오늘의 성녀(반대로도 가능)가 되었다. 한 인물의 평가가 뒤바뀌는 일은 현대 저널리즘에서도 흔히 발생한다. 애니메이션 왕국과 위인전 왕국의 여주인공에게도 성녀라는 타이틀은 꼬리표나 마찬가지다. 다만 잔 다르크가 특별한 이유는 마녀로 낙인찍힌 과정과 성녀로 인정받은 과정이 모두 공식적인 절차로 진행됐다는 점에 있다. 이리하여 잔 다르크는 교회에서 인정한 성녀로 등극해 프랑스를 대표하는 여성 영웅에서 지구 (그중에서 특히 기독교 문화권) 전체의 영웅으로 모두에게 인정받게 됐다.

잔 다르크는 민족주의의 상징이 되었다

잔 다르크는 종교적 의미에서 성녀로 떠받들어졌으나 동시에 정치적 상징으로 권력자에게 이용당하기도 했다. 이야기의 순서가 잠시 바뀌는데, 앞서 백년전쟁을 프랑스-영국 전쟁이라고 설명하긴 했으나 당시 유럽에는 지금처럼 국민과 국가라는 개념이 없었다. 왕족이란 봉건영주의 지위보다 조금 높은 정도의 계급이었으며, 서로 자식을 혼인시켜 친인척관계를 이루고 있었다. 그 당시는 일본 전국시대와 비슷했다.

잔 다르크는 국민과 국가라는 개념이 정립된 19세기에 민족주의의 상징으로 부활했다. 오늘날 잔 다르크가 지니는 이미지 '조국을 구한 소녀'는 19세기 프랑스의 민족주의를 바탕으로 형성됐다 해야 할 것이다. 근대에 이르러 잔 다르크를 정치적 인물로 부활시킨 사람은 나폴레옹이라고 전한다. 나폴레옹은 1804년 황제 자리에 오른 지 얼마 되지 않았을 때 "프랑스에 위기가 닥치면 반드시 잔 다르크 같은 영웅이 나타날 것이다"라며 자신의 독재를 잔 다르크에 빗대어 정당화했다. 이후에 등장한 정치가들도 보수와 진보 가릴 것 없이 프랑스가 위기에 봉착할 때마다 잔 다르크를 정치선전에 이용했다. 이들은 잔 다르크를 배후에 둔 것이다. 제2차대전 이전 일본 위인전 왕국에서마저 잔 다르크가 '충군애국 소녀'로 인기를 끌 정도였으니 유럽 제국에서는 오죽하겠는가. 잔 다르크 이야기는 소년 왕국에서 민족주의를 훌륭하게 표방하는 소재였다.

잔 다르크는 인기 아이돌의 원조다

잔 다르크는 실존 인물이다. 하지만 백년전쟁 당시 전쟁 저널리즘이 존재했을 리 만무하다. 잔 다르크의 19년 생애는 종교재판 및 재심 기록, 그리고 동시대 사람들이 쓴 일기를 바탕으로 재구성됐다. 물론 이에 대한 의문점은 아주 많다. 종교재판 당시 발언을 둘러싼 논쟁은 아직까지도 끊이지 않고 있으며, 사람들이 재심에서 했다는 증언조차 어디까지 믿어야 하는지 알 수 없다[4].

이 때문에 잔 다르크는 전 세계 문학가들의 상상력을 크게 자극했다. 잔 다르크만큼 많은 예술작품의 소재가 된 여성은 또 없을 것이다. 희곡으로는 독일 시인 실러의 『오를레앙의 소녀』(1801)를 필두로 영국 극작가 버나드 쇼의 『성녀 존』(1923), 프랑스 극작가 장 아누이의 『종달새』(1953)가 잘 알려져 있다. 또한 브레히트는 실러의 작품에서 영감을 받아 『도살장의 성 요한나』(1932)를 저술했으며 로시니, 베르디, 차이콥스키도 실러의 작품을 바탕으로 칸타타와 오페라를 작곡했다. 위인전으로는 쥘 미슐레의 『잔 다르크』(1853), 아나톨 프랑스의 『잔 다르크전』(1908)이 잘 알려져 있으며, 영화로는 〈잔 다르크의 수난〉(1928)과 할리우드 영화 〈잔 다르크〉(1948)가 유명하다. 하지만 이는 빙산의 일각이다. 그 밖에도 '잔 다르크 물'은 2천, 3천 개 단위로 존재하며 현재도 계속 생산되고 있다. 사실 영화만 따져봐도 스무 편은 된다고 한다. 물론 일본에서도 잔 다르크 물은 메이지시대 이후로 끊임없이 출판됐다. 이는 코믹마켓에 모이는 애니메이션 팬들이 동인지(애니메이션에서 캐릭터만 차용해 만든 창작물)를 만들고 〈신세기 에반게리온〉 관련 서적이 쉴새없이 출판되던 현상과 비슷하다. 잔 다르크는 아야나미 레이가 명함도 못 내밀 인기 아이돌이다.

잔 다르크는 진짜 공주님이었(을지도 모른)다

잔 다르크에 관한 유명한 속설 한 가지를 소개하고 싶다. 사실 동레미 마을에 있는 부모는 양부모이며, 잔 다르크는 샤를 왕세자의 친모인 이자보가 낳은 사생아라는 설이다. 이것이 사실이라면 잔 다르크는 샤를 7세의 이부異父동생이며 왕가의 피를 이어받은 어엿한 공주님이라는 애기가 된다.

이 설은 어떠한 군사훈련도 받은 적 없는 열일곱 살짜리 시골 소녀가 어떻게 홀연 왕세자에게서 신뢰를 얻어내고 당당히 전쟁에서 승리를 거뒀는지에 대한 의문에서 발단된 속설이며, 잔 다르크의 고향 프랑스에서는 '사생아설'로 전해진다고 한다. 이 속설에 따르면 이자보에게는 태어나자마자 죽었다고 알려진 아들이 있었는데 그 아이가 바로 잔 다르크이며 성장할 때까지 그를 변방에 숨겨둔 것이라 한다. 물론 어디까지나 속설일 뿐이고 역사학자들은 이를 거들떠보지도 않는다[5].

그럼에도 주목해야 할 부분은 이러한 잔 다르크 왕녀설이 오늘날까지 언급되는 이유다. 잔 다르크의 인생이 수수께끼에 둘러싸여 있는지라 이왕이면 그가 지체 높은 공주님이었으면 하는 사람들의 바람이 담긴 건 아닐까. 동화 왕국과 애니메이션 왕국이 온통 공주님 천지인 점을 떠올려보자. 잔 다르크 왕녀설은 사람들이 여주인공에게 바라는 자질에 대해 다시금 생각해보게 한다.

변신하는 잔 다르크

　마법소녀이자 붉은 전사이자 영원한 처녀이자 마녀이자 성녀인 잔 다르크. 종교인, 정치인, 예술가에게도 인기 만점인 잔 다르크는 히로인상을 집대성한 존재와도 같다. 혹은 이렇게 표현할 수도 있겠다. 마법소녀(소녀 왕국 여주인공)로 마을에서 어린 시절을 보내고, 성장해 붉은 전사(소년 왕국 여주인공)가 되어 남초사회에 진출하며, 끝내 남초사회에서 내쳐지는 마녀, 즉 악의 여왕(악의 제국 여주인공)으로서 죽음을 맞이하는 여자. 게다가 작품(생애)이 끝나고서도 끊임없이 환생하는 영원한 아이돌. 그 인물이 바로 잔 다르크라고 말이다.

　잔 다르크가 동시대 사람들에게 조국을 구한 소녀로 추앙받게 된 배경도 흥미롭다. 당시 사람들 사이에서 '프랑스는 유부녀 한 명에 의해 멸망하고 처녀 한 명에게서 구원받는다'는 예언(전설)이 돌았다고 한다. 잔 다르크는 이 예언과 연결 지어 자기 정체성을 강화했다. 예언이 가리키는 처녀는 물론 잔 다르크였으며, 유부녀는 샤를 7세의 친모이자 잔 다르크의 친모라는 속설(잔 다르크 왕녀설)의 주인공인 샤를 6세의 아내, 앞서 몇 번 언급한 왕비 이자보 드 바비에르다.

　이 이자보라는 여자가 남편인 샤를 6세의 동생과 불륜을 저지르고, 그 일 때문에 남편은 미쳐버리고 궁은 엉뚱하게도 권력투쟁의 장으로 변질되는 등 그가 나라를 망치는 행태는 참으로 전형적인 악의 여왕의 모습과 닮았다. 법정투쟁에서 잔 다르크를 심문하는 코숑 주교라는 아저씨는 아주 전형적인 악의 제왕이고, 같은 팀 남자들은 제각각 개성 넘치는 인물이다[6]. 이런 배경이 사람들의 호기심을 자극하고 그들의 창작 욕구를 들끓게 하는 것도 당연하다. 그야말로 〈신세기 에반게리온〉이 유행하던 때와 같은 현상이다.

자, 여기까지의 내용은 어쨌거나 역사적 사실(역사적 사실을 어디까지 믿을 수 있는가에 대한 문제는 남아 있지만)이다. 잔 다르크는 애니메이션 왕국 주인공이 될 자격을 충분히 갖추고 있다 할 수 있지만, 잔 다르크전은 어디까지나 위인전일 뿐이다. 이를 기점으로 위인전이 어떻게 판타지로 장르가 바뀌는지 관찰해보자. 오늘날의 아동용 잔 다르크물을 나란히 늘어놓기만 해도 그 변화를 일목요연하게 확인할 수 있다. 위인전 왕국과 애니메이션 왕국 사이의 거리는 사실 그리 멀지 않다.

잔 다르크, 미소녀가 되다 (조작률 20퍼센트)

생전에 그려진 잔 다르크의 초상화는 한 점도 남아 있지 않다. 당시 사람들이 일기장 여백에 그린 낙서 같은 그림이 남아 있을 뿐이라 잔 다르크의 외모는 베일에 가려져 있다. 하지만 잔 다르크가 장부들과 호각을 다투었던 점으로 미루어보아 그가 허약한 체질이었을 리 없다. 프로레슬링 선수만큼은 아니더라도 주변을 압도할 만큼 체격 좋은 사람이었을 가능성이 높다.

그런데 후세에 그려진 초상화에서 잔 다르크는 대부분 평범한 미녀 모습을 하고 있다. 위인전 삽화도 마찬가지다. 슈에이샤에서 출판한 학습만화 『잔 다르크』(야나가와 소조 글, 다카세 나오코 그림, 기무라 쇼사부로 감수, 1995)를 살펴보면 내용은 둘째 치고 그림체가 마치 순정만화 그림체 같다. 잔 다르크에게 계시를 전한 대천사 미카엘은 장발의 미남이며, 왕세자 샤를 7세는 초상화에 그려진 모습으로 봐서 예민할 것 같아도 잘생긴 젊은이다. 물론 잔 다르크는 사랑스러운 금발머리 소녀다. 소년 왕국 붉은 전사들은 모두 하나같이 미녀 혹은 미소녀다. 위인전 왕국 여주인공은 여기에서 애니메이션 왕국으로 가는 첫걸음을 내딛는다.

잔 다르크, 연애를 하다 (조작률 40퍼센트)

그런데 위인전 속 잔 다르크는 이야기 속 주인공이 되기에 결정적으로 부족한 부분이 있다. 그것은 두말할 것 없이 연애다. 애니메이션 왕국 여주인공은 다들 사랑꾼 아니던가. 따라서 미소녀가 된 잔 다르크는 전쟁터에서 연애를 하게 된다.

아마카와 스미코의 순정만화 『잔 다르크』(1995)에 등장하는 잔 다르크는, 사람들이 그를 보고 "어쩜 이리 아름다울까. 촌구석에서 자란 것 같지 않군"이라고 말할 정도로 예쁜 소녀다. 심지어 그는 머리카락을 자르지 않아 허리까지 오는 긴 머리를 바람에 휘날린다. 이렇게 긴 머리 스타일을 한 채로 전투에 맞서기란 힘들어 보이지만 그래도 상관없다. 이 이야기는 잔 다르크의 연애사에 초점이 맞춰져 있기 때문이다. 사랑의 대상인 소년은 건방지게도 감옥에 갇힌 '공주님' 상태에 있는 잔 다르크를 구하고자 턱시도 가면처럼 급히 달려간다.

"잔 다르크 님을 구하러 왔습니다." "고마워…… 하지만 함께 갈 수 없어." 이러쿵저러쿵 대화를 나누는 장면 뒤에는 감동의 키스신! 이로써 잔 다르크는 애니메이션 왕국에 또 한발 다가간다.

잔 다르크, 마법소녀 수행에 매진하다 (조작률 60퍼센트)

잔 다르크가 마법소녀의 원조라는 이야기를 했다. 다만 그건 신의 계시를 받아 영 능력을 지니게 된 소녀라는 뜻일 뿐, 애니메이션 왕국 주인공과 똑같은 마법소녀라는 건 아니다.

곤도 가쓰야의 장편만화 『다크 잔 다르크전』(1995~, 원작은 사케미 겐이치의 작품)은 잔 다르크가 전쟁터로 나서는 내용이 나오기도 전 인 2권부터 벌써 흥미진진하다. 잔 다르크는 동물과 대화할 수 있는 전형적인 마법소녀로, 마을에서 멀리 떨어진 요정의 숲에서 섹시한 프로 마녀에게 들러붙어 마법 수행을 본격적으로 시작한다. 그가 소녀 왕국의 어엿한 주인공이 되리란 걸 예상할 수 있다. 이로써 잔 다르 크는 애니메이션 왕국에 또 한발 다가간다.

잔 다르크, 다른 소녀에게 주인공 자리를 양보하다 (조작률 80퍼센트)

야스히코 요시카즈의 세 권짜리 장편만화 『잔느』(1995~1996, 원저 자 오타니 초준)에서는 이야기가 급진적으로 비약한다. 이 작품은 잔 다르크의 후일담을 담았는데, 잔 다르크는 기어이 주인공 자리를 다 른 소녀에게 내주고 만다.

세대교체의 주역으로 등장하는 새로운 주인공은 잔 다르크가 생전 에 신세를 진 보쿨뢰르 수비대장의 딸 에밀리다. 에밀리는 어릴 적 잔 다르크를 만난 뒤로 그를 동경한 나머지 제2의 잔 다르크가 되고자 남장하고, 〈베르사이유의 장미〉의 오스칼처럼 여자라는 정체를 숨긴 채 샤를 7세에게 접근한다. 해당 작품은 역사 속 잔 다르크의 전체적인 설정을 제외하면 위인전 잔 다르크전과는 전혀 다른 이야기라 할수 있는데, 그렇다고 해서 잔 다르크가 위 작품에 등장하지 않는 건 아니다. 잔 다르크는 조연 자리로 물러나 망령이 되어 (과거에 잔 다르크앞에 나타난 신의 사자처럼!) 에밀리에게 지시를 내리는 역할을 맡는다. 즉 잔 다르크가 과거에는 마법소녀이자 붉은 전사였다가 승진을해 주인공을 도와주는, 애니메이션 왕국의 성모로 탈바꿈한 것이다. 그리하여 새 주인공은 소년 왕국의 붉은 전사가 되어 새로운 걸음을힘차게 내딛는다.

잔 다르크의 딸들

어떤가? 활자로 인쇄한 위인전이 만화라는 시각매체로 각색되고, 그와 동시에 본래의 잔 다르크전은 몇 차례 진화를 거쳐 상식에 얽매이지 않는 판타지로 서서히 그 모습을 바꾸고 있다. 심지어 야스히코 요시카즈의 『잔 다르크』는 전체 컬러인쇄 책이다. 이쯤 되면 위인전 왕국과 애니메이션 왕국은 엎어지면 서로 코 닿을 거리에 있다 할 수 있지 않을까?

참고로 『다크 잔 다르크전』의 저자 곤도 가쓰야는 스튜디오 지브리 제작 애니메이션 영화 〈천공의 성 라퓨타〉와 〈이웃집 토토로〉의 원화 작업에 참여하고, 〈마녀 배달부 키키〉에서 캐릭터 디자인과 작화를 담당한 애니메이터다. 또한 『잔 다르크』의 저자 야스히코 요시카즈는 그 유명한 〈기동전사 건담〉의 캐릭터 디자인을 비롯해 소년 왕국을 대표하는 수많은 애니메이션을 감독한 유명 애니메이터다. 만일 이 만화책들이 영상으로 만들어지는 날에는 그야말로 소년 왕국과 소녀 왕국이 완성되는 것이다.

그러나 위 사람들의 명예를 위해 말해두겠다. 현대 만화가와 애니메이터들의 상상력이 진부하다거나 빈곤하다는 얘기는 아니다. 앞에서 각국 문호와 예술가가 잔 다르크를 소재로 한 작품을 만들었다는 이야기를 했는데, 그 작품들도 서로 크게 다른 점 없이 비슷비슷하다.

이를테면 19세기 초 실러의 유명한 희곡 『오를레앙의 소녀』 역시 미소녀 잔 다르크가 연애를 하는 내용이다. 이런 식의 왜곡은 진부하기 짝이 없다. 실러가 그려낸 잔 다르크는 연애를 금지당해도 남자들에게 인기 폭발인 마법소녀다. 잔 다르크는 "초능력을 줄 테니 평생 연애를 하지 말라"는 신(여기서는 무슨 이유에선지 성모 마리아가 신의 사자로 등장한다)의 명령에 따라 동레미 마을 남자들의 청혼을 거절하고 고향을 떠나 그후로도 계속해서 전우들의 구애를 뿌리친다. 그런데 어쩌다보니 잔 다르크는 적군인 영국 병사와 사랑에 빠져(!) 영

능력을 잃게 되고 마녀라고 매도당한다. 심지어 이 작품에서 잔 다르크는 화형대에 오르지 않고 홀로 전쟁터에서 싸우다 죽는다. 정말이지 진부한 멜로드라마가 아닐 수 없다. 하지만 실러의 『오를레앙의 소녀』는 원조 잔 다르크전보다 인기가 많다고 한다[7].

남초사회에서 근무하는 홍일점이 매력적으로 보이려면 미소녀여야 하고 연애를 해야 하며 심지어 정숙하기까지 해야 한다. 앞서 마법소녀는 아버지의 시선으로 본 딸이고, 붉은 전사는 중년 남성의 시선으로 본 여자 회사원이며, 악의 여왕은 남자의 시선으로 본 성인 여성이라는 이야기를 했다. 그런데 이는 마냥 가상세계에만 해당되는 이야기가 아니다. 물론 현대에만 해당되는 이야기도 아니다. 실제로 잔 다르크는 자기 주장을 꺾지 않았기에 마녀라는 딱지가 붙은 채 화형대에 올랐다.

유럽에 마녀사냥과 마녀재판의 폭풍이 불어닥친 것은 잔 다르크가 사망한 지 100년이 훨씬 지난 뒤의 일이며, 동쪽 섬나라 애니메이션 왕국에 악의 여왕이 등장한 것은 그가 사망하고 500년이 훨씬 지난 뒤의 일이다. 여자를 바라보는 시선은 500년 동안 변하지 않은 것이다.

자, 그럼 다음 장에서 잔 다르크의 후예인 애니메이션 왕국 여주인공과 위인전 왕국 여주인공에 대해 더 자세히 살펴보자.

◆ 1 아동용 잔 다르크전

아무래도 현대 위인전은 잔 다르크를 충군애국 소녀로 그릴 수 없다. 슈에이샤에서 출판한 학습만화『잔 다르크』에는 이런 주석이 달려 있다. "잔 다르크는 프랑스를 위기에서 구해낸 용감한 소녀로, 오늘날까지 '오를레앙의 소녀'라고 불리며 국민들에게 존경을 받고 있습니다. 15세기 초, 프랑스와 영국은 오랜 전쟁을 이어가고 있었습니다. 잔 다르크는 신앙심 깊은 농가의 딸로 태어났는데 어느 날 '나라를 구하라'는 신의 계시를 듣게 되었고 그것을 자신의 사명으로 가졌습니다. 그리고 고된 전투에서 온몸을 바쳐 굳은 의지와 용기를 발휘해 프랑스를 승리로 이끌었습니다. 잔 다르크처럼 자신을 믿고 꾸준히 노력하다보면 아주 대단한 결과를 얻어낼 수 있다는 점을 알아주었으면 합니다." 마지막 문장에 주목하자. 아동용 위인전은 무슨 일이 있어도 교훈을 이끌어내야 하기에(그러한 강박관념에 사로잡혀 있다) 이처럼 억지스럽고 쓸데없는 한 마디가 껴 있지만 그다지 설득력은 없다. 그만큼 잔 다르크는 일반적이지 않은 인물로, 그의 생애를 통해 교훈을 얻기란 쉽지 않다는 뜻이다.

◆ 2 잔 다르크 이야기

현대 프랑스에서 잔 다르크의 위상, 그리고 잔 다르크전의 허와 실에 관한 내용은 다카야마 가즈히코의 저서 『잔 다르크 신화』(1982)와 다케시타 세쓰코의 저서 『잔 다르크, 이단을 초월한 성녀』(1997)에 자세히 나와 있다. 시중에 잔 다르크 관련 서적은 굉장히 많지만 입문서로는 이 두 권이 제격이다. 잔 다르크의 생애뿐 아니라 사람들이 생각하는 잔 다르크 이미지를 알 수 있다.

◆ 3 잔 다르크의 죄상

중세사회에서 '신의 목소리를 들었다'고 주장하는 사람은 지금보다 훨씬 많았다. 주변 사람들도 신의 목소리 존재 자체를 의심하는 분위기는 아니었다. 문제는 그것이 '진실인지 거짓인지'가 아니라 '신의 목소리인지 악마의 목소리인지'에 있었다. 잔 다르크의 재판에서 분쟁이 일어난 이유 역시 이 때문이다. 하지만 결국 그가 악마의 수하라는 사실을 증명할 만한 증거가 없었기에, 별수없이 잔 다르크의 주요 죄목은 교회 권위자의 말을 따르지 않았다는 것이 되었다. 이는 그냥 생트집에 가까운 죄상이다.

◆ 4 잔 다르크전의 출처

쥘 미슐레의 『프랑스 역사』에 수록된 「잔 다르크」(모리이 마코토, 다시로 시게루 옮김, 1987)는 정통 잔 다르크전 중에서도 가장 오래된 작품이다. 이후에 나온 잔 다르크전은 위 책을 참고한 것이 많다고 한다. 다만 마지막에 비둘기가 날아올랐다는 일화는 재심 증언을 바탕으로 하는데 상당히 전설 같은 면이 있다. 결국 잔 다르크 생애를 그대로 전하는 사료는 종교재판 기록뿐인 셈이다. 위 내용은『잔 다르크 종교재판』(다카야마 가즈히코 옮김·편집, 1984)에 나와 있다.

◆ 5 잔 다르크 왕녀설

『잔 다르크 신화』에 의하면 잔 다르크 왕녀설은 TV 공개 토론 방송에서 다루어질 만큼 뜨거운 화제라 한다. 잔 다르크 연구 분야의 일인자인 레진 페르누의 저서『잔 다르크의 실상』(다카야마 가즈히코 옮김, 『쿠세주 문고』, 1995)은 잔 다르크 왕녀설(사생아설)을 강하게 반박할 목적으로 저술된 잔 다르크전이다.

◆ 6 개성 있는 팀원

이를테면 질 드 레 장군은 잔 다르크 사후에 어린아이들을 학살해 잡아먹는 미치광이 흉악 범죄자로 묘사된다. 그는 악마 그 자체 이미지를 지니기에 성녀 잔 다르크와 대비되어 거론될 때가 많다. 미셸 투르니에의 소설『성녀 잔 다르크와 악마 질』(사카키바라 고조 옮김, 1987)이 그 대표적 사례다.

◆7 실러의 『오를레앙의 소녀』를 향한 비판의 목소리

영화감독 자크 리베트는 〈잔 다르크〉 2부작(1992)을 제작했는데, 이 영화를 소설화한 『잔 다르크』(아사부키 유키코, 『가도카와 문고』, 1995)의 마지막 부분에 그가 인터뷰에서 "실러의 희곡은 왜곡이 너무 심한 탓에 프랑스에서 평판이 좋지 않다"고 밝힌 내용이 나온다. 그가 제작한 〈잔 다르크〉 2부작은 왜곡이 적은 역사극이긴 하나 영화로서 재미는 없다.

2부

/

붉은 용사

5장

소녀 전사로 향하는 길:
〈사파이어 왕자〉〈큐티 하니〉〈달의 요정 세일러 문〉

◇

소녀 왕국의 독립

잔 다르크처럼 손수 무기를 들고 싸우는 소녀 전사를 '붉은 용사'라 하자. 조직의 홍일점에 불과한 붉은 전사보다 한 단계 위에 있는 게 바로 붉은 용사다.

붉은 용사는 이제 애니메이션 왕국(애니메이션, 특촬 드라마)의 단골 캐릭터가 되었다. 소년 왕국뿐 아니라 소녀 왕국에서도 말이다. 붉은 용사가 가장 화려하게 꽃피운 작품은 두말할 필요 없이 〈세일러 문〉 시리즈(1992~1997)다. 이 작품은 소녀 왕국에 근거지를 두고 있는 소녀 다섯 명이 세일러복을 입고 활약하는 내용으로, 세계로 수출돼 전대미문의 대히트작이 되었다. 하지만 이러한 결과에 이르기까지 결코 평탄하지만은 않았다. 〈세일러 문〉 이전으로 거슬러올라가보면 이 애니메이션의 토대가 되는 작품 세 개를 찾아볼 수 있다. 바로 마법소녀물의 원조 〈요술공주 샐리〉, 홍일점 멤버가 있는 조직의 기틀을 다진 〈울트라맨〉, 그리고 주인공이 소녀 전사(붉은 용사) 제1호라 할 수 있는 〈사파이어 왕자〉다. 이 세 작품은 거의 같은 시기에 탄생했다. 〈울트라맨〉은 1966년 7월, 〈요술공주 샐리〉는 같은 해 12월, 〈사파이어 왕자〉는 이듬해 4월에 방영됐다.

애니메이션 왕국은 1960년대 전반까지 남아용과 여아용으로 따로 나뉘어 있지 않았다. 지금 생각해보면 〈우주소년 아톰〉(1963~1966)도 그렇고 〈에이트맨〉(1963~1964)도 그렇고 초기 아동용 방송 프로그램은 남자아이를 대상으로 만든 영웅담이었다. 하지만 당시 아이들은 이러한 프로그램을 보면서 남자아이용이라는 생각을 하진 않았을 것이다. '어린이는 남자아이뿐이다'라는 암묵적 동의가 있던 사회에서 남자아이들과 여자아이들은 사이좋게 같은 방송을 보고 자랐다.

초기 애니메이션 왕국 여자주인공들은 주인공이라는 이름이 무색하게 너무나도 무능하다. 그들은 대부분 남주인공의 지인(어머니, 아내, 여형제 혹은 여자친구, 비서, 조수)이며, 그들에게 주어진 역할은 방해꾼, 사고뭉치, 조력자, 기껏해야 치어리더 정도다. 〈우주소년 아톰〉

의 아롱이와 〈에이트맨〉의 사치코처럼 말이다. 여자란 남자의 보호를 받아야 하는 존재이며, 난투극이 벌어지는 무대 밖에서 남자의 활약을 지켜보기만 하는 조연·단역일 뿐이었다[1].

이러한 구조에 금이 가기 시작한 시기는 60년대 후반이었다. 소녀 왕국이 독립을 이루면서 남자아이와 여자아이가 별거하기 시작한 것이다. 이를 기점으로 애니메이션 왕국 여성 캐릭터는 소녀 왕국의 마법소녀와 소년 왕국의 붉은 전사라는 두 가지 유형으로 분화되었다. 참고로 TV에서 처음으로 방영된 여아용 애니메이션 〈요술공주 샐리〉가 등장한 1966년은 병오년인 탓에 출생률이 뚝 떨어진 해였다*. 그리고 이듬해에 리카 인형**이 탄생했다. 고도 경제 성장기가 한창일 무렵, 애니메이션 왕국은 어린이도 남자아이와 여자아이 두 부류가 있다는 당연한 사실을 그제야 깨달은 건지도 모른다.

그렇다 해도 애초부터 남자 영웅밖에 존재하지 않았던 애니메이션 왕국에서 여자아이가 주인공을 맡으려면 무슨 조치가 필요했다. 소녀 왕국의 25년은 이를 향한 고난의 여정이었다 할 수 있다. 그 흐름을 간단히 되짚어보자.

* 일본에는 남성이 병오년에 태어난 여성과 결혼하면 단명한다는 미신이 있다.
** 일본 장난감 회사 다카라토미가 발매한 인형. 일본판 바비인형이라 할 수 있다.

마법소녀 변천사 : 〈요술공주 샐리〉와 〈거울요정 라라〉

샐리(〈요술공주 샐리〉)는 마법소녀 제1호다

1966년 12월부터 방영된 〈요술공주 샐리〉(1966~1968)는 애니메이션 왕국에 처음으로 등장한 여아용 애니메이션이다. 샐리는 마법나라 공주님이다. 인간사회를 견학하러 지구에 왔다가 이곳이 마음에 들어 마법사라는 정체를 숨긴 채 그대로 눌러살기 시작한다. 샐리는 지구에 대한 아무런 배경지식도 없는데 다른 세계에서 갖가지 문제를 마주할 때마다 요술봉을 흔들며 "마하리쿠 마하리타"라는 주문을 외워 마법으로 해결하려 한다. 하지만 아직 미숙한 마법사라 오히려 실수할 때가 많다. 샐리의 감시관 겸 신하 역할을 수행하게 하려고 마법나라에서 파견한 카브, 머나먼 마법나라에서 마음 졸이며 딸을 지켜보는 아빠와 엄마(왕과 왕비), 친구 유미, 릴리 같은 인물들과 샐리가 엮이면서 이야기가 진행되는데, 애니메이션 왕국에 처음으로 등장한 이 마법소녀는 여자아이들은 물론 남자아이들에게도 환영받았다.

오프닝 영상에서 샐리가 고깔모자에 망토를 두르고 빗자루에 올라타 하늘을 나는 모습은 누가 봐도 전형적인 마녀의 모습이다. 하지만 샐리가 지니는 이미지는 마녀의 부정적인 모습이 아니다. 샐리는 어린아이이며, 심지어 마법나라 공주님이다. 마녀로 몰려 처형당한 것으로도 모자라 위인전 왕국에서 말살당한 잔 다르크의 원수를 갚기라도 하듯, 서구사회 이단아였던 여주인공(마녀)은 사랑받는 여주인공(마법소녀)으로 탈바꿈해 전후 일본에서 새롭게 태어났다.

〈요술공주 샐리〉는 마법소녀물이란 분야를 개척해냈을 정도로 소녀 왕국에 헤아릴 수 없을 만큼 지대한 영향을 미쳤다. 복숭아동자, 가구야 공주처럼 주인공으로서 자격을 갖춘 첫번째 캐릭터는 '다른 세계에서 온 방문객' '인간이 아닌 존재'였다. 여기서 주목해야 할 점은 인물의 외양에 있다. 소년 왕국 주인공이 기계인간(예를 들면 우주소년 아톰)이거나 혹은 머나먼 행성에서 온 외계인(예를 들면 울트라맨)이라는 점을 생각해보면 '첨단과학 대 구태의연한 마법' 간 대립이 보여주는 외형의 차이는 이 시기에 정해진 것이다[2].

라라(〈거울요정 라라〉)가 마법소녀의 방향을 잡았다

〈요술공주 샐리〉가 2년 동안 방영되고 나서 등장한 애니메이션이 바로 두번째 마법소녀가 나오는 〈거울요정 라라〉(1969~1970)다. 라라는 샐리와 다르게 초등학교에 다니는 인간 여자아이다. 어느 날 요정이 깨진 거울 속에서 나타나 거울을 소중히 다뤄준 보답으로 라라에게 신비한 콤팩트를 건네준다. "테쿠마쿠 마야콘"이라는 주문을 외우면 무엇으로든 변신하게 해주는 콤팩트다. 이것만 있으면 라라는 남녀노소 아무나로 변신할 수 있다. 이로 인해 일어나는 다양한 사건이 새로운 마법소녀물의 하이라이트다.

마법소녀물 주인공은 주로 선천적으로 마법소녀로 태어난 샐리 유형과 평범한 여자아이가 후천적으로 마법도구를 손에 넣는 라라 유형으로 나뉜다. 하지만 그보다 더 중요한 차이는 마법의 질에 있다. 샐리가 부리는 마법은 사물을 움직이거나 없애고 다른 모습으로 바꾸는 등 자신이 아닌 외부 대상에 사용된다. 샐리는 전투에 참가하지 않는 '마법사 유형'의 마법소녀이며, 반짝이가루가 흩날리는 요술봉은 훗날 소녀 왕국식 무기의 본보기가 된다. 한편 라라가 부리는 마법은 오로지 변신에만 사용된다. 라라는 마법의 힘을 써 자신이 직접 변신하는 거라 마법사 유형이 아닌 '신데렐라 유형'의 마법소녀이며, 굳이 따지자면 라라의 콤팩트가 마법사 역할을 한다[3].

이렇게 소녀 왕국은 마법에 의존하기 시작했다. 주인공이 되어 관심을 받고 싶어하는 여자아이들에게 환영받은 덕분인지 라라 유형(신데렐라 유형)의 마법소녀는 소녀 왕국에 번영을 가져왔다. 하지만 동시에 마법소녀가 소녀 왕국에 정체기를 불러온 원인이 되기도 했다는 사실은 부정할 수 없다. 이후에 등장한 마법소녀물, 다시 말해 70년대 후반 이후 애니메이션에서는 마법소녀가 죄다 성인 여자로 변신하거나 꿈꾸던 직업을 가진 사람으로 변신한다는 둥 내용이 흔해 빠진 방향, 순화해서 말하면 어중간하게 현실적인 방향으로 흘러갔기 때문이다. 더욱이 '꿈의 직업'은 아이돌 가수(!)로 집약되었고, 80년대에는 〈천사소녀 새롬이〉(1983~1984), 〈마법의 스타 매지컬 에미〉(1985~1986), 〈꽃나라 요술봉〉(1986) 둥에 마법의 힘을 이용해 아이돌로 변신하는 소녀들이 잇달아 등장했다.

기껏 손에 넣은 능력을 아이돌로 변신하는 데 사용하다니, 어쩜 이리도 뻔하고 감흥이라곤 없는 전개란 말인가. 꿈꾸던 직업(지위)을 노력 없이 쟁취할 수 있다니 꿈만 같은 이야기다. 그런데 소녀 왕국에서 꿈이란 고작 그런 것일까. 소년 왕국 남주인공은 지구를 지키겠다고 싸우는데, 소녀 왕국 마법소녀의 꿈이 아이돌 가수라고? 이 여파로 이윽고 소녀 왕국은 '변신이란 무엇인가'라는 고민에 빠지게 된다. 주인공이 '진정한 나'와 '거짓된(변신한) 나'의 간극을 고민하는 이야기가 늘어나기 시작한 것이다[4]. 〈세일러 문〉이 등장하기 직전인 80년대 말 소녀 왕국은 막다른 길에 들어섰다. 곤경에 처하면 원점으로 돌아가게 되는 법. 〈요술공주 샐리〉와 〈거울요정 라라〉를 리메이크해서 소녀 왕국이 겨우 목숨을 부지하게 된 것이 무엇보다 큰 증거다.

전투 팀 확립: 〈울트라맨〉과 〈독수리 오형제〉

과학특수대(〈울트라맨〉)가 지구방위대 기틀을 다졌다

〈세일러 문〉에서 '팀'은 빼놓을 수 없는 요소다. 그러나 앞서 말했듯이 소녀 왕국에는 팀이라는 체계가 발달하지 못했다. 팀이라는 개념이 확산되기까지는 소년 왕국의 공헌이 압도적으로 컸다.

〈로빈 특공대〉(1966)와 〈닌자부대 월광〉(1964~1966) 등 팀플레이 이야기를 담은 애니메이션은 원래 소년 왕국에 존재했지만, 홍일점을 포함해 대여섯 명이 팀을 이루어 활동하는 이야기가 확립된 데는 〈울트라맨〉(1966~1967)을 비롯한 울트라 시리즈의 공이 크다. 5인조로 구성된 과학특수대에서 팀원 간의 역할 분담은 명확하다. 리더, 에이스, 두뇌 담당, 전투 담당, 여자. '여자'를 역할이라 할 수 있을지 의문이지만 아무튼 그때 당시는 그러했다. 여자가 정식 멤버로 공식 채용된 사실을 다행으로 여겨야 한다.

그 밖에도 이질적 존재인 괴수, 다른 세계에서 온 변신 히어로, 지구를 두고 벌어지는 공방전, 과학적 디자인에 공들인 기계 등 울트라 시리즈는 소년 왕국 기반 대부분을 구축했다 해도 과언이 아니다. 소녀 왕국 마법소녀가 혼자서 변신을 하고 홀로 우왕좌왕하는 사이에 소년

〈울트라맨〉의 과학특수대 팀원

멤버 이름	성별	역할	개성 및 특기
하야타 대원	남자	에이스	과학특수대원 양성소를 수석으로 졸업한 엘리트. 베타캡슐을 이용해 울트라맨으로 변신한다.
무라마쓰 캡틴	남자	리더	과학특수대 대장. 냉정하고 침착한 성격의 소유자. 인망이 두텁고 리더십이 있으며 상사의 본보기가 되는 인물이다.
이데 대원	남자	두뇌 담당	발명의 천재로 괴수를 쓰러트릴 신무기를 잇달아 발명한다. 바보 같은 모습도 있는 분위기 메이커.
아라시 대원	남자	전투 담당	명사수이자 무기를 자유자재로 사용하는 터프가이로 힘이 세다. 책임감이 강하지만 고집스러운 면도 있다.
후지 아키코 대원	여자	여자	본부에서 주로 연락과 통신을 담당한다. 현장에 나설 때도 있지만 구태여 말하면 보좌관 역할을 한다.

왕국은 부지런히 조직을 정비하는 데 힘쓰고 있었다.

울트라 시리즈에 나오는 홍일점(붉은 전사)으로 과학특수대(〈울트라맨〉) 후지 아키코 대원과 울트라 경비대(〈울트라 세븐〉) 유리 안느 대원이 있다. 둘 중 훗날의 노선을 결정지은 캐릭터는 유리 안느다. 그당시 남자아이였는데 이젠 중년이 된 남성 중 "안느가 첫사랑이었다" "안느를 보고 어린 마음에 여자를 알게 됐다"고 고백하는 사람이 어찌나 많은지! 후지 대원과 안느 대원(이처럼 성으로 불리는 인물과 이름으로 불리는 인물로 나뉘는 차이점에도 주목하자)은, 후지 대원이 그저 우수한 여성 직원이라면 안느 대원은 남주인공인 모로보시 단과 연애까지 하는 '직장(그리고 시청자)의 아이돌'이라는 점에서 다르다. 여기에서 붉은 전사의 직무가 결정됐다고 할 수 있다. 〈울트라맨〉에서는 어중간했던 '여자'라는 역할에 '모두의 연인'이라는 해답을 내놓은 작품이 바로 〈울트라 세븐〉이었다.

〈독수리 오형제〉가 단체전 시스템을 완성했다

그러나 울트라 시리즈는 '팀 이야기'를 풀어나가는 데 미숙했다. 변신할 수 있는 캐릭터는 남주인공 한 명뿐인데다가 심지어 외계인이었다.

팀 이야기를 '멤버 전원이 변신을 하고 다 같이 싸우는 이야기'로 정의한다면 그에 대한 대응이 빨랐던 작품은 〈사이보그 009〉(1968)와 〈퍼맨〉(1967~1968)이다. 이 작품들은 홍일점 한 명을 포함한 9인조 또는 5인조 팀을 주연으로 세운 애니메이션이다. 그러나 〈사이보그 009〉에서 003호인 프랑소와즈 아르눌이 어떤 일을 하는지 살펴보면 어설픈 부분이 많다. 프랑소와즈는 남주인공 009를 좋아하는 소녀이자 갓난아이 001호의 보모일 뿐이다. 〈퍼맨〉의 홍일점 퍼키는 프랑소와즈보다 처지가 낫지만, 〈퍼맨〉은 〈요괴 Q타로〉의 뒤를 잇는 코믹 애니메이션이었다(물론 폄하하려는 의도는 아니다).

소년 왕국의 정석을 보여준 정극 SF이자 최초로 단체전 시스템을 완성시킨 작품은 〈독수리 오형제〉(1972~1974)다. 다섯 멤버가 한데 뭉쳐 적과 싸우는 방식은 특촬 드라마 〈비밀전대 고레인저〉(1975~1977)에도 계승됐으며 오늘날에 이르러 소년 왕국 팀의 기본형이 됐다.

독수리 오형제는 에이스, 라이벌, 두뇌 담당, 전투 담당, 여자로 구성돼 있다. 경험이 풍부한 리더가 팀 외부로 빠지고 급이 동등한 멤버들로만 구성된 5인 체제라는 점에 주목하자. 다섯 멤버는 개성이 한층 더 뚜렷해졌고 여자 역할 또한 한 단계 발전했다. 독수리 오형제의 홍일점인 백조 수나는 본격적으로 전투에 나선 첫번째 붉은 전사일 것이다. 그러나 여자라는 역할에서 발전한 부분이 있다 해서 그것이 반드시 전투와 관련됐다고는 할 수 없다. 울트라 경비대의 유리 안느는 아무리 '첫사랑 누나'라 할지라도 원칙에 따라 긴 소매와 긴 바지 제복을 입은 대원이다. 하지만 백조 수나는 다르다. 수나는 한마디로 '섹시한 여자'를 맡고 있다. 순식간에 지나가는 서비스 만점 누드 변신 장면과 팬티 자랑 대회 못지않은 전투 장면. 붉은 전사의 역할은 이것으로 완전히 결정됐다.

실사 드라마 중 전대물(단체전 이야기)로 처음 나온 〈비밀전대 고레인저〉는 〈독수리 오형제〉와 똑같은 시스템을 답습했다. 팀의 에이스인 레드레인저를 필두로 블루레인저, 그린레인저, 옐로레인저 그리고 홍일점 핑크레인저로 구성된 5인조. 무엇이든 연출 가능한 애니메이션에서와 달리, 실제로 배우가 연기하는 핑크레인저 변신 장면에서는 당연히 알몸을 보여주지 않는다. 다만 핑크레인저로 변신해서 입고 있는 분홍 제복과 헬멧 가운데에 새겨진 커다란 빨간 하트 마크는 누가 봐도 여자임을 나타내는 표시다. 핑크 레인저의 필살기가 "좋았어, 각오해!"라는 대사를 외치며 발사하는 '귀걸이 폭탄'인 점 역시 붉은 전사가 아니고서 나올 수 없는 여성적인 모습이라 할 수 있다.

붉은 전사는 〈독수리 오형제〉와 〈비밀전대 고레인저〉를 기점으로 양극으로 치달았다. 팬티 노출 신과 샤워신이 나오는 것을 장점으로 내세우는 '애니메이션 전사'와 실제 배우의 팬티 노출 신을 내보내고

〈독수리 오형제〉의 과학닌자대 팀원

멤버 이름	성별/나이	역할	개성 및 특기
독수리 건	남자 18세	에이스	팀의 리더이며 정의감 넘치는 열혈남. 책임감이 너무 강한 나머지 고집스러운 면도 있다.
콘도르 혁	남자 18세	라이벌	명사수. 혈기왕성하고 호전적이며 건과 대립할 때도 있는 냉철한 청년.
백조 수나	여자 16세	여자	기지에서 통신을 담당하지만 실전에서도 활약한다. 요요 공격이 특기인 미소녀.
부엉이 용	남자 20대	전투 담당	팀 내 최연장자. 기지 조종을 담당한다. 너그러운 성격과 괴력의 소유자.
제비 뺑	남자 10세	두뇌 담당	팀 내 최연소 소년. 되바라진 꼬맹이지만 기계와 컴퓨터를 잘 다룬다.

그와 함께 신인 미소녀 아이돌의 등용문으로 이용된 '특촬 전사'로 나뉘어 진화한 것이다. 80년대 들어서 아이돌이 돈이 된다는 사실을 깨달은 모양인지 특촬 드라마에는 홍일점이 아닌 '홍이점紅二點'이 단골로 나오기도 했다.

오늘날 특촬 드라마(울트라 시리즈, 슈퍼 전대 시리즈)도 홍이점을 기본으로 설정한다. 여성 멤버가 한 명에서 두 명으로 늘어나기까지 걸린 시간은 25년. 소년 왕국에서는 아무리 순서를 기다려도 여자가 나설 기회가 좀처럼 찾아오지 않는다(기회가 온다 하더라도 주변에서 기대하는 역할이 팬티 노출이라면 어쩔 도리가 없겠지만 말이다).

이렇게 살펴보면 소녀 왕국과 소년 왕국 모두 60년대 말에 여성 캐릭터의 방향이 결정됐으며, 70년대 초에 각자의 스타일이 완성됐다는 사실을 알 수 있다. 이후에 나온 작품은 이들이 깔아놓은 레일 위에서 응용작 개발에 몰두한 결과물일 뿐이라 할 수 있다.

하지만 똑같은 시스템은 그리 오래가지 않는 법이다. 마법소녀는 어느 틈엔가 발랄한 초등학생에서 자아실현을 고민하며 밤을 지새우는 소녀 아이돌로 변해버렸고, 남성 팀의 자랑스러운 홍일점 대원은 언제부터인지 팬티 노출로 먹고 사는 성노동 전사로 전락해버렸다.

이 위기를 타개한 작품이 90년대 소녀 왕국에 혜성처럼 등장한 〈세일러 문〉이다. 게다가 세일러 문은 여자아이가 여자아이인 채로 전투에 나선 첫번째 사례나 다름없다. 세일러 문이 등장하기 이전의 소녀 전사(붉은 용사)에게는 온갖 눈속임 장치가 필요했기 때문이다.

소녀 전사의 등장: 〈사파이어 왕자〉와 〈큐티 하니〉

사파이어(〈사파이어 왕자〉)는 남장해야만 싸울 수 있었다

〈사파이어 왕자〉(1967~1968)는 소녀 왕국에서 최초로 소녀 전사(붉은 용사)를 주인공으로 등용한 애니메이션이다. 또 처음으로 여자 한 명을 주인공으로 등장시킨 순정만화이기도 하다.

전후에 등장한 첫 여자 주인공이 잔 다르크처럼 남장을 하고 싸우는 소녀라는 점은 주목할 만하다. 주인공인 사파이어는 백마에 올라타 검을 든 남장 공주다. 15세기 프랑스에서 여자가 전투에 출전하려면 남장이 필수였듯이 전후 일본에서 여자가 전사 자리에 오르려면 남자인 척을 해야 했다.

사파이어는 실버랜드 왕국 왕녀인데 쵸피라는 천사의 장난으로 남자의 마음과 여자의 마음을 함께 지닌 채 태어났다. 실버랜드에서는 남자에게만 왕위가 계승되기에 사파이어는 왕자로 길러진다. 사파이어가 여자라는 사실을 폭로하고 자기 아들을 왕위에 앉히고자 계략을 꾸미는 제랄민 대공, 사파이어에게서 남자의 마음을 빼앗아 자기 딸에게 주려고 계략을 꾸미는 마왕 메피스토, 그리고 실버랜드의 이웃나라인 골드랜드 정복을 노리는 X연합. 〈사파이어 왕자〉는 크고 작은 악역들이 얽히고설켜 있는 꽤나 스펙터클한 로맨스물이다.

〈사파이어 왕자〉는 소녀 왕국 최초로 사랑이라는 요소를 도입한 작품이기도 하다. 사파이어는 골드랜드 왕국의 프란츠 왕자를 협력자 겸 연인으로 확보해두고, 보디가드 역할을 맡은 천사 쵸피가 그의 곁을 따른다. 사파이어가 지닌 '남자의 마음'은 물론, 왕가의 상징인 '구슬 세 개'는 모두 악당이 노리는 보물이다. 소녀 전사의 세부 설정은 이 시점에 이미 대부분 갖춰진 상태로 이후에 등장하는 마법소녀와 세일러 문이 계승하게 된다.

하지만 남장 여자 이야기는 소녀 왕국의 주류가 되지 못했다. 그 유명한 〈베르사이유의 장미〉(1979~1980)가 프랑스혁명을 배경으로 한 호화로운 서양물이며, 남장 여자인 오스칼을 중심으로 앙드레, 페르젠, 로잘리 사이의 사각관계를 그린 로맨스극이라는 사실을 떠올려보자. 남장 여자물은 서양식·다카라즈카*식 무대 장치가 없으면 안 된다. 1960년대에 여자아이가 승리와 사랑을 쟁취하려면 서양식 무대 장치와 남장이라는 비일상성이 필요했던 것이다[5].

* 여성으로만 구성된 일본의 가극단. 1914년부터 전통을 이어가고 있으며, 남자 역할 역시 남장한 여배우가 연기해 여성 사이에서 꾸준한 인기를 모으고 있다.

하니(〈큐티 하니〉)는 벗어야만 싸울 수 있었다

〈큐티 하니〉(1973~1974)는 소년 왕국 최초로 소녀를 주인공 자리에 앉힌 애니메이션이다. 〈큐티 하니〉의 여주인공은 〈사파이어 왕자〉의 여주인공과 정반대 길을 갔다. 사파이어가 남장(여성성 은폐)을 통해 참전권參戰權을 손에 넣었다면, 하니는 섹시 노선(여성성 과시)으로 방향을 잡아 참전권을 획득했다.

주인공 하니는 사이언 박사가 만든 안드로이드 로봇이다. 말하자면 여자 버전 아톰이다. 그런데 사이언 박사는 여자들로만 구성된 악의 조직 '팬서 클로'에 죽임을 당한다. 팬서 클로 두목인 팬서 졸라는 사이언 박사가 만든 세기의 발명품, 즉 공중에서 원하는 것을 합성할 수 있는 '공중원소 고정 장치'를 노리고 있었고 심지어 세계 정복을 꿈꾸고 있었다. 하니는 악의 여왕으로부터 공중원소 고정 장치와 세계를 지키고자 여자 주제에 싸움에 나선다.

〈큐티 하니〉에서 특히 화제가 된 것은 시청자의 눈길을 사로잡는 변신 장면이었다. "하니 플래쉬!"라고 외치자마자 입고 있던 옷이 찢어져 사방으로 흩날리고 전신 누드 상태인 하니가 떡하니 등장한다. 〈독수리 오형제〉의 백조 수나가 변신하는 것보다 조금 더 과장된 모습으로 바뀐 변신 장면이다. 그리고 하니는 간호사, 스튜어디스 등 여자아이들이 꿈꾸는(그렇게 여겨지던) 직업을 가진 인간으로 변신하는 기술을 구사한다. 심지어 큐티 하니로 변신할 때는 가슴골 부분에 커다랗게 구멍을 낸, 몸에 딱 달라붙는 의상을 굳이 입고 싸운다.

하지만 〈큐티 하니〉가 개척한 '섹시 전사'라는 노선 역시 소년 왕국에 정착하지 못했다. 여자아이를 주인공으로 세우는 설정 자체가 소년 왕국의 원칙에 반하기 때문이었을지도 모른다. 게다가 하니는 소녀 전사(붉은 용사)의 수준을 퇴보시켰다고 할 수 있다. 사파이어는 그나마 인간이지만 하니는 안드로이드 로봇이다. 캐릭터를 구상할 때 '이렇게 센 여자가 인간일 리 없어. 당연히 로봇이지!'라는 생각을 과연 전혀 안 했을까?

과거의 소녀 전사들은 남장을 하거나 옷 벗고 열심히 팬서비스를 하는 등 시청자의 눈치를 살피느라 여러모로 고생이 많았다. 그러나 〈사파이어 왕자〉와 〈큐티 하니〉는 소녀 왕국과 소년 왕국의 경계선상에 있었던 만큼, 성별을 불문하고 수많은 팬을 사로잡았으리라 예상되는 걸작이었음에도 큰 반향을 불러일으키지 못했다.

왜 그랬을까? 이유는 간단하다. 설정이 억지스러웠기에, 혹은 캐릭터의 개성이 지나치게 강했기 때문이다. '남장 전사'와 '섹시 전사'는 인상이 너무 강해서 가끔씩 써먹어야 하는 설정이다. 출근할 때 눈에 띄는 화려한 옷을 자주 입고 가지 못하는 것과 같은 이치다. 처음에는

"와, 멋진데"라며 감탄하더라도 두번째부터는 "또 그거야?" 하는 반응을 보이게 된다. 눈길을 사로잡는 신선한 설정은 그만큼 금방 질리고 만다. 사실 〈세일러 문〉에도 이런 면이 없었다고 하긴 어렵다.

홍전부紅全部 팀: 〈세일러 문〉

〈세일러 문〉의 기본틀은 남아용 애니메이션이다

〈세일러 문〉은 소년 왕국의 틀을 통째로 가져다 쓰고 소녀 왕국의 디테일을 몽땅 집어넣은 애니메이션이다. 1992년에 첫번째 시리즈가 방영됐는데, 1997년까지 이어지면서 소녀 왕국 탄생 이래 최고의 흥행 시리즈로 성장했다. 세일러 전사는 5인조에서 시작해 나중에 열 명으로 이루어진 대형 팀으로 성장하는데, 여기에서는 〈세일러 문〉과 속편 〈세일러 문 R〉을 중심으로 살펴보겠다.

주인공은 정의의 사도 다섯 명, 즉 세일러 문(세라)을 포함한 소녀 다섯 명이다. 이들은 모두 중학교 2학년생이며 평소에는 평범한 중학생으로 지낸다. 악당이 나타날 때만 세일러 전사로 변신해 서로 힘을 합쳐 싸운다.

〈달의 요정 세일러 문〉의 세일러 전사 팀원

멤버 이름	성별/나이	역할	개성 및 특기
세라 (세일러 문)	여자 14세	에이스	전생은 달의 왕국 왕녀 프린세스 세레니티. 평소에는 울보에 덜렁거리는 평범한 여자아이.
유리 (세일러 머큐리)	여자 14세	두뇌 담당	지성의 전사이자 공부를 잘하는 천재 소녀. 컴퓨터로 정보를 분석하고 작전을 세우는 것이 특기. 다만 사랑에 있어서는 소심한 순정파.
리타 (세일러 주피터)	여자 14세	전투 담당	힘의 전사. 키가 크고 힘이 세며 말투가 거칠다. 요리가 특기다. 항상 누군가에게 반해 있다.
비키 (세일러 마스)	여자 14세	라이벌	불의 전사. 부모님과 함께 살고 있는 신사를 돕는 영 능력 소녀. 미인으로 노래를 잘해 아이돌 가수를 꿈꾼다. 세라와 툭하면 싸우곤 하지만 사실 친한 사이다.
미나 (세일러 비너스)	여자 14세	리더	사랑의 전사. 전생에서도 세레니티를 지키는 수호 전사의 리더였다. 세일러 V로 활약했었다. 정보 수집이 특기이며 똑 부러지는 성격이다.

세일러 전사들의 적은 어둠의 왕국이라는 악의 무리다. 환상의 크리스털을 노리며 사람들의 에너지(생명력이라 할 수 있겠다)를 모아 지배자를 부활시켜서 세상을 정복하고자 하는 어둠의 왕국. 이 조직은 피라미드식 지배 체계를 이루는데, 여왕 밑에 부하 네 명이 있다. 여왕은 부하들이 매주 다른 요괴를 조종해 세일러 전사를 공격하게 한다. 〈세일러 문〉이 소년 왕국의 형식을 따랐다는 사실을 알 수 있는 부분이다.

다만 〈세일러 문〉의 외형은 소년 왕국 모습과 다르다. 어둠의 왕국의 리더는 베릴여왕이라는 악의 여왕이다. 베릴여왕이 부리는 부하 네 명은 미남들이다. 그리고 정작 세일러 전사들과 싸우는 요괴는 괴수와 마녀를 합체한 모양새, 즉 여자 얼굴을 한 괴수다. 세일러 전사는 모두 어린 소녀이고, 괴수는 괴이한 모습을 한 여자이며, 악당 무리의 리더 또한 여자다. 소년 왕국에서 이미 단물을 빼먹을 대로 빼먹은 수단을 가져다가 여자아이용으로 과감하게 리폼한 것이다. 이것이 TV 앞 여자아이들을 열광시켰다.

세일러 전사는 여자판 독수리 오형제다

〈세일러 문〉의 핵심은 조직의 본질과 인원수에 있다.

사실 여성 팀을 다룬 작품은 이전에도 있었다. 세 자매가 괴도가 되어 루팡 3세처럼 은밀히 활약하는 내용의 〈캣츠 아이〉(1983~1984)가 그 시초다. 하지만 이는 〈세일러 문〉과 다르다. 우선 본질부터가 다르다. 〈캣츠 아이〉 팀은 구성원들이 자매관계이며, 굳이 구분하자면 왕년에 히트를 친 드라마 〈플레이 걸〉(1969~1974)과 마찬가지로 소년 왕국에 거점을 둔 '하렘*물'이다(하렘 이야기를 벗어났다고 할 수 있는 작품은 여고생 형사들이 활약하는 〈스케반 형사〉밖에 없을 것이다).

또 하나는 인원수에 차이가 있다. 소년 왕국 팀들이 특별한 이유 없이 5인조 이상으로 편성되었을 리 없다. 농구팀은 다섯 명으로 구성되고 배구팀은 여섯 명으로 구성된 것 역시 우연이 아니다. 세 명은 단일 조명하기엔 많고, 팀이라 하기에는 적은 애매한 인원수다. 한 소설가는 캔디즈**를 두고 란을 정부로, 스를 아내로, 미키를 비서로 삼고 싶다고 한 적이 있었는데, 이는 가히 절묘한 비유라 할 수 있다. 3인조 팀은 '3인 3색의 개성을 지닌 팀' 혹은 씨름장에 들어서는 스모 선수들처럼 '주인공과 그를 따르는 조연 두 명'으로 비칠 뿐이다. 남녀 세 명이 혼성된 팀을 떠올려보자. 그들 사이에는 삼각관계의 긴장감이

* 남성 한 명과 여성 여러 명으로 구성된 집단.
** 1973년에 결성된 일본의 걸그룹.

감돌았을 것이다.

세라까지 포함해 다섯 명으로 구성된 세일러 전사(그런데 이 팀은 왜 이름이 없을까)는 소년 왕국 조직을 흉내낸 5인 체제 팀이다. 세일러 전사들은 각자 뛰어난 능력을 지니며 소년 왕국 팀처럼 구성원 간 역할 분담이 명확하다. 이들은 에이스, 라이벌, 두뇌 담당, 전투 담당, 그리고 리더로 구성된 5인조 팀을 이룬다.

하지만 세일러 전사들이 맡은 역할은 소년 왕국 팀원들이 하는 역할과 다소 차이가 있다. 이들의 역할은 소년 왕국 구성원의 역할을 차용해 '여자다움'에 손상이 가지 않는 선에서 수정되었다. 리타(세일러 주피터)는 힘이 세고 몸집이 큰데다가 말투가 거칠지만 한편으로는 요리를 잘하고 금사빠 성격을 갖고 있어 여자다움을 지니며, 천재 소녀 유리(세일러 머큐리)는 순정파에 소심한 성격이다. 비키(세일러 마스)는 주인공 세라와 라이벌 관계에 있지만 서로 말다툼하는 정도가 고작이고, 미나(세일러 비너스)는 리더지만 다른 멤버들에게 명령을 내리는 경우가 없다. 다섯 명 모두 예쁘고 멋지다는 감탄이 절로 나오는, '사리에 어긋나지 않는' 캐릭터로 설정된 점은 〈세일러 문〉이 인기를 끈 비결인 동시에 한계였다고 할 수 있지 않을까.

세일러 문(세라)은 아이 딸린 여전사다

주인공 세라는 세일러 전사들의 대장 격이다.

어느 날 세라는 검은 고양이 루나에게서 신비한 브로치를 건네받으며 "너는 선택받은 전사야"라고 통보받는다. 이는 세일러 문으로 변신하게 해주는 브로치다(여기까지는 〈거울요정 라라〉와 비슷하다). 세라는 환상의 크리스털을 찾으며 세일러 전사들을 모아 악의 제국인 어둠의 왕국과 싸우는 일을 사명으로 한다. 여기서부터 세라의 활약이 시작된다.

그런데 한 가지 주목해야 할 점은 세라의 출신이다. 세라는 라라와 마찬가지로 평범한 여자아이(세라)지만, 전생(!)에는 샐리처럼 다른 세계 공주님(세레니티 여왕)이었다. 세라는 라라의 콤팩트에 해당하는 변신 도구(변신 브로치)를 이용해 변신을 하고, 샐리의 요술봉에 해당하는 마법무기(문스틱)를 들고 적에 맞선다. 과거 마법소녀들처럼 각종 직업을 가진 사람으로 변장할 수 있는 도구(변장펜)까지 갖추고 있다. 세라가 변신하는 장면은 큐티 하니처럼 화려하다. 하지만 세라는 더이상 사파이어처럼 남장할 필요도 없거니와 하니처럼 가슴을 강조할 필요도 없다. 세라 곁에는 유리 안느와 백조 수나의 동료처럼 믿음직한 동료들이 있다. 이들은 서로 마음이 잘 맞는 여자 친구들이라

지저분한 남자들에게 둘러싸여 허드렛일을 떠맡을 걱정은 없다. 역대 여주인공이 개척한 장점을 몽땅 취하고 단점은 버리는 후발 주자의 강점. 더할 나위 없이 완벽한 상황이다.

심지어 욕심을 부린 나머지, 두번째 작품 〈세일러 문 R〉에서 세라는 중학생 신분으로 엄마가 되고 만다. 미래에서 온 세라의 딸(작중에서는 '꼬마 세라'라고 불린다)이 세라의 집에서 동거를 하고 세라의 남동생이 다니는 초등학교에 다니게 된다.

이 시기부터 〈세일러 문〉은 단순히 소년 왕국을 리폼하는 걸 넘어서 독자적인 길을 걷기 시작한다. 세라가 아이 딸린 여자가 되면서 마법소녀 다섯 명으로 이루어진 팀 '홍전부紅全部'에는 약간의 균열이 발생한다. 이를 아이 딸린 여자가 시민권을 얻어낸 첫번째 사례라 해야 할까? 거듭 말하지만 세라는 중학생이다. 미래의 딸까지 맞아들여 중학생에게 엄마 역할을 떠맡기는 것이 과연 건전하다 할 수 있을까.

명작으로 소문이 자자한 극장판 〈세일러 문 R〉은 세라의 성모 역할과 '공주님다움'을 전면으로 내세운 작품이다. "괜찮아. 세라가 지켜줄 거야. 세라는 모두의 엄마인걸"이라고 하는 꼬마 세라. 최종병기 환상의 크리스털을 이용해 목숨 바쳐 동료들을 구하려는 세일러 문. 세라가 턱시도 가면(엔디미온)의 키스를 받아 되살아난다는 백설공주식 결말. 소녀 왕국 30년 역사 최초로 홍전부를 탄생시킨 세일러 문은 잘 생각해보면 동화 속에 등장하는 '왕자님과 사랑에 빠진 공주님' '자기 희생을 감내하며 싸우는 소녀' '구세주 성모'의 유전자가 대를 거쳐 발현된 결과다.

턱시도 가면은 여자가 부리기 좋은 청일점이다

세라와 레온은 연인 사이로 평소에 서로를 애칭으로 부르며 애정 행각을 벌인다. 세라가 세일러 문으로 변신해 전투 모드로 돌입하면, 레온 역시 턱시도 가면으로 변신해 있을 때가 많다. 심지어 레온은 전생(!)에 달의 공주 세레니티의 연인, 다시 말해 지구의 왕자 엔디미온이었다. 즉 레온은 평상시, 유사시, 전생 등 온갖 상황에서 세라의 파트너로 나온다는 얘기다. 더 말할 필요도 없지만 레온은 미래 세계에서 세라의 남편이자 심지어 꼬마 세라의 아빠가 된다.

레온은 팀 외부에서 활동하는 조력자다. 세일러 전사들 한 발짝 뒤에 물러서서 무모하게 나서지 않는다. 하지만 세일러 전사들이 위기에 처할 때는 바람처럼 나타나 입에 문 장미꽃을 휙 던지고는 "거기까지다, 제다이트(악당 이름)"라는 둥 느끼한 대사를 날린다. 그런가 하면 레온은 세일러 문이 맘놓고 싸울 수 있도록 꼬마 세라를 뒷바라지하기도 한다. 남자가 한 발짝 물러나 조력자 위치에 서 있는 점은 소녀 시청자를 의식한 〈세일러 문〉의 현명한 처사이며, 이로써 턱시도 가면을 전에 없던 남자 캐릭터라고 평가하는 사람도 많다.

하지만 잘 생각해보자. 이 상황은 소년 왕국의 홍일점, 즉 남자가 부리기 좋은 여자인 붉은 전사에서 단순히 성별만 바꿔놓은 모습이다. 레온은 여자가 부리기 좋은 남자다. 세라에게 레온은 이상적인 왕자님이겠지만, 레온 입장에서 생각해보면 마음에 걸리는 점이 몇 가지 있다. 레온은 동성 친구가 없다. 그는 알게 모르게 연인을 뒷받침해주고 도와주는 일을 삶의 보람으로 삼는다. 레온은 대학교 2학년생이다. 대학생 남자가 제멋대로 구는 중학생 소녀를 미래의 아내로 점찍어두고, 그가 말하는 거라면 무엇이든 들어준다. 사람들이 보통 이런 남자를 두고 로리콘이라 하지 않던가? (요즘에는 원조 교제라고도 한다.) 레온은 지구의 왕자 엔디미온의 환생이니 그래도 괜찮다고 한다면 더더욱 묻고 싶다. 엔디미온은 무려 지구의 왕자님이면서 달의 공주 세레니티 외에는 안중에도 없는 것인가.

생각해보니 이런 남자를 어디에선가 본 기억이 있다. 동화 속 왕자님들 말이다. 신데렐라와 백설공주의 결혼 상대인 왕자들은 여주인공이 미인이라는 이유만으로 첫눈에 반해 그 자리에서 청혼을 하는 생각 없는 '얼빠' 머저리들일 뿐이다. 왕자란 부친의 지위와 재산을 믿고 우쭐대는 잘생긴 남자를 달리 이르는 말이기도 하다. 턱시도 가면이 그 후손이라면 이 또한 일종의 격세유전이란 소리를 들어도 할말이 없을 것이다.

〈세일러 문〉은 소년 왕국의 큰 틀과 소녀 왕국의 디테일을 합쳐 엑기스만 뽑아낸 애니메이션이다. 사파이어 왕자가 남장을 하거나 하니가 벗어야만 싸울 수 있던 시대와 비교하면, 여자들이 여자 교복 업그레이드 버전인 세일러복 모양의 전투복(미니스커트, 초커, 티아라 등 액세서리 포함)을 입고 싸울 수 있게 된 것만으로도 엄청난 발전이다. 친한 친구에게조차 자신이 마법사라는 사실을 숨겨야만 했던 과거 마법소녀들의 고뇌와, 남성 팀 내 홍일점이라는 이유로 매 순간 '여자 역할'을 수행해야만 했던 붉은 전사들의 고독을 생각하면, 〈세일러 문〉은 여자들의 우정이 무엇보다 소중하다는 것을 보여준 획기적 작품이었음이 분명하다.

하지만 두번째 시리즈에서 엄마라는 수단을 꺼내들 수밖에 없었던 점으로 보아 지나친 인기는 때로 독이 되는 법이다. 〈세일러 문〉에서 마법도구가 하나둘 발전하고 동료와 악당들이 복잡하리만치 불어나면서 모순은 서서히 심화되었다. 소녀 왕국이 예로부터 가꿔온 '사랑'(그게 뭔지는 모르겠으나)이라는 방향성과 '싸움을 해 적을 해치우자'는 소년 왕국의 콘셉트는 애초부터 모순된다. 그래서 후반에 이르러 주인공이 적대관계를 청산하고 악당의 마음을 치유한다는 오리발 내

밀기식 전개가 늘어났다[6].

미로에 갇힌 소녀 왕국

〈세일러 문〉의 흥행에 뒤이어 몇몇 비슷한 작품이 탄생했지만 대부분 실패작으로 끝났다고 한다[7]. 결과만 놓고 보면 〈사파이어 왕자〉와 〈큐티 하니〉처럼 그저 이색적인 작품에 그친 것이다. 홍전부는 신선하고 매력적인 설정이었지만, 단체전 이야기는 결국 소녀 왕국에 뿌리내리지 못했다.

그후 소녀 왕국은 다시금 소녀 단독 이야기로 돌아갔다. 다만 한 가지 짚고 넘어가자면 〈세일러 문〉은 '소녀 전사'라는 개념을 남겼다. 그후로 소녀 왕국 여주인공은 그동안 적과 싸우지 못했던 과거의 원한을 풀기라도 하듯 하나같이 검을 든 소녀가 되었다.

이를테면 〈리리카 SOS〉(1995~1996)는 〈세일러 문〉 이후에 등장한 작품 중에서도 예상 밖의 높은 평가를 얻었다. 이 작품은 초등학교 5학년인 여자아이 리리카가 간호복을 입은 전사로 변신해 지구를 지키는 내용인데, 후반부 들어서 점점 심오한 전개가 펼쳐지다가 마지막에 리리카가 지구를 구하러 목숨을 내던지는(그렇게밖에 보이지 않는다) 비장한 결말을 맞이한다. 조력자(단, 모두 남자)가 있었다 해도 지구의 운명을 고작 열 살에서 열한 살 남짓한 소녀 한 명에게 떠맡긴 것은 가혹하다 못해 무모한 짓이다. 비극적 결말을 맞이할 것은 안 봐도 뻔하다. 한편 〈마법돼지 핑키〉(1992~1993)처럼 코미디 미소녀 전사 변신물도 등장했다. 이렇게 소녀 왕국은 어느 틈엔가 소녀 전사 투성이가 되고 말았다.

아직도 기억에 생생한 작품으로는 〈큐티 하니〉를 25년 만에 리메이크한 〈큐티 하니 플래쉬〉(1997)와 〈소녀혁명 우테나〉(1997) 등이 있다. 하지만 어찌됐든 간에 소녀 왕국이 막다른 길에 몰렸다는 사실은 부정할 수 없다. 〈큐티 하니 플래쉬〉는 리메이크 작품이고(리메이크가 아이디어 고갈 시에 사용되는 뻔한 수단이라는 사실은 80년대 말을 떠올려보면 쉽게 짐작할 수 있다), 〈소녀혁명 우테나〉는 간만에 남장 여자 주인공이 등장하는 작품이다(소녀 왕국에서 남장 여자 콘셉트가 자리잡지 못했다는 사실은 역사를 통해서 알 수 있다). 중학교를 배경으로 하는 〈소녀혁명 우테나〉의 주인공은 가쿠란*(하지만 바지는 핫팬츠)을 입고 핑크색 긴 머리를 휘날리며 '보쿠**'라는 1인칭 주어와 남자 말투를 사용하는 소녀다. 우테나의 싸움 상대는 학생회를 쥐락펴락하는 남자들

* 차이나칼라 재킷과 바지로 구성된 남학생 교복.
** 일본인 남성이 사용하는 1인칭 대명사.

이다[8].

〈소녀혁명 우테나〉제1화의 첫 부분 대사는 이러하다. "공주님은 왕자님을 너무나도 동경한 나머지 자기도 왕자님이 되겠다고 결심했습니다. 그런데 정말 그래도 괜찮을까요?"

참으로 복잡하고 기괴한 미로에 갇혀버린 소녀 왕국!

그런데 소년 왕국에서도 이변이 일어나고 있었다. 과거의 소년 왕국으로 말할 것 같으면 홍일점은 당연한 것이고, 기껏해야 홍이점에 그쳤다. 그런데 여주인공이 전투에 눈을 뜨자 소녀 왕국에서 팀을 꾸리지 않고 소년 왕국으로 들이닥치기 시작한 것이다.

◆1 애니메이션 왕국 초기의 여주인공

예외적으로 주목해야 할 소녀 왕국 초기의 여주인공이 있다면 〈환상의 탐정〉(1959~1960)의 요시노 사쿠라(당시 영화배우로 데뷔하기 전이었던 요시나가 사유리가 이 역할을 맡았다)다. 요시노 사쿠라는 미소녀인데다가 남주인공의 여자친구이며, 심지어 슈퍼 로봇 '마보로시호'를 개발한 요시노 박사의 손녀로 나온다. 그는 애니메이션 왕국 여주인공의 특성을 한발 앞서 반영한 캐릭터라 할 수 있다.

◆2 여아용 애니메이션 제1호

〈요술공주 샐리〉는 미국 시트콤 〈아내는 요술쟁이Bewitched〉에서 영감을 얻어 제작되었다고 한다. 두 작품 모두 주인공이 마녀라는 점은 똑같지만, 〈요술공주 샐리〉는 거기에 더해 초등학생 소녀를 주인공으로 세운 점이 획기적이었다. 원작만화는 『리본』*에 연재되던 요코야마 미쓰테루의 저서 『마법사 써니』다. 주인공 이름을 닛산 자동차 '써니'에 빼앗겨 TV판에서 샐리로 바뀐 일화는 유명하다. 또한 주인공이 원작에서는 '악마 세계 제왕의 딸'로 나오는데, 애니메이션에서는 '마법 왕국에서 온 공주'라는 설정으로 변경되었다.

* 순정만화를 연재하는 일본 월간잡지.

◆ 3 마법사 유형의 마법소녀와 신데렐라 유형의 마법소녀

〈요술공주 샐리〉와 비슷한 시기에 방영된 특촬 드라마〈코메트 씨〉(1967~1968)의 주인공도 요술봉을 다루는 마법사 유형이다. 마법사 유형의 마법소녀가 등장하는 애니메이션은 NET(현재의 TV 아사히)에서 방영된〈마법소녀 채피〉〈미라클 소녀 리미트〉〈요술천사 꽃분이〉 등으로 이어지면서 70년대 마법소녀물의 기반을 다졌다. 한편 신데렐라 유형의 마법소녀가 나오는 애니메이션은〈꽃천사 루루〉〈요술공주 밍키〉 등을 들 수 있다.

◆ 4 고민에 빠진 마법소녀

이를테면〈천사소녀 새롬이〉(1983)에서 여주인공은 이미 고민에 빠져 있다. 주인공 새롬이는 평범한 소녀인 자신과 마법의 힘으로 아이돌이 되어 데뷔한 자신 사이에서 방황한다. 새롬이가 호감 가지는 남자아이는 자기 팬이지만 평소 새롬이에게는 무관심하다. "왜지? 둘 다 똑같은 난데……" 여주인공이 아이돌 가수라는 설정은 남아용 애니메이션〈초시공 요새 마크로스〉(1982)의 여주인공 린 민메이에게서 비롯돼 이후 여아용 애니메이션의 기본 요소가 되었다는 의견도 있다. 이와 비슷한 애니메이션으로는〈샛별공주〉(1984~1985)와〈마법의 스타 매지컬 에미〉(1985)가 있다.

◆5 남장 여자 오스칼

순정만화와 애니메이션 속 여주인공의 남장에 관해서는 마쓰모토 유코의 「'남장 여자'의 죽음」(『베르사이유의 장미』 제4권 해설, 1994)에 유익한 내용이 많이 나와 있다.

◆6 〈세일러 문〉에 대한 평가

〈세일러 문〉을 평가하기란 어렵다. 종합적인 〈세일러 문〉 평론으로 후지모토 유카리의 「여자아이들이 원하는 모든 것이 담긴 세일러 문의 신화와 구조」(별책 다카라지마 『애니메이션을 보는 관점이 바뀌는 책』수록, 1997), 야마구치 가요코의 「남장하는 '미소녀 전사'—이성으로 분장한 캐릭터를 통해 살펴보는 애니메이션 〈세일러 문〉」(『여성학연보』 제18호 수록, 1997)이 참고하기에 좋다.

◆7 〈세일러 문〉 이후의 소녀 팀

〈세일러 문〉 흥행에 자극을 받았는지, 90년대에는 소녀들이 팀을 이루어 적과 싸우는 애니메이션이 몇 편 제작되었다. 〈마법기사 레이어스〉(1994~1995) 〈사랑의 천사 웨딩피치〉(1995~1996) 등이 있는데 모두 〈세일러 문〉만큼 흥행을 이루지는 못했다. 그 이유로 여러 가지를 생각해볼 수 있겠지만, 〈세일러 문〉의 흥행 요소인 '소년 왕국의 틀과 소녀 왕국의 디테일'이 제대로 도입되지 않았다는 건 사실이다.

이를테면 해당 작품들에 나오는 팀의 인원수는 다섯 명이 아닌 세 명이다(본문에서도 설명했듯이 세 명은 팀을 이루기엔 적은 인원수다).

◆8 〈소녀혁명 우테나〉의 초기 설정

〈소녀혁명 우테나〉의 초기 설정은 주인공 혼자서가 아닌 소녀 전사가 팀을 이루어 싸우는 내용의 소녀 전대물이었다고 한다. 주인공은 '엘레강서'라는 3인조 남장 소녀 전사였으며, 악당은 '세상의 끝'이라 불리는 악의 조직이었다 한다.

6장

조직의 역학관계:
〈우주전함 야마토〉〈기동전사 건담〉
〈신세기 에반게리온〉

어른 왕국이 된 소년 왕국

소녀 왕국이 복잡한 미로에 갇히기 시작할 무렵, 소년 왕국은 어떤 상태였을까.

언제부터인지 소년 왕국은 더이상 순수한 아이들을 대상으로 하는 매체가 아니게 되었다. 특촬 드라마는 어린아이들을 위한 권선징악 이야기를 고수하며 장난감업계와 끈끈한 연대를 맺어 입지를 다졌다. 한편 애니메이션은 점점 복잡하게 진화하면서, 어른들이 볼만한 장편 SF 애니메이션 장르가 등장하기 시작했다.

어른이 볼만한 SF 애니메이션은 중후하고 심오한 휴먼드라마를 그려냈다고 평가된다. 대표적인 작품이 〈우주전함 야마토〉(1974~1975, 이하 〈야마토〉) 〈기동전사 건담〉(1979~1980, 이하 〈건담〉) 〈신세기 에반게리온〉(1995~1996, 이하 〈에반게리온〉)이다.

애니메이션에 관심 없는 사람이라도 야마토, 건담, 에반게리온이라는 이름은 어찌저찌 들어봤을 것이다. 70·80·90년대를 대표하는 이 세 작품은, 애니메이션은 애들이나 보는 것이라는 종래의 이미지를 뒤엎고 전에 없던 애니메이션 붐을 일으켰다. 이들은 후대 작품에 영향을 끼친, 애니메이션 역사에서 찬란히 빛나는 현대의 3대 명작 SF 애니메이션으로 널리 알려져 있다.

〈야마토〉 〈건담〉 〈에반게리온〉 사이에는 다양한 공통점이 있다. 한 회마다 이야기가 완결되는 옴니버스 형식이 아니기에 TV 방영 당시 시청률이 저조했다는 점, TV 방영이 끝나고 몇 년 뒤에 극장판 개봉을 계기로 작품이 재평가 받으며 열렬한 지지를 받았다는 점, 기존 애니메이션 팬뿐만 아니라 광범위한 소비층을 끌어들이며 애니메이션이 붐을 이루어 사회현상으로까지 번졌다는 점, 마지막 전쟁* 이후의 세계를 배경으로 삼거나 단순하게 전투와 승리를 다루는 내용에 그치

* 신약성서 「요한 계시록」에서 예언된 아마겟돈 전쟁을 말한다. 일본에는 서기 2000년, 즉 세기말에 세계의 종말이 도래할 것이라는 세계관을 지닌 사람들이 일부 있었으며, 1970년대 이후에 창교된 신흥종교 대부분은 세기말 직전에 아마겟돈 전쟁이 발발할 것이라고 예언했다.

지 않았다는 점 등 닮은 부분이 적지 않다.

　그렇지만 우리 관심은 어디까지나 여성 캐릭터에 있다. 어른이 볼
만한 애니메이션은 과연 어른이 볼만한 여성상을 그리고 있을까. 몇
번이고 말하지만 홍일점의 주된 문제는 인원수에 있다. 조직 내 여성
멤버는 몇 명이고 어떤 일을 하는가, 이것이 생각보다 중요하다. 소년
왕국 팀은 어떻게 구성됐으며, 조직 내에서 여성이 어떠한 역할을 수
행해왔는지, 여성 멤버의 모습이 조직에 어떤 영향을 미치는지, 이러
한 부분을 염두에 두고 중후하고도 장대한 소년 왕국 애니메이션에
대해 알아보자[1].

조직의 원형: 〈야마토〉 속 정의

〈야마토〉 팀은 고등학교 야구부다

　소년 왕국 애니메이션은 단순한 권선징악 이야기가 아니라 했지만,
〈야마토〉는 설정과 내용부터 비교적 단순한 편이다.

　때는 바야흐로 서기 2199년, 지구는 멸망 위기에 처해 있다. 적대국
(적대행성?) 가미라스의 공격으로 바다가 말라붙고, 대기는 방사능에

오염돼 지구는 더이상 생명이 살 수 없는 환경이 되었다. 생물은 멸종했으며, 인류는 간신히 살아남아 지하 깊숙한 곳에 도시를 건설해 근근이 목숨을 부지하는 상황이다. 그러던 어느 날 지구방위대 앞으로 혹성 이스칸달의 여왕 스타샤가 보낸 메시지가 도착한다. "앞으로 1년 뒤면 지구 생명체는 전멸할 겁니다. 방사능 제거 장치 코스모 클리너 D를 가지러 이스칸달로 오시지요."

이리하여 지구방위대에서 선발된 정예 팀은 전함 야마토에 파동엔진(시공을 넘나드는 특수엔진)을 싣고, "잘 있거라~ 지구여~"라는 웅장한 군가에 맞춰 14만 8천 광년 떨어진 혹성 이스칸달로 향한다. 정예 팀은 도중에 적대국 가미라스의 거듭된 습격으로 만신창이가 되기도 하지만 이스칸달에서 코스모 클리너를 가지고 지구로 귀환해 그 사명을 다한다.

이는 복숭아동자 이야기에서 결사대가 마을 사람들의 사명을 받고 도깨비(가미라스 군단)를 물리쳐 보물(코스모 클리너)을 손에 넣는다는 내용과 다를 바 없다. 앞서 일본은 파시즘 체제하에서 국정교과서에 복숭아동자 이야기를 실어 애국 사상을 고취하는 데 이용했다 했는데, 〈야마토〉에 나타난 사상이 이와 같다. 전함 야마토는 태평양전쟁에서 침몰한 전함 야마토를 개조한 함선이고, 송별식 모습은 뉴스와 영화에서 본 적 있는 학도병 출진*식을 빼다박았으며, 결전 전에

작별의 잔을 나누는 멤버들 사이에서는 특공 정신이 넘쳐흐른다. 따라서 〈야마토〉의 가치관은 민족주의의 극치를 달린 구 일본군의 가치관과 같다. 한편 데슬러 총통이 이끄는 가미라스 제국이 나치 독일을 모방한 것이라는 점은 분명하다. 〈야마토〉가 '일본이 승리하는 결말로 다시 쓰인 제2차대전 이야기'라는 주장은 지당하다 해야 할 것이다[2].

　그런데 이러한 구 일본군 정신은 오늘날까지 일본 곳곳에 남아 있다. 이를테면 전국의 고등학교 야구부처럼 말이다. 군인 출신에 나이가 가장 많은 오키타 함장은 야구부 감독, 젊은 전투 대장 고다이 스스무는 에이스 투수, 항해 담당 시마 다이스케는 포수로, 그 밖에도 여러 멤버가 각기 다른 포지션에서 자기 직무를 충실히 이행하여 굳건한 조직을 결성한다. 그들은 감독의 지휘 아래 고향 사람들의 기대, 즉 지구 민족주의를 등에 업고 고시엔**(이스칸달) 승리를 목표로 똘똘 뭉친다. 강적 가미라스 군단은 PL 고등학교 혹은 데이쿄 고등학교*** 정도가 되겠다.

* 일본은 제2차대전 때 병력이 부족해 20세 이상의 학생들을 자발적으로 모집하거나 강제로 징병했다. 일본인뿐 아니라 조선인, 대만인, 만주인 등 당시 일본에 식민 지배를 받던 나라의 학생들도 징병 대상이 되었다.
** 일본의 전국 고등학교 야구 대회.
*** 두 학교 모두 야구부로 유명한 일본의 사립 고등학교다.

팀 내 여성 멤버는 홍일점인 모리 유키 한 명뿐이다. 애초에 〈야마토〉에 등장하는 여성 인물은 소수에 불과하다. 적군 가미라스는 여성이 없는 군대이며, 전체 여성 캐릭터는 유키를 제외하면 이스칸달의 여왕 스타샤(애니메이션 왕국 인물로 말하자면 성모, 즉 고시엔 승리의 여신이다)와 지구에 메시지를 전하러 왔다가 갑작스럽게 죽음을 맞이하는, 스타샤의 동생 사샤뿐이다. 이 세 여성은 모두 똑같이 금발머리이며 모두 외모가 비슷하다(덧붙여 〈은하철도 999〉의 여주인공 메텔 역시 기계인간이지만 남주인공 철이의 어머니와 외모가 비슷하다). 작가가 여자 캐릭터를 서로 비슷하게만 그리는 거라고 단순하게 생각할 수도 있겠지만, 애니메이션 속 세상에서는 얼굴이 비슷하면 성격도 비슷하다는 점에 유의하자.

모리 유키는 고등학교 야구부 여자 매니저다

모리 유키의 역할은 명확하다. 그는 유일하게 벤치로 들어갈 수 있는 특별한 존재, 바로 야구부 여자 매니저다. 모리 유키는 생활 담당을 책임지고 있는데 그저 허울좋은 허드렛일 담당자 겸 직장의 꽃일 뿐이다. 그가 조직에 반드시 필요한 인재가 아니라는 것쯤은 작품을 얼핏 보더라도 알 수 있다.

모리 유키는 평소 레이더 앞에서 통신을 맡는다. 그런데 통신 담당자로는 아이하라라는 사람이 따로 있다. 모리 유키는 늘 그랬듯이 보고 들은 대로 똑같이 반복하기만 하는 통신 조수 업무를 맡고 있다. "비디오 패널 체인지"라고 외치며 레이더망을 대형 화면으로 (스위치를 눌러서) 바꾸고, "항공모함 접근, 거리는 8만 킬로미터!"라고 하면, 함장이 "전투기체를 수납하라"고 명령한다. 이에 유키가 "가미라스 고속 항공모함 접근!"이라고 덧붙이면, 통신 담당은 "야마토가 사정거리 안에 들어섭니다"라고 한다. 어떤 상황인지는 안 봐도 비디오다.

오키타 함장이 갑자기 피곤해하는 모습을 보이면, 유키는 즉각 레이더 앞 포지션을 벗어나 함장에게 종종걸음으로 달려간다(이렇게 마음대로 자리를 뜰 수 있다는 건 애초에 그곳이 포지션이 아니었다는 증거다). 의사가 오기라도 하면 모리 유키는 잽싸게 간호사로 변한다. 붕대를 감아주고 걱정스러운 듯 함장의 등에 손을 얹으면 그만인 만사태평한 간호사로 말이다. 통신사 아르바이트 겸 간호사 아르바이트. 요약하자면 생활 담당은 승무원들의 생활과 건강을 '은근히' 걱정하는 역할을 맡는다.

모리 유키는 소년 왕국 붉은 전사답게 '남편감 찾기'를 인생의 목적으로 삼기에, 치정이 얽힌 일에 있어서는 기지를 발휘한다. 그가 고다이 스스무와 함께 사진을 찍고는 "아이들에게 엄마 아빠의 청춘을 이

〈우주전함 야마토〉의 전함 야마토 주요 승무원

멤버 이름	성별	직책	개성 및 특기
고다이 스스무	남자	전투 대장	우주전사 훈련 학교의 엘리트. 열정적이고 직설적인 성격으로 나중에 함장 대리가 된다.
시마 다이스케	남자	항해 담당	고다이와는 훈련 학교 재학 시절부터 선의의 라이벌 관계. 고다이와 대조적으로 진중한 성격이기에 그와 대립할 때도 있다.
모리 유키	여자	생활 담당	함선의 의사 사도 선생의 조수로서 탑승. 선교에서는 레이더 조종을 담당하기도 한다. 고다이와 서로 좋아하는 사이다.
사나다 시로	남자	공작 담당	사고로 가족을 잃고 기계에 대한 증오를 떨치고자 엔지니어가 되었다. 지혜로운 인물이다.
오키타 주조	남자	함장	우주물리학자이기도 한 역전의 용사. 냉정하고 침착한 사람이지만 귀환하던 도중 병으로 쓰러진다.
도쿠가와 히코자에몬	남자	기관장	기관실에서 야마토를 제어하는 베테랑 기관사. 겁쟁이 같은 면도 살짝 있다.

야기해줄 날을 위한 좋은 추억이 되어주렴"이라며 넌지시 꼬시는 대사는 시작에 불과하다. 모리 유키는 은인 스타샤에게까지 사랑을 가르친다. 행방불명 상태이던 고다이 스스무의 형 마모루는 알고 보니 이스칸달에 있었는데, 이때 모리 유키에게 처음으로 주체적으로 활약(발언)할 기회가 주어진다.

"스타샤, 당신은 마모루 씨를 사랑하는군요. 우리가 마모루 씨를 데리고 가도 괜찮겠어요? 운명을 받아들이기만 해서는 사랑을 이룰 수 없어요. 조금 전에 말씀하셨잖아요. 내일의 행복은 스스로 잡는 것이라고."

여왕이라는 사람이, 변두리의 멸망해가는 별에서 온 여자아이에게 왜 이런 오지랖 넓은 설교를 들어야 하는 걸까. 하지만 이 여왕도 유키 못지않게 태세 전환이 빠르다. "사랑해, 마모루!"

우습게도 〈야마토〉의 캐치프레이즈는 사랑이다.

"지구와 가미라스 양쪽 모두 행복하게 살고 싶은 마음은 똑같아. 그런데 나는 지금 싸우고 있어. 내가 해야 했던 건 전쟁이 아니야. 서로 사랑하는 거였다고. 빌어먹을!"

고다이 스스무가 (적을 물리치고) 내뱉는 이 대사에서 "전쟁에는 정의도 악의도 없다"라는 사실이 드러나 시청자의 눈물샘을 자극했다는데, 이미 적을 죽이고 나서는 무슨 말인들 못하랴. 이런 걸 두고 인류애라 한다면 세상은 참 살기 쉽겠다. 한편 〈야마토〉의 여성 캐릭터는 이성애를 실현시키는 존재일 뿐이다. 모리 유키를 보나 스타샤를 보나, 자국의 존망이 그들 손에 달려 있는 인물들치고는 지독한 사랑꾼이다. 이런 여자를 전함 승무원으로 채용하다니 지구에도 어지간히 인재가 없었던 모양이다. 그래도 뭐, 당시 애니메이션 팬들의 단순한 수준에 맞추기에는 이 정도로 단순한 여성관이 딱이었을 것이다.

조직의 확산: 흔들리는 〈건담〉

〈건담〉 팀은 전국 학생공동투쟁회의다

〈건담〉은 설정만 살펴보더라도 〈야마토〉보다 조금 더 복잡하다. 이곳에서 전쟁을 하는 목적은 단순히 악당 퇴치가 아니라 식민지 독립 전쟁이다.

때는 바야흐로 우주세기 0079년(더블오 세븐티나인이라고 읽는다). 지구의 인구밀도가 포화 상태에 이르자 인류를 우주의 스페이스 콜로니*로 이주시킨 지 벌써 반세기가 흘렀다. 지구에서 가장 멀리 떨어진 콜로니인 지온공국에서 일으킨 독립 전쟁이 오랜 기간 이어졌고, 지온군과 지구연방군 사이의 전쟁은 교착 상태에 빠져 있었다. 전쟁은 모빌슈트(파일럿이 조종하는 로봇형 거대 무기) 간의 대결, 즉 조종사의 실력에 따라 결판나는 개인전이 중심을 이루었다. 근대전**의 비효율적인 방식을 성찰하는 차원에서 영웅과 무장이 활약했던 고대의 전투 방식이 부활한 것이다.

참고로 건담이란 주인공들이 탑승하는 전함(화이트베이스)에 마련된 모빌슈트의 명칭이다. 모빌슈트는 일반명사, 건담은 고유명사다 (이 시기부터 소년 왕국은 기계와 관련된 설정이 상당히 복잡해졌다).

전쟁에서 정의와 악의 의미, 혹은 승리와 패배가 상대적인 것에 불과하다는 사실을 극명하게 보여준 작품은 〈야마토〉가 아닌 〈건담〉이었다. 〈건담〉은 적대 세력을 일차원적인 악당의 모습으로 묘사하지 않는다. 〈야마토〉의 가미라스는 전형적인 악의 제국이지만, 〈건담〉의 지온공국은 그 나름의 사정이 있으며 이곳에서는 군인들도 각자 사연을 품고 싸운다. 적진에서 제일가는 용사 샤아 아즈나블이 비정한 건달 기질을 발휘하는데도 작품 내 제일가는 인기 캐릭터 반열에 올라선 이유도 사연을 지닌 인물이기 때문이다. 이야기의 결말은 적군을 쓰러트리고 소리 높여 승리의 축배를 들 만큼 밝은 내용이 아니다. 실

* 우주 식민지.
** 히어로가 직접 변신(무장)을 하고 단체전을 벌이던 시기의 전투.

제 민족 분쟁이 그러하듯, 두 나라가 휴전 상태로 접어들어 화합에 이르는 소극적 해결만이 있을 뿐이다.

독립을 위한 전쟁이라면 독립을 원하는 식민지, 즉 전쟁을 일으킨 세력을 응원하고 싶은 사람이 많을 것이다. 하지만 〈건담〉에서 반란군은 곧 적이다. 〈건담〉의 주인공 팀은 식민지 독립을 저지하는 종주국(지구연방군)이다. '아군은 국가를 배후에 두고 싸우는 관군'이라는 사실은 불변의 원칙이다. 하지만 〈건담〉 팀은 〈야마토〉 팀과 다르게 단결력이 좋지 않다. 주인공들은 우연히 전함 화이트베이스에 올라타 어쩔 수 없이 전투에 참가하게 된 민간인 소년 소녀들이다. 이들은 훈련을 받은 경험도 없거니와 사기도 높지 않다. 심지어 전함은 지휘관을 잃어 지구연방군에 버림받은 상태다.

미숙한 소년의 집합체로, 군대에서 버림받아 고립무원 신세가 된 〈건담〉 팀. 게다가 멤버 구성을 보면 마치 '스무 살을 넘긴 사람은 신용하지 말라'고 하는 듯하다. 〈건담〉 팀은 일종의 전국 학생공동투쟁회의(이하 전공투) 같다. 상관을 잃고 졸지에 지휘관이 된 브라이트는, 날카로운 판단력을 자랑하는 〈야마토〉의 오키타 함장과 달리 위원장 혹은 의장에 가깝다. 〈건담〉은 약소한 팀이 전적을 올려 정규군대로 인정받게 되고, 주인공 아무로가 전사로서 그리고 인간으로서 성장해가는 과정을 그린 애니메이션이다. 전례인 〈야마토〉에 따라서 정리하자면 〈건담〉은 '전공투가 승리하는 결말로 다시 쓰인 동맹휴학 이야기'라 해도 좋을 것이다.

주인공 아무로 레이는 〈야마토〉의 주인공(고다이 스스무)처럼 훈련받은 전사가 아니다. 그는 출격을 앞두고 더이상 무서운 일은 하기 싫다며 불평하는 미숙한 소년이다. 여성 멤버도 마찬가지다. 〈야마토〉의 모리 유키가 전형적인 붉은 전사이자 남자들이 좋아할 만한 여자 매니저였다면, 〈건담〉의 여성들에게는 결점, 즉 개성이 허락된다. 〈건담〉에 여성 승무원이 세 명이나 나온다는 점은 아무리 강조해도 지나치지 않다. 홍일점에서 홍삼점紅三点으로 확대된 것이다. 또한 팀 외부에나 적진에도 다양한 개성을 지닌 여성 캐릭터가 배치돼 있다. 그것만으로도 소년 왕국에서는 보기 드문 쾌거이긴 하다. 하지만 중요한 것은 그 다양성에 내포된 본질이다. 〈건담〉의 여자들은 어떤 방식으로 다양할까.

세이라 마스는 말괄량이 종합직 여성 사무원(예비군)이다

의대생 출신인 세이라 마스는 모리 유키처럼 화이트베이스에서 통신사를 맡는다. 하지만 그의 업무 능력은 모리 유키와 다르게 우수하다. 게다가 세이라 마스는 도도한 미소녀로 표정 변화도 거의 없다.

〈기동전사 건담〉의 화이트베이스 주요 승무원

멤버 이름	성별/나이	직책	개성 및 특기
아무로 레이	남자 15세	건담 파일럿	아버지가 건담 개발자다. 피난 도중 건담에 탑승했다가 조종사로서 재능을 발휘한다.
브라이트 노아	남자 19세	화이트베이스 함장	연방군 사관후보생이었으나 상관이 전사하는 바람에 지휘관이 된다. 우유부단한 성격이 단점.
세이라 마스	여자 17세	화이트베이스 통신사	의대생 출신이다. 의지가 강한 미소녀이며 지는 것을 싫어한다. 나중에 모빌슈트에 탑승한다.
미라이 야시마	여자 18세	화이트베이스 조타수	명문가 따님이며 아버지가 군인이다. 강하고 부드러운 인품으로 '어머니'를 떠올리게 한다.
프라우 보우	여자 15세	노동 보조 요원	아무로의 여자친구이며 그를 뒷바라지하고 싶어한다. 나중에 화이트베이스 통신사가 된다.
카이 시덴	남자 17세	건캐논 조종사	나약하며 빈정거리는 구석이 있는 소년. 나중에 소녀 스파이와 사랑에 빠져 성숙해진다.

"그러고도 남자인가요?! 약해 빠져가지곤!"이라며 같은 팀원의 뺨을 때리거나 "움직이면…… 쏘겠습니다!"라며 적에게 총구를 들이대는 건 예삿일이다. 세이라는 남자에게 알랑거리는 성격도 아니기에 얼핏 보면 붉은 용사가 되기에 아주 적합한 소녀다. 하지만 그런 세이라 마스에게도 약점은 있다. 바로 그는 적군 샤아의 동생으로, 브라더 콤플렉스가 있다는 점이다.

세이라 마스가 샤아의 정체를 확인하고자 멋대로 건담에 올라타 출격하는 장면은 압권이다. 그때까지 의연하던 마스는 건담을 제대로 다루지 못한 나머지 평범한 여자아이로 돌변한다. "케터펄트 장착 완료! 발진!"이라며 뛰쳐나간 것까지는 좋았으나 중력 가속도에 놀라 "꺄아아악!", 적의 공격을 받고 건담이 비틀거리자 "꺄아아아악!", 꺄 아아악 꺄아아악거리는 이러한 상황이 반복되다가 결국 세이라는 자기보다 나이 어린 아무로의 도움을 받아 털레털레 귀환한다. 동료 카이는 "이거, 이거 여전사의 귀환이로군"이라며 조롱하고, 지휘관 브라이트도 "여자도 남자처럼 싸울 수 있다는 걸 증명하고 싶었다니……이유는 그것뿐인가?"라며 다그친다.

남자가 보면 "맞아, 이런 여자 꼭 있지"라고 할 법한 타입이다. 실력도 없으면서 자존심만 센 4년제 대학 여대생이나 성적이 우수한 핵심 부서 지망자처럼 말이다. 세이라는 훗날 모빌슈트 파일럿으로 인정받게 되지만 그때도 그저 조종만 할 뿐, 딱히 이렇다 할 전적을 올리진 못한다. 그는 출신을 따져보면 적대국 지온공국에서 추방당한 전前 국왕의 딸, 즉 공주님이다. 도도한 미소녀이자 조국에서 쫓겨난 비련의 공주이며 멋있는 적장의 동생 세이라. 심지어 그는 본의 아니게 '어차피 여자 실력은 고작 이 정도'라는 듯한 모습을 보여 남자들이 우월감을 느낄 수 있게 해준다. 남자들 입장에서 그는 은근한 로망의 대상이자 한 번쯤 집적거려보고 싶은 타입일 것이다.

프라우 보우는 잔소리꾼 마누라(예비군)다

프라우 보우는 주인공 아무로와 함께 화이트베이스에 올라탄 소꿉친구인데, 간략히 말하면 아무로와 같은 동네에서 자란 여자 친구다. '하로'라는 소형 로봇을 데리고 다니는 모습으로 보아 프라우가 소녀왕국 여주인공의 유전자를 이어받은 것 같은데도 이 아이만큼 매력 없는 소녀는 보기 드물다. 아무로도 "시끄러워!"라며 노골적으로 불만을 표시할 뿐 그에게 호의를 보이는 경우는 없다. 어쩔 수 없는 노릇이다. 밥 좀 제대로 먹으라는 둥 옷 좀 제대로 갈아입으라는 둥 손톱을 물어뜯지 말라는 둥 프라우가 일일이 성가시게 구니까 말이다. 프라우는 아무로에게 부지런히 식사를 대령하면서도 그가 다른 여자와 사이좋게 대화하는 모습을 뒤에서 조용히 감시하는 등 질투심도 많다.

남자 입장에서는 여자가 자신과 한 번 잤다 해서 (설마 아무로와 프라우가 이런 관계에 있는 건 아니겠지만) 마누라라도 된 것처럼 굴지는 않았으면 하는 마음일 것이다. 프라우는 매력적인 도시 여자(이를테면 세이라)에게 자기 남자를 빼앗길까 초조해하는 시골 소녀의 감정에 사로잡혀 있다. 하지만 일편단심 아무로만 바라보는 그의 마음은 진지하다. 프라우는 아무로가 건담에 타기 꺼리자 그를 질책하고서 이렇게 말한다. "내가…… 건담에 타겠어. 자기가 벌인 일에 자부심이 없는 사람은 질색이야." 이에 아무로는 어처구니없어 하며 고집을 꺾는다. "너는 건담을 조종할 수 없어. 나는 남자니까 어쩔 수 없는 거겠지……"

본래 프라우는 세이라가 "거기 여자 분! 붕대는 감을 줄 알죠? 좀 도와줘요!"라며 채근해서 어물쩍 일을 시작하게 된 경우로, 전함 승무원을 할 만한 인물이 아니다. 하지만 그런 사람이라도 있는 게 없는 것보단 낫다. 그에게 허드렛일을 시킬 수 있기 때문이다. 프라우의 주업무는 정규 임무가 아닌 아이 돌보기다. 화이트베이스에는 오갈 데 없는 어린아이 세 명이 타고 있다. 그 아이들을 뒷바라지하는 일이 프라우가 평소 하는 업무다. 화이트베이스 승무원들은 나중에 소위나 중위 등 사관으로 승진하지만, 세이라를 대신해 통신 담당까지 떠맡게 된 프라우에게 주어진 계급은 상병이다. 프라우는 업무 능력을 그 정도로밖에 평가받지 못했다는 얘기다. 생각해보면 아무로가 프라우를 대하는 태도는 결혼생활을 오래한 남편이 아내를 대하는 태도와 같다. 아무로가 프라우에게 정신적으로 의지해 응석을 부리고 있기에 얼굴색 하나 바꾸지 않고 그를 쌀쌀맞게 대할 수 있는 것이다.

미라이 야시마는 든든한 국군의 어머니(예비군)다

미라이 야시마는 명성 높은 군인 집안의 딸이며 화이트베이스 조타수를 맡고 있다. 그는 누가 봐도 조연 같은 평범한 외모를 지닌 게 특징이다. 작은 눈에, 작은 가슴에, 빈말로도 미인 캐릭터라 할 수 없다. 그런데 미라이는 〈건담〉에서 가장 구체적인 이유로 인기가 많은 여성이다. '구체적인 이유로 인기가 많다'는 말은 '남자들이 결혼 상대로 여긴다'는 의미 정도로 해석할 수 있겠다.

동료 브라이트 함장("나는 언제까지고 기다릴 거야"), 건달 분위기를 풍기는 슬레거 중위(출동하기 전에 반지를 건네며 "어머니의 유품이야. 우주에서 잃어버리기라도 하면 큰일이니까 맡아줘"), 전 약혼자이자 소심한 공무원인 캄란(협력을 자청하며 "네가 이 배에서 내려오지 않겠다면, 적어도……"). 만약 미라이가 미인이었다면 이 세 남자가 미라이를 둘러싸고 대면하는 장면이 아주 아니꼬운 상황으로 비쳤을 수도 있다.

그나저나 미라이는 왜 그렇게 인기가 많은 걸까? "(미라이는) 화이트베이스의 어머니"라는 슬레거의 대사에 모든 이유가 내포돼 있다. 고작 열여덟 살에 어머니라니 말도 안 되는 얘기지만, '국군의 어머니'처럼 행동하는 미라이는 팀 내 정신적 지주 같은 면모가 있다. 본래 미라이는 자기 이름만 말해도 군의 높으신 분들이 "그 야시마 집안의……" "네 아버님이 살아 계셨다면 전쟁이 좀더 일찍 끝날 수 있었을 텐데……"라며 회고하는 군인 영웅(분명히 그러했을 것이다)의 딸이다. 미라이는 소년 왕국이 자랑으로 여기는 '○○ 박사의 딸'을 한 단계 넘어선 '엄격한 아버지의 딸'이다.

그에 반발하며 "아버지 이야기는 안 하셨으면 해요"라고 대답하는 미라이는, 부모 덕분에 소년 왕국에 취업한 평범한 붉은 전사보다 정신건강 상태가 좋다. 전쟁중에는 이런 여자가 미인보다 훨씬 높은 가치를 지닌다. 좋은 집안의 자제이기 때문만은 아니다. 그런 여자가 내부 사정을 익히 아는 만큼 군인 남자가 하는 일을 아주 잘 이해해주기 때문이다. 그렇기에 전쟁이 끝나고 나면, 제독마저 "(딸이) 자네(사위) 수발을 들게 해주게"라는 농담을 입에 올리는 것이다.

이렇게 살펴보면 화이트베이스의 홍삼점 승무원이 남자에게는 가족·지인 같은 여성이라는 사실을 알 수 있다. 세이라는 회사 부하 직원, 프라우는 아내, 미라이는 어머니. 소년 왕국이 홍일점에게 알게 모르게 떠맡기던 역할을 세 사람에게 분담시킨 것이다. 세이라는 눈을 즐겁게 해주는 미소녀 역할, 프라우는 집안일이나 육아노동 같은 허드렛일을 하는 역할, 미라이는 포용력을 발휘하는 역할을 맡은 것이다. 프라우와 미라이처럼 성적 매력이 떨어지는 여성을 팀에 합류시킨 점은 〈건담〉의 성숙한 면이라 할 수 있겠다. 어린아이들은 이런 여자가 왜 좋다는 건지 이해를 못 하겠지만, 성인 남성은 여성의 이런 성품을 꽤나 중요하게 여긴다.

하지만 가족은 어디까지나 가족일 뿐이다. 〈건담〉에서 성적 매력을 발산하는 여성 캐릭터는 팀 외부에 존재한다. 한 명은 보급부대 장교로서 화이트베이스를 보살피는 마틸다 아잔이다. 작중 '마틸다 중위'로 불리는 이 캐릭터는 다카라즈카의 남자 캐릭터처럼 군복을 입은 남장 여자이며, 모든 남자 대원에게 선망의 대상이다. 그리고 다른 여성 캐릭터로는 적장 샤아의 오른팔 역할을 하는 라라가 있다. 라라는 이상한 가운을 두른 채 "대령님이 저 같은 여자를 거두어주셨잖아요?"라며 대놓고 섹스어필하는 부류다. 그는 거무스름한 피부와 이국적 외모를 지닌 미녀로, 주인공 아무로와 꽤 깊은 유대감을 형성한다.

세상의 기준에 맞춰 말하자면 마틸다 중위는 거래처의 미인 커리어우먼, 라라는 팀(가정/직장) 외부에서 마음을 치유해주는 술집 마담이라 할 수 있다. 함께 비참한 최후를 맞이하는 이들은 등장 횟수가 적었음에도 〈건담〉의 3대 여성 캐릭터로 세이라와 어깨를 나란히 하며 현재까지 많은 인기를 누리고 있다. 이렇듯 〈건담〉의 여성들은 그럭저럭 다채롭다. 이들은 현실성이 없던 종래의 (모리 유키 같은) 홍일점보다야 훨씬 나은 캐릭터들이라 할 수 있다.

그러나 이제 와서 할 말은 아니지만, 이들은 남자의 시선으로 바라본 여자 그 이상의 존재는 아니다. 〈건담〉에는 여성이 여러 명 나옴에도 이미 홍일점에 익숙해져버린 소년 왕국의 한계가 드러나 있다. 세이라, 프라우, 미라이, 마틸다, 라라, 그 밖에 다른 여자들도 남자와의 관계 안에서만 숨쉬고 있다는 사실에 주목하자. 이렇게나 많은 여성이 같은 직장에서 함께 먹고 자고 전쟁터로 나서는데, 이들 사이에는 우정을 나눈다거나 불화를 겪는다고 할 만한 관계성이 없다. 〈건담〉은 남자들 사이의 관계나 남녀 간 관계는 깊이 있게 그려내지만 여자들 사이의 관계에는 무관심하다[3].

조직의 붕괴: 〈에반게리온〉의 우울

〈에반게리온〉 팀은 막장 가족이다

70년대 〈야마토〉에서 80년대 〈건담〉에 이르기까지의 과정은 히어로드라마의 역경을 보여준다. 영웅들이 열혈남인 시대는 이제 과거가되었다. 그런 남주인공은 어린아이들의 눈은 속일 수 있을지 모른다. 하지만 어른들도 애니메이션을 즐겨 보기 시작하면서 전보다 이야기가 복잡해지고, 기계는 정교해졌으며, 등장인물은 많은 고민을 끌어안고 있는 캐릭터로 바뀔 수밖에 없었다. 90년대 최대 히트작인 〈에반게리온〉은 이러한 부분을 궁극적으로 보여준 작품이라 할 수 있다. TV에서 방영이 끝나자 인기가 급상승하고, 1996~1997년에 걸쳐 '에바 현상'이라는 신조어가 생길 만큼 〈에반게리온〉이 어마어마한 붐을일으킨 때가 아직까지도 기억에 생생하다.

〈에반게리온〉은 관련 도서가 불티나게 팔린 만큼 다양한 관점에서평가되어왔는데 굳이 이 책에서까지 다루는 이유는 다른 연구 서적들처럼 눈에 불을 켜고 수수께끼의 해답을 찾기 위함이 아니다. 어디까지나 특이한 조직 구성에 주목하기 위해서다. 〈에반게리온〉 팀은 만록총중홍일점에서 성별만 바꿔놓은 '만홍화중청일점(여자들 사이에 있는 남자 한 명)'으로 구성된 독특한 팀이다.

  때는 바야흐로 2015년. 지구는 서기 2000년에 일어난 천변지이(작중에서는 '세컨드 임팩트'라 함)로 인구를 절반도 넘게 잃은 상황이다. 겨우 부흥을 이루었을 즈음에 일본은 사도使徒라는 적에게 침략을 받는다. 국제연합은 사도를 연구 조사하고 섬멸하고자 특무기관 네르프를 조직한다. 에반게리온, 통칭 '에바'는 네르프가 사도에 대항하려 전투에 투입한 특수병기의 명칭으로, 건담이 한 단계 복잡하게 진화한 로봇이라고 생각하면 된다. 다만 에바는 단순한 기계가 아니라 일종의 생물학적 요소까지 갖추고 있는 로봇으로, 특별히 선발된 열네 살 소년 소녀만이 여기에 탑승할 수 있다.

  〈에반게리온〉에는 몇 팀이 뒤섞여 있는데, 네르프에 소속된 다섯 명(에바 파일럿 세 명과 상관 두 명)을 이야기 중심에서 활약하는 주인공으로 보면 된다. 언뜻 봐도 실전에 참가하는 남성은 이카리 신지라는 열네 살 소년 한 명뿐이다. 이 아이는 아마도 애니메이션 사상 가장 내성적인 성격에 나약한 소년일 것이다. 그 밖에 네 명 중 두 명은 열네 살 소녀이고 나머지 두 명은 각각 29세, 30세 성인 여성이다. 한마디로 아녀자 팀이다. 그런데 소년 왕국이 대대로 고용해온 20세 전후의 젊은 여자는 배제되어 있다. 게다가 이 여자 캐릭터들은 단순히 장식품이 아닌 것이 그들 팀의 근간은 여성들에 있다. 〈에반게리온〉의

속사정은 내용이 단순한 〈야마토〉는 물론이거니와 〈건담〉보다도 훨씬 복잡하다 못해 불가사의하다. 애초에 주인공들이 무엇을 위해 싸우는지 알 수가 없다. 주인공들이 사도를 쓰러트리는 임무를 맡고 있다는 건 분명하지만 사도의 정체가 무엇인지, 그들이 어떤 목적으로 지구를 공격하는지는 알 수 없다. 표면상 국가연합의 지휘 아래 있다는 (국가를 배후에 둔) 조직 네르프의 정체마저 불분명하다. 팀의 실정도 평범하지 않다. 이곳에서는 실력보다 혈연을 중시하는 사상이 엿보이기 때문이다. 주인공인 신지가 이카리 겐도 사령관의 아들인 점을 비롯해, 모든 등장인물이 부모 세대 때부터 조직과 연관돼 있다. 이는 연줄을 통한 취업이 흔한 소년 왕국에서도 유달리 극단적이며 비정상적인 경우다. 네르프는 공사를 구분하지 못하는 흡사 막장 가족 같은 조직이다.

그러나 이는 〈에반게리온〉 혹은 네르프라는 한 조직만의 특성이라기보다, 소년 왕국이 대대로 가꿔온 기이한 조직의 특징을 과도하게 수용한 결과라고 봐야 할 것이다. 〈에반게리온〉이라는 작품은 소년 왕국 조직에 대한 비평(패러디)으로 볼 때 비로소 가치를 지닌다.

〈신세기 에반게리온〉의 특무기관 네르프 주요 구성원

멤버 이름	성별/나이	직책	개성 및 특기
이카리 신지	남자 14세	에반게리온 1호기 파일럿	이카리 사령관의 아들이지만 10년 이상 떨어져 지냈기에 아버지를 어려워한다. 내성적인 소년.
카츠라기 미사토	여자 29세	네르프 작전 부장	사도 포획 및 섬멸 작전 담당자. 낙천적인 성격으로 밝지만 삐뚤어진 면도 있다.
아카기 리쓰코	여자 30세	에반게리온 개발계획 책임자	미사토와 학생 시절부터 친구 사이다. 유능한 과학자지만 때로는 비정한 면을 보이기도 한다.
아야나미 레이	여자 14세	에반게리온 0호기 파일럿	에반게리온 개발 당시부터 훈련을 받았다. 말수가 적고 감정을 겉으로 드러내지 않는 소녀.
소류 아스카 랑그레이	여자 14세	에반게리온 2호기 파일럿	독일인과 일본인의 혼혈이며, 국적은 미국이다. 유년 시절부터 훈련을 받았다. 행동파로 지는 것을 싫어하는 소녀.
이카리 겐도	남자 48세	네르프 사령관	에반게리온 개발과 사도 섬멸 작전의 최고책임자. 여러모로 수수께끼투성이인 냉혹한 인물.

카츠라기 미사토는 어른이 된 마법소녀다

카츠라기 미사토는 네르프의 작전 부장이자 군사 및 전투 부문의 책임자다. 그의 돌아가신 아버지는 이카리 겐도와 협력관계에 있는 과학자였으며, 아버지의 원한을 갚고자 네르프의 일원이 되었다 한다.

그런데 미사토는 정규 임무 외에 따로 맡고 있는 역할이 있다. 바로 양어머니 역할이다. 미사토는 부하인 신지와 아스카를 자기 집에 들여 사생활 뒷바라지까지 해주고 있다. 겐도 입장에서 보면 미사토는 부하이자 자기 아들의 보모인 셈이다. 이는 예로부터 소년 왕국 여성 멤버(모리 유키, 프라우 보우, 미라이 야시마 등)가 부담해온 무임금 노동의 극한이라 할 수 있다.

미사토는 공적으로는 부하에게 목숨 걸고 싸우라고 명령을 내리는 군인이자, 사적으로는 그들이 목숨을 잃을까 염려하는 후방의 어머니라는 양극단에 선 인물이다. 덧붙여 말하자면 신지와 아이들은 부하라 해도 아직 중학생이다. 이렇게 손이 많이 가는 연령대의 아이들을 돌봐야 한다면 아무리 친모라도 머리가 지끈거릴 텐데, 이 아이들은 전쟁터에 나가 전투를 벌이는 병사로서 비정상적인 정신 상태에 놓여 있다. 심지어 미사토 입장에서 신지는 상사(이카리 겐도)의 아들이다. 이런 상황은 정신적으로 도저히 견뎌내기 힘들 것이다.

사실 미사토는 알코올 의존증을 앓고 있어 양어머니로서 부적격한 사람이다. 그는 아침부터 캔맥주를 들이켜고, 편의점에서 사온 패스트푸드만 먹으면서 집안일이라고는 일절 하지 않는다. 태도에도 일관성이 없다. 미사토는 신지가 꾸물거릴 때마다 엄마 혹은 누나처럼 "사내 녀석이!"라며 꾸짖는가 하면, 상관으로서 가혹한 명령을 내리고 때로는 연상의 여성으로서 그를 대하기도 한다(예를 들어 극장판에서 마지막 결전을 앞둔 신지에게 "어른의 키스야. 돌아오면 이어서 하자"라며 입맞춤하는 장면이 있다).

흥미로운 사실은 미사토가 소녀 왕국의 마법소녀 캐릭터를 일부분 이어받았다는 점이다. 마법소녀는 어른이 되면 더이상 변신 마법을 쓸 수 없다. 하지만 미사토는 마법소녀의 관행에 따라 반려동물인 펭귄(처럼 생긴 생물)을 키우고, 마법소녀와 마찬가지로 오래된 연인(정확히 말하자면 재회한 옛 연인)이 있으며, 이들을 정신적 도피처로 삼은 적이 있다. 그러나 미사토는 작품 종반에 반려동물과 연인 모두와 헤어지게 된다. 펭귄은 피난 보내야 했고, 연인 카지는 이중 스파이였다는 사실이 조직에 발각되어 사살당하고 만다.

아카기 리쓰코는 팀 내 악의 여왕이다

아카기 리쓰코는 에바를 설계한 과학자다. 네르프에 소속된 기술 책임자이자 슈퍼컴퓨터(마기 시스템이라 한다) 관리자이기도 하다. 마기 시스템은 리쓰코의 돌아가신 어머니 아카기 나오코가 개발한 발명품이다. 리쓰코는 대학을 졸업하자마자 어머니 연줄을 통해 네르프의 전신이라 할 수 있는 조직(게히른)에 취직하는데, 그후로 이카리 겐도 밑에서 일한다.

그런데 리쓰코에게도 정규 업무 외 하는 역할이 있다. 리쓰코는 심지어 겐도의 정부다. 아무래도 겐도에게 겁탈을 당한 이후로 정부가 되어 잠자리 상대가 된 모양이다. 소년 왕국은 조직의 여성 멤버에게 암묵적으로 성적 서비스를 요구하고 그를 연애 혹은 성희롱 대상으로 삼아왔다. 이런 극단적 결과가 아카기 리쓰코다.

심지어 여기서 끝이 아니다. 리쓰코의 어머니 나오코 역시 겐도에게 협력하는 천재 과학자이자 그의 정부였던 것이다(저급한 용어를 사용해 말하자면, 겐도는 '오야코돈부리'를 저지른 것이다*). 나오코는 질

---

* 오야코돈부리는 쌀밥 위에 닭고기와 달걀을 얹어 먹는 일본식 덮밥이다. 오야코(親子)는 부모와 자식이라는 뜻인데, 여기에서 오야코돈부리는 닭과 달걀, 즉 모녀지간인 두 여성을 상대로 남성 한 명이 육체관계를 갖는다는 의미의 은어로 쓰였다.

투에 눈이 먼 나머지 아직 어린 아야나미 레이(이 점에 대해서는 나중에 설명하겠다)를 죽이고 곧바로 자살한다. 그가 어린 레이를 죽인 이유는 레이가 "아줌마, 쓸데없는 참견 마"라며 도발을 했기 때문이다. 나오코는 이 사건을 계기로 겐도가 자신을 아줌마라고 칭하고 있었다는 사실과 자신을 가지고 놀았을 뿐이라는 것을 알게 된다. 핵심어는 '아줌마'다. 악의 여왕의 본질을 이렇게까지 딱 꼬집은 단어는 없을 것이다.

그런 나오코의 딸 리쓰코가 겐도와 레이에게 상반되는 감정을 품고 있다는 사실은 쉽게 예측할 수 있다. 사실 이야기 종반에 이르러 리쓰코는 겐도에게 배신당했다는 사실을 알게 되자 나오코가 그랬던 것처럼 아야나미 레이(의 수많은 육체)를 말살(파괴)하고 만다.

모녀가 똑같이 과학자가 되고 동일 인물에게 성욕의 대상으로 이용당하며 정규 임무를 수행하는 게 아닌 사적인 복수를 하는 길을 선택한다. 미사토가 마법소녀의 이미지를 이어받았다면, 리쓰코는 악의 여왕의 계보를 잇는다. 이러한 여성들을 조직 내부로 끌어들인 것은 네르프가 초래한 비극일 것이다.

소류 아스카 랑그레이는 좌절한 붉은 전사다

소류 아스카 랑그레이는 에바 2호기 파일럿이다. 일본인과 독일인의 피가 섞인 쿼터혼혈이며 미국 국적을 갖고 있다. 그는 천재적인 두뇌의 소유자로 열네 살에 대학을 졸업한 캐릭터로 설정돼 있다.

〈에반게리온〉의 등장인물은 모두 풍자성을 띤 존재라 할 수 있는데, 그중에서도 가장 두드러진 캐릭터가 바로 아스카다. 아스카는 건강미 넘치는 미소녀로, 병든 네르프에 잠을 일으키는 캐릭터다[4].

아스카는 조직 내에서 유일하게 겐도와 사적인 관계를 갖지 않고 혈연이 아닌 실력으로 자기 자리를 얻어낸 소녀다. 〈건담〉의 세이라가 자존심은 강해 입만 산 아가씨라면, 아스카는 유년 시절부터 파일럿이 되고자 훈련을 거듭한 엘리트다. 예부터 균등사회였던 소년 왕국에 일본어가 아닌 다른 언어를 들여온 사람 또한 아스카다(일본어보다 독일어가 더 편한 아스카는 이로 인해 신지와 가벼운 마찰을 빚기도 한다). 아야나미 레이에게 "당신은 꼭 인형 같아"라며 덤벼들고, 성희롱하는 동급생의 뺨을 때리고, 생리(초경?)가 시작되자 분에 못 이겨 눈물을 흘리고, 그 나이 또래처럼 성에 대한 호기심을 보이는 인물도 아스카다. 지기 싫어하는 성격에 아이돌 같은 외모를 지닌 소녀 아스카. "너 바보야?"라고 입버릇처럼 말하는 아스카는 마법소녀가 소녀 왕국에서 소년 왕국으로 넘어온 듯한 쾌활한 붉은 전사다. 화려한 액션으로 로봇 애니메이션 특유의 통쾌함을 가장 시원시원하게 보여주는 것 역시 아스카가 조종하는 2호기다.

그런데 작품 후반에 아스카는 결정적인 좌절을 맛보게 된다. 그는 파일럿 테스트(싱크로율)에서 자기가 항상 깔보던 겁쟁이 소년 신지에게 패배하고 그 밖에도 여러모로 자존심이 갈기갈기 찢어지는 일들을 겪는다. 급기야 아스카는 실종됐다가 정신병에 걸려 폐인이 된 나머지 파일럿 직위를 박탈당하고 만다. 이는 학창시절에 수석을 도맡았던 엘리트 여성이 사회에서 처음으로 맛보는 좌절과 비슷하다. 하지만 문제는 오히려 조직에 있다. 애당초 에반게리온에 타기 위한 자격은 기술 훈련을 거쳐서 따내는 것이 아니라, 혈연관계에 따라 주어지는 특수한 생물병기라는 점을 잊어서는 안 된다. 기술적 능력보다 혈연이 가치를 갖는 곳, 이곳이 바로 〈에반게리온〉 사회다.

아야나미 레이는 상처투성이 성모다

아야나미 레이는 경력 사항이 말소된 에바 0호기의 파일럿이다. 〈에반게리온〉은 〈건담〉과 달리 여성들 사이의 관계를 자세히 묘사한다. 미사토와 리쓰코는 학창시절부터 친구이고, 아스카에게도 팀 외부에

친구가 있다. 이들이 각자 인간관계를 쌓아왔다면, 아야나미 레이는 사람들과 담쌓으며 고립을 선택한다.

레이는 말수가 적고 붙임성이 없으며 감정 표현이 서툰데 겐도의 명령에 복종하는 '인형'이다. 이는 실제로도 그렇지만 비유적 표현으로도 그러하다. 다른 등장인물들은 옷을 이것저것 바꿔 입기도 하는데, 레이는 교복밖에 입을 옷이 없는 모양이다. 심지어 레이는 붕대를 감은 애처로운 모습으로 수차례 등장한다. 그는 시리즈 초반부터 머리에는 붕대를 감싸고, 오른쪽 눈에는 거즈를 덮고, 오른팔에는 깁스를 하고, 왼팔에는 수액을 맞으며 바퀴 달린 침대 위에 오른 모습으로 등장한다[5].

사실 레이는 평범한 인간이 아니다. 그는 겐도의 죽은 아내이자 신지의 돌아가신 어머니인 이카리 유이의 복제인간(클론)이다. 레이는 겐도 입장에서 부하 겸 아내(대역) 겸 딸 (같은 존재)이고, 신지 입장에서 동료 겸 같은 반 친구 겸 어머니(대역) 겸 누이 (같은 존재)다. 이 얼마나 복잡하고도 불건전한 관계란 말인가.

또한 레이는 '환생한 마법소녀'의 운명을 가장 비참한 형태로 이어받은 캐릭터다. 지하실 욕조에는 레이의 육체(그릇, 작중에서는 '더미 dummy'라 한다)가 셀 수 없을 만큼 많이 구비돼 있다. 이를 이용해 육체가 죽더라도 다른 더미에 영혼을 이식해서(!) 재생시킬 수 있다. 첫번째 레이는 아카기 나오코에게 살해당하고, 두번째 레이는 사도와 전투를 벌이다 전사하여, 이야기 종반에 등장하는 레이는 세번째 더미로 설정돼 있다.

레이는 자기희생을 상징한다. 레이가 걸레를 짜는 모습을 보고 "엄마를 보는 기분이었어"라고 말하는 신지도 웃기지만(걸레만 짜면 다 엄마냐), "죽을지도 몰라"라며 중얼거리는 신지에게 "너는 안 죽어. 내가 지킬 거니까"라는 레이의 발언도 어처구니가 없다. 성모 역할을 열네 살짜리 소녀 전투 요원이 짊어지고 있는 것이다. 돌이켜보면 소년 왕국은 여성들에게 줄곧 아내, 어머니, 여자형제 따위의 역할을 요구해왔다. 이는 가혹하다. 아내, 어머니, 여형제를 겸임하면서 조직 내 유일하게 남자가 부리기 좋은 부류에 속하는 레이. 그가 인공적인 클론이자 붕대를 감은 인형으로 조형된 것이 단순히 재미만을 위한 설정일 리 없다.

〈에반게리온〉에는 소년 왕국뿐 아니라 소녀 왕국과 악의 제국의 요소가 교차적으로 드러난다. 〈에반게리온〉은 과거의 애니메이션을 차용해 만든 콜라주 작품이라는 평이 있는데, 실제로 미사토의 집에서 동거생활을 하는 모습이나 신지와 아이들의 학교생활 같은 사생활이 코믹하게 그려져 마치 소녀 왕국의 작품을 보는 듯하다. 혹은 아야나미 레이나 소류 아스카가 타고 있는 에반게리온이 사도에게 심신을 모두 공격당하는 장면은 강간을 방불케 한다. 아니, 아예 노골적으로 강간 그 자체를 나타내는 장면이다(아스카가 정신이상 증세를 보이는 22화, 레이가 전사하는 23화 등). 여성 등장인물은 어떻게든 본거지(소녀 왕국)의 정서를 끌고 오게 돼 있다[6].

〈에반게리온〉의 여성 등장인물들이 내뿜는 여성성은 〈야마토〉나 〈건담〉에서와 다르게 조직, 즉 남자들이 부리기 좋은 것만은 아니다. 작품 종반에 들어서 조직의 우수한 간부인 두 성인 여성은 저마다 다른 이유로 조직을 배반하게 되고, 조직에 충성하고자 했던 두 소녀는 조직에 의해 인격과 육체를 파괴당한다. 덧붙여 말해 〈에반게리온〉은 잔뜩 뿌려놓은 떡밥을 회수하지 못한 채 갑작스러운 최종회를 맞이한다[7].

이를 긍정적으로 평가해야 할지 부정적으로 평가해야 할지 판단하기는 어렵다. "여성 파워가 소년 왕국의 신념을 깨부쉈다"(브라보!)라며 칭찬할 것인가, 그게 아니면 "이러니 소년 왕국에 여자를 들여서는 안 된다"(멍청하긴!)라며 혀를 찰 것인가.

다만 한 가지는 확실히 말할 수 있다. 소년 왕국 사상 처음으로 아녀자가 주체가 된 네르프 팀이 소년 왕국 역사상 처음으로 임무를 완수하지 못한 팀이라는 사실이다. 아니, 무엇이 그들의 임무였는지조차 불분명하다.

〈에반게리온〉의 등장인물은 다들 마음의 병을 조금씩 지니고 있다. 위 현상을 정신병리학 지식으로 설명할 수야 있겠지만 그렇게 한들 별반 의미는 없다. 여성 캐릭터들이 끌어안고 있는 병은 관계성에서 발생한 것이다. 조직에 업무 외적 요소를 끌어들였기에 벌어진 비극. 아무리 생각해봐도 모든 악의 근원은 이카리 겐도라는 아저씨를 중심으로 벌어진 공사혼동에서 출발했다.

아녀자가 헤집어놓은 소년 왕국

〈야마토〉에서 시작해 〈건담〉〈에반게리온〉으로 이어지는 역사 속에는 소년 왕국의 흥미로운 법칙이 숨겨져 있다. 폐쇄적인 시스템 내부에서는 무질서한 상태가 가중되듯이, 균등사회였던 소년 왕국 역시 방치해두었더니 여자들이 불어났다. 그와 동시에 조직의 구조와 이야기는 점점 엉터리가 되어 서서히 붕괴되기 시작한다. 즉, 소년 왕국에서 여자라는 존재는 이방인, 불확실한 요소, 혼돈의 원인이다. 그렇기에 소년 왕국은 홍일점이나, 많아봤자 홍이점이라는 숫자를 고집한 건지도 모른다.

여자가 늘어나면 조직은 엉망진창이 된다. 이 법칙을 증명하는 애니메이션을 한 편 더 소개하겠다. 〈기동전함 나데시코〉(1996~1997)* 라는 작품이다. 제목만 보더라도 〈야마토〉와 〈건담〉을 대놓고 조롱(오마주?)한 작품이라는 사실은 말할 것도 없다. 야마토를 대신해 여성성의 상징이라 할 수 있는 나데시코가 작품 제목에 들어가 있는 점도 유의하자**.

때는 바야흐로 22세기. 인류는 달과 화성을 손에 넣었으나 지구방위대는 '목성 도마뱀'이라는 정체 모를 군단에 화성을 통제당하고 만다. 이에 거대 우주전함 '나데시코'가 화성을 되찾고자 우주로 떠나는데, 주목할 부분은 이다음이다. 나데시코는 '네르갈 중공업'이라는 민간 기업에서 만든 군함이며, 회사의 이미지 향상과 화성 재개발을 목적으로 개발된 것이다.

함장은 천하태평인 스무 살 아가씨인데다가 주요 승무원들 또한 여성이다. 심지어 더할 나위 없는 바보들만 모였다. 포동포동한 몸매를 자랑하는 비서 출신 조타수, 애니메이션 특유의 목소리를 인정받아 채용된 성우 출신 통신사. 건담과 에바에 상응하는 전투기 '에스테바리스'의 약칭은 에스테(!)***이고, 파일럿 세 명은 불량소녀다. 작전

* 국내에서는 〈기동전함 나데카〉라는 제목으로 방영됐다.
** 야마토는 일본의 옛 지명이자 자국을 달리 이르는 말이며, '야마토 나데시코'란 일본 여성을 의미한다.

참모는 마법소녀 분위기를 풍기는 뾰로통한 열한 살 아이인데, 어른 승무원을 곧잘 곁눈질하며 "통 바보들뿐이네"라고 중얼거린다. 말하자면 〈기동전함 나데시코〉는 국가를 배후에 둔 군사대국인 소년 왕국의 30년 역사를 총결산한 것이나 다름없는 풍자 (혹은 오타쿠 전용) 애니메이션이다. 로맨틱 코미디인지 SF 애니메이션인지 헷갈리는 전개에, 심지어 주인공 소년(남주인공도 있긴 있다)은 애니메이션 광팬으로 설정돼 있다. 소년은 〈게키 강가 3〉이라는 100년 전에 나온 로봇 애니메이션(〈마징가 Z〉〈독수리 오형제〉〈야마토〉〈건담〉 등을 합쳐놓은 가상 애니메이션)에 푹 빠져 있다.

〈에반게리온〉이 따분한 심리극에 몰두했다면, 〈기동전함 나데시코〉는 철저히 난센스 방향으로 향한다. 〈에반게리온〉처럼 조직이 막다른 길에 접어든 상태라면 〈기동전함 나데시코〉는 작품 의미를 탐구하기를 거부하여 냉소적 비평을 드러낸 모습으로 오히려 이는 지혜로운 선택이었을지 모른다. 〈기동전함 나데시코〉 팀이 적대세력과 평화 교섭을 모색하는 마지막 부분도 소년 왕국 이념과는 반대로 행해진 것이라 할 수 있다. 이러나저러나 아녀자 팀은 정상이 아니다.

*** 에스테틱(aesthetic)의 줄임말로 주로 미용 목적의 마사지숍을 이르는 말이나, 성적 서비스를 제공하는 유흥업소를 뜻하기도 한다.

◆1 〈야마토〉〈건담〉〈에반게리온〉

〈야마토〉〈건담〉〈에반게리온〉은 TV 시리즈 외에도 극장판과 속편
이 수차례 제작되었다. 여기에서 살펴본 〈야마토〉는 TV 시리즈를 간
추려놓은 극장판 〈우주전함 야마토〉이고, 〈건담〉도 극장판 〈기동전사
건담〉〈기동전사 건담 II 슬픈 전사〉〈기동전사 건담 III 해후의 우주〉
를 다루었으며, 〈에반게리온〉은 TV 시리즈를 중심으로 살펴보았다.

◆2 일본이 승리하는 결말로 다시 쓰인 제2차대전 이야기

사토 겐지의 저서 『고질라와 야마토와 우리의 민주주의』에 근거한다
(49쪽 참조).

◆3 〈건담〉 속 여성 캐릭터

『기동전사 건담의 기밀』(와세다대학 건담연구회, 1994)은 흔히 말하
는 연구서로서 가치가 뛰어난 책이다. 이 책에 재미있는 글이 하나 실
려 있다. 제목은 '〈건담〉을 통해 살펴본 성차별―도미노 감독의 성관
념을 비판하다'이다. "〈건담〉에는 수많은 여성을 조타수나 파일럿으
로 앞세워 전쟁터로 내보내는 등 이전 작품과 비교했을 때 한결 유연
해진 여성관이 눈에 띈다." 그러나 "그렇기에 상식적 차원과 보수적
인 영역을 단순히 벗어난 차별 의식이 드러나고 말았다". 이들은 도미

노 요시유키 감독이 가진 고리타분한 여성관을 비판한다. "도미노 감독은 '성별을 지나치게 의식한다'고 이야기하는데, 이는 대단한 착각이며 오히려 감독이 성별을 지나치게 의식하지 않는다 해야 할 것이다. 그가 말하는 '의식'이란 단순히 '구별'이라는 의미로 사용된 표현이며, '사회의식'이라는 핵심이 결여되어 있기 때문이다." "80년대 초반부터 시작된 페미니즘 열풍에 대해 최소한 이해는 하는 인간이라면 그것이 남성에게도 적용될 수 있다는 사실을 응당 헤아릴 수 있어야 한다." 이 글을 쓴 오오쓰카 겐스케는 젊은 남자 애니메이션 팬 중에서도 드물게 (이것 또한 차별 발언이지만) 페미니즘을 정확히 이해하고 있으며, "남자는 이렇게, 여자는 이렇게 해야 한다"는 도미노의 착각을 명쾌하게 지탄한다.

◆4 소류 아스카 랑그레이의 아름다운 성품

작품 후반에 들어서면서 아스카에게는 어릴 적 친모에게서 버림받은 트라우마가 있다는 사실이 밝혀진다. 정확히 따지자면 아스카도 정신 상태가 그리 좋은 캐릭터는 아니다. 하지만 아스카가 어린 시절에 겪은 일은 다른 등장인물들의 과거사와 비교했을 때 억지스러운 면이 있기에 작품 중간에 신지와 레이에게 맞춰 추가한 설정이 아니냐는 의혹이 남아 있다. 아스카는 처음 등장할 때만 해도 심신이 두루 건강한 미소녀였다. 그 건강함이야말로, 아스카가 지닌 가장 큰 매력이자 그가 〈에반게리온〉에 존재하는 근본적 이유가 아니었던가.

◆5 붕대를 감은 아야나미 레이

레이의 붕대가 나타내는 의미와 그 밖의 내용은 모리카와 가이치로의 저서 『에반게리온의 디자인 이론』(모리카와 가이치로 편찬 「에반게리온 스타일」 수록, 1997)에 자세히 나와 있다. 모리카와의 주장에 따르면 레이의 붕대를 비롯해 〈에반게리온〉에 넘쳐나는 온갖 질병의 모티브는 현대미술에도 공통적으로 드러나는 시대의 취향이라 한다.

◆6 〈에반게리온〉의 여성성

〈에반게리온〉은 여러모로 여성성이 강하게 느껴지는 애니메이션이기도 하다. 수많은 에반게리온 서적 중 이에 주목한 책으로는 고타니 마리의 『성모 에반게리온』(1997)과 무라세 히로미의 「소녀 전사들이 어머니를 떠올릴 때—〈신세기 에반게리온〉의 여성상」(『여성학연보』 제18호 수록)이 훌륭하다.

◆7 〈에반게리온〉의 결말

〈에반게리온〉의 완결편이라고 알려진 극장판에서 가쓰라기 미사토는 전사하고, 아카기 리쓰코는 이카리 겐도에게 사살당하며, 소류 아스카 랑그레이는 파일럿으로 복귀해 에바에 올라타서 한차례 난동을 부리지만 결국 사도에게 당하고 만다. 그리고 아야나미 레이는 정체를 알 수 없는 거대하고 투명한 유령이 되어 지구를 감싸안는다(얼마나 거대할지 상상해보라). 이런 추상적인 이야기를 담은 애니메이션을 보면 황당함이 앞서 성모 이미지 따위는 싹 잊어버리게 된다. 물론 이는 칭찬이다. 모성 따위는 이 정도 가벼운 이미지로 상대화되는 편이 낫다.

7장

나라를 구한 소녀:
〈미래소년 코난〉〈바람계곡의 나우시카〉
〈모노노케 히메〉

미야자키 애니메이션은
'소년 왕국 대 소녀 왕국'을 다룬 이야기

현대 애니메이션 하면 한 시대를 풍미한 미야자키 하야오 감독의 작품을 빼놓을 수 없다. 미야자키 애니메이션은 극장에서 공개된 작품이 하나같이 폭발적인 흥행을 이루고, 수익과 관객 수 면에서 기록을 경신하면서 이제 애니메이션업계뿐 아니라 일본 영화계의 별이 되었다.

미야자키 애니메이션은 몇 가지 계열로 나뉘는데, 〈미래소년 코난〉(이하 〈코난〉)을 시작으로 〈바람계곡의 나우시카〉(이하 〈나우시카〉)까지 이어지는 SF물의 계보를 고찰해보자. 해당 작품들은 미래를 배경으로 정의의 사도가 등장하는 영웅담이라는 점에서 〈야마토〉〈건담〉과 공통점을 지닌다. 그러나 미야자키 감독의 작품이 이런 애니메이션과 다르다고 느끼는 사람이 많을 것이다. 확실히 미야자키 감독의 SF물은 소년 왕국의 마초적 히어로물과 다르다. 더불어 소녀 왕국의 패셔너블한 마법소녀물과도 다르다.

그의 애니메이션은 여자아이가 활약한다는 점이 특징이다. 게다가 한낱 예쁜 여자로 취급받는 캐릭터가 아닌, 남자 등장인물과 대등한 위치에 있거나 혹은 그들보다 강한 의지를 품고 행동하는 여성들이 주인공 내지 서브 주인공으로 등장한다. 바로 이러한 점에서 그의 작품이 폭넓게 사랑받는 국민 애니메이션이 될 수 있었겠지만, 다시 한 번 검토해보면 흥미로운 사실을 알 수 있다. 미야자키 애니메이션은 소년 왕국 이야기도, 소녀 왕국 이야기도 아니지만 두 왕국과 깊은 관련이 있다. 미야자키 애니메이션은 '소년 왕국 대 소녀 왕국'의 분쟁을 그린다.

지금까지 살펴본 바로 소년 왕국은 전면적으로 과학기술을 이용하는 군사대국이고, 소녀 왕국은 과학적 토대가 없는 꿈의 왕국이다. 미야자키 애니메이션은 이러한 틀에서 묘하게 어긋나 있다. 미야자키 애니메이션에서 과학지상주의 국가(소년 왕국)는 도리어 적대국으로 나온다. 이는 아마 무분별한 과학지상주의를 반성한 결과일 것이다.

소년 왕국이 적대 세력이라면 아군은 소녀 왕국이다. 그런데 소녀 왕국 역시 단순히 꿈에 부푼 연애지상주의 국가가 아니라 자연과 공생하는 친환경 국가로 새롭게 그려진다. 이곳에서도 사랑과 패션에 정신이 팔려 있던 과거를 반성한 모양이다. 그렇다면 정형화된 여성 캐릭터에 관해서도 분명 무언가 깨달은 점이 있을 것이다.

미야자키 애니메이션에서 아군은 소녀들이 거주하는 국가다. 한편 적군은 반드시 여성 지휘관이 이끈다. 소년은 어느 쪽에도 속하지 않는 제3국 사람으로 소녀에게 협력하는 역할을 맡는다. 즉 미야자키 애니메이션에서는 소년 왕국 대표와 소녀 왕국 대표가 모두 여성이며, 소년은 깍두기 신세라는 것이다. 이 점만 해도 기존에 없던 구성이긴 하다. 다만 몇 번이고 말하지만 홍일점의 문제는 첫번째가 양, 두번째는 질에 있다. 〈야마토〉와 〈건담〉이 조직 내 여성 멤버의 인원수에 대해 생각하게 만드는 작품이었다면, 〈코난〉과 〈나우시카〉는 '여주인공은 영웅이 될 수 있는가'라는 질적인 의문 제기로 이어진다[1].

영웅이 되지 못한 여자: 〈코난〉의 단순함

〈코난〉은 농업국가 대 공업국가의 싸움이다

미야자키 애니메이션은 소년 왕국과 소녀 왕국 사이의 분쟁을 그린 작품이라 했다. 이러한 특징을 가장 두드러지게 보여준 첫번째 애니메이션은 〈코난〉일 것이다. 〈코난〉은 1978년 NHK에 방영되면서 세상에 미야자키 하야오를 알린 작품이기도 하다.

때는 바야흐로 2028년. 초자력 무기인 최종병기의 위력으로 지구 오대 대륙이 바다에 잠긴 지 20년이 흘렀다. 인류는 겨우 살아남아 '홀로 남은 섬'이라는 곳에서 생활을 이어간다. 하지만 결국 그들도 모두 죽고 그 섬에서 태어난 코난이라는 소년이 홀로 남겨진다. 그런데 지구상에 살아남은 국가가 있다. 한 곳은 과거 문명을 지켜온 공업국가 인더스트리아이고, 또다른 한 곳은 자연과 공생하는 지상낙원 같은 신흥 농업국가 하이하버다. 이다음 이야기는 상당히 복잡한데, 인더스트리아는 태양열에너지의 비밀을 찾으려 하이하버(태양열에너지의 실마리를 쥐고 있는 박사가 사는 곳)로 진입한다. 이때 코난은 하이하버 편에 서서 싸우게 된다.

공업국가(악) 대 농업국가(선) 같은 단순한 구도가 지금 생각해보면 그저 훈훈한 이야기일 수 있겠지만, 인더스트리아가 평범한 악의 제국이 아니라는 사실에 주의해야 한다. 인더스트리아는 최종전쟁 이후에도 과거의 과학문명을 사수하고 있다는 점에서 〈우주전함 야마토〉의 지구와 같은 곳이다. 또한 주인공 코난은 전쟁을 하고 있는 나라 중 어느 쪽에도 속하지 않는 제3국(홀로 남은 섬) 출신이다. 코난은 하이하버의 소녀 한 명을 구하겠다는 개인적인 목적을 가지고 전투에 나설 뿐이다. 더 나아가 이야기의 주제는 아군의 방비뿐 아니라 적군의 민중을 해방(인더스트리아는 계급국가이며 사람들을 노예로 부리고 있다)시키는 것으로까지 확대된다.

〈코난〉은 여러 방면에서 과거의 소년 왕국이 내세우던 정의라는 개념을 상대화해서 과학기술 대 생태계, 문명 대 자연, 근대 대 반근대, 소년 왕국 대 소녀 왕국과 같은 대립 구도를 명쾌하게 내세운 작품이라 할 수 있다. 다만 난감한 점이 하나 있다. 군사국가인 인더스트리아와 무기를 생산하지 않는 하이하버 사이에는 애초에 전투가 벌어질 수 없다. 하이하버는 이 침략 위기를 어떻게 극복할 것인가.

이에 깊이 관여하는 캐릭터가 바로 여성 등장인물이다. 〈코난〉에는 여주인공 두 명이 등장한다. 하이하버(소녀 왕국)의 주민 라나와 인더스트리아(소년 왕국)의 군인 몬스키다. 이들을 완전한 여성 영웅이라 하기에는 〈코난〉이라는 작품 안에 애매한 부분이 아직 남아 있지만,

이 두 사람은 훗날 미야자키 히어로 애니메이션에 계승되는 양대 여주인공의 원조라 할 수 있다.

라나는 기다릴 줄만 아는 마법소녀다

라나는 하이하버에 사는 소녀다. 꼬맹이 주제에 (표현이 좀 그렇지만) 홀로 남은 섬에서 표류할 때부터 코난과 연인 사이였다. 본디 코난의 싸움은 인더스트리아에 납치된 라나를 구출하는 것이 목적이었다. 라나 입장에서 코난은 자신을 지키고 구해주는 왕자님이다. 이것만으로도 왜 아군 국가가 소녀 왕국과 비슷하다고 하는지 알 수 있다.

실제로 라나는 소녀 왕국 여주인공의 특징을 제대로 이어받았다. 라나는 열한 살 소녀(어린이)로 텔레파시 능력이 있어 멀리 떨어져 있는 사람이나 새의 마음을 읽을 수 있다. 그는 변신을 하지 않는 마법소녀. 행방불명된 코난을 찾으려고 유체이탈(!)을 해서 바다 위를 떠돌아다니는 모습은 누가 봐도 마법소녀답다.

그건 그렇다 치더라도 이 소녀가 지니는 '기다리는 여자' '인내하는 여자'의 성정은 보통이 아니다. 라나는 태양열에너지의 실마리를 쥐고 있는 박사의 손녀다. 그렇기에 인더스트리아에 유괴된 것인데, 이 아이는 훌륭하리만치 스스로 나서거나 행동하지 않는다. 납치를 당해 감금되어도 가만히 참고 기다릴 뿐이다. 심지어 그는 좀처럼 스스로 걷지도 않는다. 이러한 라나의 모습과 원숭이처럼 발가락으로 모든 일을 해내는 야생적인 코난의 모습은 대조적이다. 코난이 라나를 가뿐히 안아올린 채 점프하거나 달리거나 헤엄치는 장면은 또 어찌나 많은지. "돛대 정도는 나도 혼자서 오를 수 있어"라고 말하면 큰일이라도 나는 걸가?

라나가 가장 눈부신 활약을 펼친 순간은 바다에 빠진 코난에게 입으로 공기를 옮겨 불어넣어주는 장면이다. 코난과 라나의 수중 키스신으로 화제가 된 이 장면만큼 구출과 사랑이라는 〈코난〉의 사상을 가장 잘 나타낸 부분도 없을 것이다. 수중 키스신에서는 라나의 마법소녀 같은 면모가 생생하게 드러난다.

몬스키는 변절한 붉은 전사다

몬스키는 인더스트리아 행정국 차장이자 독재자인 행정국 국장 레프카의 부하다. 작품 초반에 몬스키가 하이하버를 정복하러 직접 부대를 이끌고 뛰어드는 장면에서 전형적인 악의 여왕의 모습을 볼 수 있다. 몬스키는 성인 여자다. 그는 남자 병사에게 거침없이 명령을 내리지만 남자 상사(레프카)의 말은 거역하지 못한다. 무엇보다도 몬스키는 뾰족뾰족한 의상을 몸에 두른 마녀가 아니라 다른 멤버와 마찬가지로 운동복 같은 제복 차림을 한 지휘관이다. 인더스트리아가 소년 왕국을 풍자한 곳이라는 점을 생각하면 이해하기 쉬울 것이다. 몬스키는 압도적인 힘을 자랑하는 악의 여왕이라기보다 소년 왕국의 붉은 전사가 출세한 모습에 가깝다.

그런데 앞서 말했듯이 무기를 생산하지 않는 하이하버는 얌전히 점령당할 수밖에 없는 걸까. 이에 대한 대안은 안이하기 짝이 없는데 다름 아닌 지휘관의 변절이다. 그렇다. 몬스키는 도중에 인더스트리아를 배신하고 하이하버 편으로 돌아서고 만다. 그것도 하이하버의 풍요로운 자연에 마음이 동했으며 코난이 자기 목숨을 구해줬다는 이유로 말이다. 이 배반으로 인더스트리아 병사들은 기꺼이 농업종사자로 돌변해 하이하버 주민에게 인정받는 협력자로 탈바꿈한다. 애초에 몬스키는 어린 시절 지구대변동 사태로 부모를 여의고, 그 트라우마로 자신의 여성성을 거부해 군인이 된 것이라 한다. 몬스키는 어느 모로 보나 소년 왕국 붉은 전사를 떠오르게 하지 않는가.

라나는 처음부터 자립심이 약해 '남자 뒤를 따르는 여자'였다. 한편 몬스키는 어린 시절 트라우마로 스스로 여성성을 감추는 '(사실은 여성스럽지만) 남자 못지않게 강한 여자'로 묘사된다. 강한 여자에 대한 가장 전형적인 해석이 여기에서 드러난다. '조용히 인내하는 여자야말로 진정 강하다'는 해석과 '강한 척하는 여자일수록 사실은 여리고 부드럽다'는 해석이다.

두 사람 모두 '사실은 여성스럽다'는 점을 증명하듯, 라나는 끝내 고향 하이하버를 떠나 코난을 따라서 홀로 남은 섬의 재건에 나서고, 몬스키는 과거에 라이벌이기도 했던 다이스 선장과 결혼한다. 심지어 최종회 클라이맥스는 몬스키가 고개를 숙인 채 하얀 드레스를 입은 새신부 모습으로 등장하는 선상 결혼식 장면이다. 라나와 몬스키가 전쟁에서 손에 넣은 전리품은 신랑감, 더욱 정확히 말해 결혼 상대다. 사랑하는 사람을 만나는 것이 인생 최대 목표인 소녀 왕국의 대원칙에 따르자면 〈코난〉은 그야말로 소녀 왕국의 승리를 그려낸 작품이다.

영웅이 된 여자 : 〈나우시카〉가 말하는 정론

〈나우시카〉는 문명 대 자연의 싸움이다

1984년에 공개된 〈나우시카〉는 〈코난〉에서 한발 더 나아가 문명 대 자연이라는 주제와 여성 캐릭터의 존재를 함께 전면에 내세운 극장 애니메이션이다. 이와 동시에 제작이 진행되어 10년 이상 지나 겨우 완결된 만화책에 비하면 애니메이션은 허술하다고 불평하는 사람도 있다. 하지만 애니메이션이 훨씬 유명한데다가 미야자키 애니메이션, 아니 일본 애니메이션 사상 최고의 걸작이라는 평도 많다[2].

'불의 7일'이라는 마지막 전쟁으로 거대 문명이 붕괴한 지 어느덧 천 년이 흘렀다. 황폐한 대지에 부해腐海라는 숲이 빽빽해져 인류의 생존을 위협하고 있다. 나우시카는 부해 근처에 위치한 변방국 바람계곡 족장의 딸이다. 어느 날 족장은 대국 토르메키아 군대에 살해당하고, 바람계곡은 토르메키아군에 점령되고 만다.

그 뒤의 내용은 언제나 그렇듯 복잡한데, 〈나우시카〉에서는 아군과 적군의 우두머리가 모두 여성이다. 전자는 물론 나우시카이고, 후자는 토르메키아군의 사령관 쿠샤나다. 부해를 불태워 국가를 새롭게 건설하려 하는 토르메키아(소년 왕국)의 쿠샤나 대 부해와 공생하는 삶을 주장하는 바람계곡(소녀 왕국)의 나우시카. 두 인물의 대립을 주축으로, 여기에 페지테라는 나라까지 가세해 격렬한 전쟁이 벌어진다. 쿠샤나와 나우시카의 야망은 각자의 자국이 지니는 사상과 조금씩 어긋나 있다. 자기만의 신념을 가지고 있는 것이다.

〈나우시카〉에서 다루는 근대 대 반근대, 문명 대 자연이라는 주제는 〈코난〉에서 보인 것 이상으로 심오한 양상을 보인다. 공업과 농업

따위로 구별하는 수준이 아니라 궁극적으로 인간을 선택할지 생태계를 선택할지 대립하는 문제이기 때문이다. 〈나우시카〉는 소년 왕국을 향한 호된 비평도 담고 있다. 부해에는 '오무'라는 거대한 벌레를 비롯해 섬뜩하게 생긴 생물이 무수히 서식한다. 이러한 생물을 괴물이라며 선을 긋고 배척해온 소년 왕국의 방식과 반대로, 주인공 나우시카는 그들을 보듬어 공생하는 길을 선택하려 한다.

〈코난〉과 다르게 〈나우시카〉의 두 여주인공은 어중간한 여성스러움과 거리가 멀다. 다만 나우시카와 쿠샤나 모두 명석한 두뇌에 막강한 전투력을 자랑하는 대단히 우수한 인재라는 사실은 틀림이 없다.

나우시카는 치마를 입은 영웅이다

나우시카는 애니메이션 사상 최고의 붉은 용사이자 소녀 전사의 대표 주자나 다름없지만, 사실 소녀 왕국 주인공(마법소녀)의 특징을 충분히 갖추고 있다. 우선 나우시카는 10대 소녀다. 게다가 그는 공주님으로, 〈코난〉의 라나처럼 동물의 마음을 읽을 수 있다. 이는 특히 중요한 능력이다. 이 세계에서는 오무를 비롯해 부해에 서식하는 생명체와 조화롭게 공존하는 것이 사활을 결정짓는 문제이기 때문이다. 바람의 흐름을 읽고 벌레의 마음을 읽을 수 있는 나우시카는 그야말로 사람들의 생사를 거머쥐고 있는 마법소녀인 것이다.

소녀 왕국의 마법소녀답게 나우시카 곁에는 항상 여우다람쥐(라는 희한한 동물이 있다) 테토가 따라다닌다. 물론 협력자인 남자 친구도 있는데, 그는 페지테 시장(왕족)의 아들 아스벨 왕자다. 그러나 나우시카는 마법소녀가 지니는 부정적 태도인 연애지상주의로부터 자유로운 인물이다. 아스벨과의 관계도 연애 감정이 아닌 우정으로 얽혀 있다. 나우시카는 메베라는 글라이더에 올라타 하늘을 날고, 비행기를 조종하고, 공중에서 기계 사이를 가뿐히 옮겨다니며, 지상에서는 부해에 대해 연구까지 하는데, 한마디로 말해 공부도 잘하고 운동마저 잘하는 슈퍼걸이다. 그를 단순히 여주인공으로 부르기보다 '소녀 영웅'이라 하는 편이 더 적절할지도 모르겠다.

따라서 나우시카가 가진 몇 없는 결점은 곧 남자 영웅들이 지니는 결점이다. 평소 조용하고 총명한 나우시카는 자기 아버지가 토르메키아군에 살해당했다는 사실을 알게 되자 "네 이노옴!"이라는 한마디와 함께 무서운 기세로 검을 뽑고, 훌륭한 검술 실력을 발휘해 적군을 잇달아 쓰러트린다. 그 모습은 적군의 참모 입장이 아니더라도 "뭐 저런 녀석이 다 있담. 다 죽여버렸잖아"라는 말이 무심결에 튀어나올 법한 (도무지 여주인공답지 않은) 행동이다.

그런데 이렇게 무엇 하나 나무랄 곳 없는 영웅인 나우시카를 보고 있자면 대단하다는 느낌을 넘어서 비꼬는 게 아닌가 하는 생각마저 든다. 바람계곡에는 다음과 같은 구국의 영웅 전설이 전해진다. "그대여, 푸른 옷을 걸친 채 금빛 들판에 서라. 잃어버린 대지와 인연의 끈을 묶고…… 이윽고 사람들을 청정의 푸른 땅으로 인도하리라." 화면에 묘사되는 '그대'는 턱수염을 기른 아저씨다. 작품은 '나우시카야말로 이 전설의 인물이었다'는 암시를 주면서 막을 내리는데, 잘 생각해보면 의미심장한 결말이다. 나우시카는 사실 마법소녀의 탈을 쓴 '남자 영웅'이 아닐까?

쿠샤나는 치마를 입은 적국의 영웅이다

쿠샤나는 토르메키아 제국 변방 파견군의 사령관이라는 직위에 오른 냉철한 미녀. 황금으로 만든 (그렇게 보이는) 투구와 갑옷으로 무장하고, 하얀 망토를 휘날리며 전차 위에 우뚝 서 있는 모습은 참으로 당당한 악의 여왕 그 자체다.

하지만 쿠샤나가 조직의 단순한 구성원이 아니라 독자적 신념을 가진 채 역모를 꾀하는 인물이라는 점은 강조할 필요가 있다. 쿠샤나는 거신병(에반게리온 같은 괴물 로봇)을 발굴해 가지고 돌아오라는 나라의 명령을 무시하고, 적국의 주민에게 바람계곡에 꿈꾸던 국가를 건설하겠다는 야망을 고한다. "그대들은 부해로 인해 멸망할 위기에 처해 있다. 우리에게 복종하여 우리 사업에 참여하라. 부해를 불태우고 이 대지를 되살릴 것이다. 나를 따르는 자에게는 숲의 독과 벌레들을 두려워하지 않아도 되는 생활을 보장하겠다." 기술을 이용해 인간이 주체가 되는 문명국가를 건설하고자 하는 발상은 그야말로 소년 왕국의 이념과 다르지 않다. 쿠샤나는 소년 왕국을 올바르게 구현한 인물인 것이다.

쿠샤나가 〈코난〉의 몬스키와 상반되는 성격을 지녔다는 점은 나우시카가 쿠샤나의 목숨을 구해주는 장면에서도 분명하게 드러난다. 몬스키가 "내가 졌어"라고 중얼거리며 나라를 배반한다면, 쿠샤나는 "조금 전 수고했다"라는 외마디 말을 건넬 뿐이다. 이런 놈을 왜 살려준 거냐는 비난에 쿠샤나는 "어리석군…… 내가 엎드려 절이라도 할 줄 알았느냐"라는 대사를 시원하게 날려준다.

쿠샤나가 이렇게까지 굳은 의지를 지니게 된 경위는 작품에 직접적으로 나오지 않는다. 하지만 일반적 불구로 여겨지는 쿠샤나의 육체가 부해의 벌레를 향한 복수심에 불타는 그의 삶을 대변한다. 쿠샤나의 왼팔과 양다리를 포함한 하반신은 황금색 금속으로 뒤덮여 있다. 그가 금속 팔을 떼어내 포로에게 보여주고는 빙긋 웃으며 "내 남편이 될 자는 이보다 더 끔찍한 것을 보게 되겠지"라고 말하는 장면은 쿠샤나의 예사롭지 않은 이미지를 보여준다.

그러므로 쿠샤나는 흔해빠진 악의 여왕 수준에 그치는 시시한 악역이 아니다. 오히려 또 한 명의 슈퍼스타인 셈이다. 적군의 영웅으로 군림하는 그는 나우시카는 상대도 안 될 만큼 입체적인 인물이다. 쿠샤나에게 대항할 수 있을 만큼 시원한 성격에 냉철한 영웅은 아마 〈건담〉의 샤아 아즈나블밖에 없을 것이다.

〈코난〉과 〈나우시카〉는 마지막 전쟁이 끝난 후의 세상을 그린다는 점에서 같지만, 〈코난〉에서는 선과 악, 적과 아군의 구분이 뚜렷하다. 그러나 〈나우시카〉에는 선과 악의 경계가 은근히 엇물려 나타난다. 근대와 반근대, 문명과 자연이라는 대립되는 축 안에서 '사실 어느 하나 옳다고 단정지을 수 없다'는 고민과 방황이 엿보인다.

이런 신념의 차이는 클라이맥스에서 두드러진다. 오무가 부해에서 바람계곡으로 떼 지어 쳐들어올 때, 쿠샤나는 거신병이라는 무기의 힘을 빌려 오무 무리를 단숨에 몰살하는 작전에 나선다. 이는 지극히 근대적 합리주의에 따른 모습, 달리 말하면 소년 왕국스러운 모습이다. 한편 나우시카는 직접 몸을 던져 홀로 오무 무리 한가운데에 가서 화난 오무를 어르고 달래는 작전에 임한다. 작전이라 하면 듣기에 그럴싸해도 결국 마법의 힘에 기대는 것에 불과하다. 이는 합리적 판단이라 할 수 없으며 지극히 비과학적인, 소녀 왕국스러운 모습이다.

나우시카의 의도대로 오무의 마음이 가라앉고 쿠샤나가 이끄는 토르메키아군이 철수하면서, 이야기는 나우시카(소녀 왕국)의 승리를 끝으로 황급히 막을 내린다. 이는 상당히 억지스러운 결말이다. 일시적으로 오무의 분노를 가라앉히기에 성공했을 뿐, 근본적인 해결책은 전혀 이끌어내지 못했으니 말이다.

나우시카와 쿠샤나의 캐릭터와 관련해서도 모종의 고뇌가 엿보인다. 〈코난〉의 라나와 몬스키는 결과적으로 여성성을 강화하는 인물이다. 이들은 예로부터 애니메이션 왕국이 그려온 여성상의 범주를 벗어나지 않았다. 같은 방향에서 생각해보면 나우시카와 쿠샤나는 오히려 애니메이션 왕국의 전통적인 (남자) 영웅에 가깝다. 이들은 '남성성의 장점(남자의 강인함과 현명함)' 중심으로 '여성성의 장점(여자의 부드러움과 현명함)'이 한 숟가락 가미되어 적절히 작용하는 독특한 인간상으로 묘사된다. '남성성과 여성성이란 무엇인가'라는 점에서 논의의 여지는 있으나 이 경우에 남성성이란 어떠한 위험에도 겁내지 않는 강인함을 의미하고, 여성성이란 무의미한 분쟁을 피하는 현명함을 의미한다고 보면 된다. 나우시카와 쿠샤나를 두고 여장한 소년(청년)이라 해야 좋을지, 정신적인 의미로서의 남장 여성이라 해야 좋을지 모르겠으나, 이들은 양성 혹은 무성 성향을 지니는 인물이다.

나우시카와 쿠샤나를 이상적 인간상이라고 생각하는가? 맞는 말이지만 현실성은 없다. 영웅 부재의 시대에 영웅다운 영웅을 제시하려면 여자아이를 주인공 자리에 앉힐 수밖에 없었다는 판단이 어렴풋이 보인다. 나우시카와 쿠샤나 모두 근본을 알 수 없는 소녀들이 아니라는 점에 유의하자. 이들은 순수혈통을 이어받은 공주님이다. 나우시카는 바람계곡의 주민들이 "공주님" 혹은 "공주 언니(누나)"라고 부르며 따르는 족장의 딸이고, 쿠샤나는 사령관이자 부하들이 "폐하"라고 부르는 토르메키아의 황녀다. 한낱 여자아이가 주민들의 절대적 신뢰를 얻고 남자 부하를 "네놈"이라고 부를 수 있는 이유는, 그들이 실력을 갖추고 있음은 물론이거니와 혈연을 바탕으로 국왕의 뜻을 계승할 정통 후계자이자 아버지의 딸이자 공주로 발탁됐기 때문이다. 여자아이를 영웅으로 치켜세우는 데는 핏줄이라는 굴레가 아직까지 유효한 것이다.

영웅을 뛰어넘은 여자 : 〈모노노케 히메〉의 파국

〈모노노케 히메〉는 악한 문명 대 약한 자연의 싸움이다

미야자키 애니메이션은 소년 왕국을 비판하고 소녀 왕국의 새로운 모습을 제시한다. 두 왕국 간 사상의 대립을 그려내다가 소녀 왕국에 승리를 가져다줌으로써 애니메이션으로서는 드물게 성인 여성들의 지지를 얻기도 했다. 하지만 남주인공과 여주인공의 모습이 지니는 모순에 대해 의식적이었다고 해석하긴 어렵다.

이 점이 단숨에 폭로된 작품이 바로 〈모노노케 히메〉다. 1997년 여름, 개봉과 동시에 일본 영화계의 수익과 동원 관객 수 면에서 모두 제2차대전 이후의 기록을 경신한 사상 최고의 흥행작. 〈모노노케 히메〉는 미야자키 하야오 작품의 집대성이라 해도 좋을 대작이다. 〈모노노케 히메〉는 소년 왕국과 소녀 왕국을 패러디한 작품으로 볼 수 있다. 그런 면에서 상당히 재미있는 작품이다[3].

〈모노노케 히메〉의 무대는 마지막 전쟁이 끝난 후의 미래가 아니라 중세 일본을 배경으로 한 숲속 나라다. "옛날 옛날, 어느 마을에"라고 읊던 전래 동화 시절로 돌아간 작품이라고 볼 수도 있겠지만, '근대 대 반근대' '문명 대 자연'과 같은 대립 구도는 〈코난〉이나 〈나우시카〉보다 훨씬 더 급진적인 형태로 도식화되어 나타난다. 전자는 '타타라 마을'이라는 제철공장 공동체이며, 후자는 정체를 알 수 없는 동물이 득시글거리는 '사슴신의 숲'이라는 원시림 공동체다.

앞에서처럼 예를 들면 다타라 마을은 소년 왕국이다. 다타라 마을 사람들은 사실상 최첨단 과학기술인 제철을 생업으로 삼고, 화승총이라는 소총을 제작하며, 방위대를 조직해 외부의 침략에 대비한다. 그뿐만 아니라 숲속에 사는 사슴신(사슴 괴물처럼 생긴 숲의 주인)을 쏴죽이려 공격을 도모하는데, 이처럼 다타라 마을은 소년 왕국의 사상을 바탕으로 움직인다. 그러나 다타라 마을을 지탱하고 있는 기둥은 여자들이며, 우두머리인 에보시도 물론 여성이다.

같은 방식으로 보자면 사슴신의 숲은 소녀 왕국이다. 실제로 사슴신의 숲은 마법나라인데, 심지어 그저 평범한 마법나라가 아니다. 들개와 멧돼지 따위의 짐승과 신이 합쳐진 각종 '재앙신(이렇게 불린다)'이 날뛰는 애니미즘 대국이다. 인간은 원령공주라 불리는 '산'이라는 소녀 한 명뿐, 홍일점커녕 인일점人一點이다.

〈모노노케 히메〉에 나오는 소년 왕국과 소녀 왕국은 두 나라의 과거를 극단적으로 희화화한 모습이다. 따라서 그곳의 주인공 역시 희화화될 수밖에 없다.

산은 소녀의 탈을 쓴 괴수다

산은 아기 때 제물이 되어 숲에 버려지고 들개신에게 길러졌다. 동물과 이야기할 수 있는 점으로 미루어보아 라나와 나우시카의 유전자를 이어받았다는 사실은 분명하지만, 이쯤 되면 마법소녀에 대해 왈가왈부할 문제가 아니다. 들개나 멧돼지 모습을 한 원령(짐승과 신이 합쳐진 존재)들의 세계야말로 산의 본거지이자, 산 본인이 원령인 셈이나 마찬가지다. 그런데 원령이란 무엇일까. 그 답은 생각보다 간단하다. 원령은 괴수를 달리 이르는 말이다. 〈울트라맨〉 이후 애니메이션 왕국(소년 왕국)이 근대사상을 근거로 이질적 존재를 곧 침략자로 간주해 배척해왔던, 그 괴수 말이다.

물론 산은 인간의 언어를 사용하고, 자신을 길러준 부모인 들개를 "엄마"라고 부르며, 하얀 블라우스와 치마 같은 옷을 입고, 쩔렁거리는 귀걸이와 목걸이 등 액세서리를 몸에 두르며, 얼굴에는 멋들어지게 화장(문신)을 하고, 전투시에는 하얀 갈기가 달린 가면을 써서 '변신'을 하며, 창과 칼 따위 무기를 능숙하게 다루기까지 하는 것으로 보아 보통 괴수가 아니다. 그러나 산이 다타라 마을을 홀로 찾아온 장면을 예로 들면, 다타라 마을 방위대가 산과 대적해 일제히 싸우려 덤비는 행태는 산이 평범한 소녀가 아님을 보여준다. 산은 자신을 "나는 들개다!"라고 지칭하고, "인간이 싫어!"라는 확고한 가치관 하나만으로 인간사회(다타라 마을)를 향해 무섭게 돌진한다. 그는 필사적인 테러리스트이며, 보기 드문 미소녀 괴수다.

원령들이 사는 숲은 노인과 아이밖에 없는 약자들의 사회다. 산을 키워준 '모로'는 300년을 산 들개로 죽음을 기다리는 몸이다. 작품 종반에 들어서 '옷코토누시'라는 500살짜리 멧돼지 장로는 치매 노인이나 다름없는 모습을 보인다. 옷코토누시가 "내 동족을 보아라! 다들 작아지고 멍청해지고 있다"고 한탄하듯, 멧돼지 군단, 유인원 군단, 숲의 정령 고다마 등 모든 존재가 좋게 말하면 순수한, 나쁘게 말하면 어리석은 원령, 즉 괴수들이다.

그렇다면 산은 어째서 인간 소녀의 모습을 하고 있는 것일까. 이유는 하나다. 소년 아시타카가 그에게 첫눈에 반하기 위해서다. 산이 인간 소녀 특유의 표정을 보이는 순간은 "살아남으시오…… 당신은 아름다워"라는 아시타카의 갑작스러운 말에 동요할 때다. 산이 아름답지 않았다면 과연 어땠을지 묻고 싶어지는 장면이다. 괴수(야수) 특유의 원초적 에로티시즘이라고 설명해야 좋을까.

에보시는 립스틱을 바른 악의 제왕이다

에보시는 다타라 마을을 이끄는 여자 두목이다. 다타라 마을은 제철공장을 운영하며 무장 상태를 유지하는 일종의 공동생활체다. 즉 에보시는 산업과 군사 양면으로 우두머리인 셈이다. 그는 하늘도 두려워하지 않는 호걸이면서도, 기녀 출신 여자나 한센병 환자(그렇게 추정되는 사람) 등 차별받는 사람들을 적극 수용해 부하들에게 추앙받는 아량 넓은 인물로 설정돼 있다.

재미있는 부분은 다타라 마을의 독특한 분위기다. 이곳에 있는 사내들은 한심스럽기 짝이 없다. 풀무소(역사상 여인의 출입이 금지된 장소였다)에서 골풀무를 밟는 사람도 여자이며, 화승총을 들고 마을을 지키는 사람도 여자다. 이제껏 남자가 하는 일이라고 여겨진 육체노동이나 군사 업무를 이곳에서는 전부 여자들이 맡는다. 〈에반게리온〉에서 볼 수 있던 색채 반전 구도와 남녀 역전 구도가 엿보인다. 그러나 이보다 더 주목해야 할 것은 이곳 아낙네들이 마치 소년 왕국 남자들처럼 행동한다는 점이다. "이 굼벵아"라며 남편에게 호통치는 일은 약과다. 대뜸 적을 향해 대포를 날리는 일은 다반사고, 외부에서 온 소년 아시타카를 둘러싸고 "어머, 잘생겼네"라며 성희롱 같은 추파도 태연하게 던진다. 여자들이 "당신도 여자였다면 좋았을 텐데"라며 덩치 큰 사내를 골리고 다 함께 큰 소리로 웃는 가슴 뻥 뚫리는 장면도 있다.

하지만 이를 두고 남녀평등 유토피아를 이룩했다거나 페미니즘을 달성했다고 생각해선 안 된다. 다타라 마을은 과거 소년 왕국을 풍자한 곳으로, 종래의 어리석은 '남자다움'을 모방한 마초 같은 여성 중심 사회다. 그 때문인지 다타라 마을에 사는 여자들은 다들 아저씨같이 흥이 넘치는 아줌마들이다. 다타라 마을은 산이 사는 사슴신의 숲과 대조적으로 노인과 아이가 없는 사회다. 전신에 붕대를 감은 병자가 있긴 하지만, 그들은 남들과 다른 모습을 한 피차별자일 뿐 노동력이 없는 사람이 아니다(그들은 소총 개발에 종사한다). 약자 보호라는 구실을 내세우고 있으나, 다타라 마을에는 노동력이 있는 성인 남녀밖에 존재하지 않는다. 극도의 근대주의 사회라 할 수 있다.

그렇다면 에보시가 여자인 이유는 무엇인가. 만일 다타라 마을이 남자 수장이 이끄는 산업·무장 집단이었다면 현실 속 근대사회와 무엇 하나 다를 게 없으며, 소년 왕국이 아니라 그저 악의 제국으로 비쳤을 것이다. 에보시의 요염한 용모(이를테면 짙은 붉은색 입술)는 살벌한 이야기 속 세상에 화사한 색채를 입힌다. 그뿐이다. 에보시는 악의 여왕이 아니라 오히려 남성적인 악의 제왕이다. 에보시는 요술이 아니라 첨단기술인 소총을 사용한다. 시나리오는 그대로 두고 캐릭터만 남자로 바꿔서 본다면 에보시는 〈야마토〉의 데슬러 총통과 크게 다를 바 없다.

〈코난〉의 라나와 몬스키는 작품 후반에 타협하고 동료가 된다. 〈나우시카〉의 나우시카와 쿠샤나는 서로 대립하면서도 대화를 나눌 여지를 남겨두고 있다. 이들 사이에는 평화 교섭이 이뤄질 가능성이 있다. 하지만 〈모노노케 히메〉의 산과 에보시는 서로 이해할 수 없는 세계에 살고 있으며 영원히 평행선을 달릴 수밖에 없는 극단적인 인물들, 요컨대 뚜껑 열린 자매의 모습으로 묘사된다. 머리 끝까지 화가 난 사람들끼리는 말이 통하지 않으니 영원히 싸울 수밖에 없다.

여자 괴수(이를테면 〈세일러 문〉의 요괴)가 소녀 왕국의 적이고, 비정한 우두머리(이를테면 〈야마토〉의 데슬러 총통)가 소년 왕국의 적이었을 때를 떠올려보자. 소년 왕국과 소녀 왕국 간 싸움이 〈모노노케 히메〉에서는 악당 캐릭터 사이의 분쟁으로 탈바꿈된다.

따라서 〈모노노케 히메〉의 하이라이트는 괴수 산과 악의 제왕 에보시가 괴수 영화에서처럼 몸을 내던져 대결을 벌이는 부분이다. 짐승 같은 몸놀림으로 담을 뛰어넘고 지붕 위를 넘나드는 산. 여자 부하에게 가차 없이 총을 쏘도록 명령을 내리는 에보시. 〈모노노케 히메〉는 과연 미야자키 애니메이션의 집대성이라 할 만하다. 남자들끼리라면 특별할 것도 없었을 이런 장면도 미녀들 간 싸움이 되면 흥취를 더욱 돋우는 법이다.

이러한 여자들 싸움에 눈치 없이 끼어드는 인물이 주인공 소년 아시타카다. 〈모노노케 히메〉에서는 여자가 싸움을 도맡고 있으며, 남자는 조언을 하는 역할이다. '감정적인 여자, 이성적인 남자'의 구도. 이를 상징적으로 보여주는 부분은 아시타카가 기절한 산과 에보시를 양어깨에 들쳐 메는 장면이다. 〈코난〉에서 제3자인 코난은 라나를 위해 하이하버 편에 선다. 〈나우시카〉에 등장하는 제3자 소년 아스벨은 나우시카에게 협력하면서 간접적으로 바람계곡의 편에 가세한다. 그런데 〈모노노케 히메〉의 아시타카는 사슴신의 숲과 다타라 마을, 그리고 산과 에보시 사이를 박쥐처럼 오가며 "그대 안에는 사나운 귀신이 있소. 이 아이 안에도 마찬가지야" "더이상 증오에 몸을 맡기지 마시오!"라며 득의양양한 표정이나 짓는 입만 산 외부인이다. 그를 솔선해서 여자 두목들의 싸움을 중재하는 모범생이라 해야 할지, 그게 아니라면 괴수와 데슬러 총통에게 설교를 늘어놓는 울트라맨이라 해야 할지. 그런데 이야기는 가히 기회주의적인 결말을 맞는다. 여주인공들의 대립 구도에 변화가 없는 채로 아시타카만 두 여자에게 호감을 사게 된다.

"아시타카는 좋아. 하지만 인간은 용서할 수 없어"라고 말하는 산. 전투에서 한쪽 팔을 잃었지만 "감사의 말을 전하지. 누가 아시타카를 좀 데리고 오거라" 하며 부하를 재촉하는 에보시. 그리고 아시타카는 마지막까지 두 여자에게 호의적 태도를 보인다. 그야말로 태평한 사람 아닌가.

기왕 아무도 못 말릴 정도로 머리끝까지 화가 난 상태였다면, 산과 에보시는 적어도 그 순간만큼은 결탁해 이 소년을 죽여야 했다. 애초에 애니메이션 왕국은 아시타카처럼 영웅 행세 하는 남자에게 여자들이 휘둘리는 세상이었으니 말이다.

여주인공을 야수로 되돌린 미야자키 애니메이션

돌이켜보면 〈나우시카〉 때부터 이미 단추를 잘못 끼우기 시작했다. 〈나우시카〉는 분명 일반적인 여주인공이 아니라 여성 영웅, 다시 말해 영웅이라는 이름에 걸맞은 여성상을 구현하는 데 성공했다. 하지만 나우시카와 쿠샤나는 여성의 육체에 남주인공의 성격을 이식한 영웅이다. 남자 영웅을 본뜬 여성, 다시 말해 남자 못지않은 모습을 보여준 캐릭터다. 이러한 여성상과 해로운 남성성, 즉 마초 성향을 지닌 여성상은 종이 한 장 차이다[4].

에보시가 이끄는 다타라 마을이 파국을 맞은 것은 '왜 여자는 그동안 생산노동과 군사 현장에서 배제되어왔는가'에 관한 역사에 무지했기 때문이다. 그 이유란 무엇일까. 정답은 아주 간단하다. 생산노동 현장에서 여성의 임신, 출산, 수유와 같은 재생산 노동은 약점으로 치부

되어왔기 때문이다(이러한 이유로 소년 왕국 붉은 전사들이 20세 전후의 젊은 여자인 것은 어찌 보면 당연하다). 아이와 노인이 없는, 그야말로 소년 왕국과 다름없는 다타라 마을은 남녀평등사회가 아니라 근대 사회의 악습을 풍자한 곳이다.

소년 왕국은 인류를 구제하지 않는다. 그렇기에 몬스키는 인더스트리아를 등지고 변절해야만, 쿠샤나와 에보시는 신체 일부분을 희생해야만 비로소 소년 왕국 수장이 될 수 있었다(만일 아이라도 낳았다가는 머지않아 소년 왕국이 리더 자리에서 그들을 끌어내릴 것이다).

그렇다면 소녀 왕국은 인류를 구할 수 있을까? 라나와 나우시카가 최후의 수단으로 마법의 힘에 기댄 것을 생각해보면 이는 명백히 불가능한 일이다. 하지만 라나와 나우시카가 사는 자연 친화적 왕국은 사람들의 안이한 바람을 구현해낸다. 바로 근대(남성성)가 세상을 구하지 못한다면, 반근대(이른바 '여성성')를 통해 구해낼 수 있지 않을까 하는 착각이다. 라나, 나우시카, 산으로 이어지는 계보는 '자연과 공생하는 소녀'를 향한 기대감을 나타내고 있다[5]. 하지만 그런 의미에서의 여성성을 통한 인류 구제를 바란들, 결국 세상은 야수의 모습, 다시 말해 원시 상태로 돌아가는 수밖에 없다. 근대를 직시하지 않는 반근대는 전근대와 다를 바 없기 때문이다.

◆1 미야자키 애니메이션 속 여성상

〈코난〉〈나우시카〉〈모노노케 히메〉로 이어지는 미야자키 애니메이션 속 여성상에 관해서는 고타니 마리의 「나노테크 공주」, 이토야마 도시카즈의 「미야자키 애니메이션과 '오타쿠 애니메이션'」(두 글 모두 『유리이카』 특별호 『미야자키 하야오의 세계』에 수록), 오카다 에미코의 「힐다와 라나부터 산, 에보시까지」(기네마슌보 특별호 『미야자키 하야오와 〈모노노케 히메〉와 스튜디오 지브리』) 등이 참고하기에 좋다.

◆2 〈나우시카〉의 두 가지 버전

애니메이션 〈나우시카〉와 만화책 『나우시카』는 중간부터 전개가 크게 달라진다. 애니메이션과 만화책의 차이, 그리고 만화책 『나우시카』가 의미하는 점에 관해서는 이나바 신이치로의 저서 『나우시카 해독』(1996)에 자세한 평론이 나온다.

◆3 〈모노노케 히메〉에 대한 비평

1997년은 〈에반게리온〉 관련 도서가 시장을 휩쓴 해였는데, 그 사이에서 〈모노노케 히메〉 특집을 편성한 잡지의 특별호가 눈에 띄었다. 『유리이카』 특별호 『미야자키 하야오의 세계』(1997), 기네마슌보 특별호 『미야자키 하야오와 〈모노노케 히메〉와 스튜디오 지브리』

(1997), 『코믹 박스』 별책부록 「〈모노노케 히메〉를 해독하다」(1997) 등이 있다. 전부 작품 소개와 작품론 외에 미야자키 하야오의 인터뷰 등이 수록된 소장판이다. 이 시기에 미야자키 관련 도서가 쏟아져 나온 이유는 당시 〈모노노케 히메〉가 미야자키 애니메이션의 집대성이라는 견해가 지배적이었기 때문일 것이다.

◆ 4 에보시가 제시하는 여성상

〈모노노케 히메〉 속 에보시의 모습은 "여성에게도 징병제를 적용하라"고 주장하는 아류 페미니스트(미니멀리스트)의 요구를 연상시킨다. 이들은 여자에게도 남자와 같은 권리를 전부 부여하라고 요구한다. 애니메이션에 이를 대입해서 보면, 여성 캐릭터에게 소년 왕국 남주인공 못지않은 두뇌와 힘과 무기를 부여할 것을 요구하다가는 결국 에보시 같은 마초 누님이 탄생할 수밖에 없다.

◆ 5 자연과 공생하는 소녀

라나에서 나우시카로 계승된 미야자키 애니메이션 속 착한 여주인공의 모습은 에코페미니즘에 친화적인 입장으로 보인다. 이는 자연과 여성을 억압해온 남성 중심 사상을 대신해서 여성 중심 사상이 복권돼야 지구를 위기에서 구할 수 있다는 주장이다. 그러나 문명은 남성성이고, 자연은 여성성이라는 이항 대립 구조를 뒷받침하는 근거는 없다.

8장

붉은 용사의 30년

◇ **싸우지 못하는 남주인공과 싸우는 여주인공의 시대**

애니메이션 왕국 30년 역사는 주인공 소년들이 '영웅'이라는 속박에서 서서히 해방되어간 시간이었다. 고다이 스스무(〈야마토〉), 아무로 레이(〈건담〉), 이카리 신지(〈에반게리온〉)와 코난(〈코난〉), 아스벨(〈나우시카〉), 아시타카(〈모노노케 히메〉)로 이어지는 역사는 소년에게 자아가 생겨나는 과정이었다. 소년은 자아가 생기기 시작하자 마냥 천진난만하게 싸울 수 없었다. 그래서 소박하고 단순하고 용감무쌍하던 애니메이션 왕국 영웅담은 붕괴될 수밖에 없었다.

그렇다면 소녀는 어떨까. 애니메이션 왕국 소녀들에게는 자아가 생겨났을까? 〈에반게리온〉은 의도치 않게 '남녀 비율이 역전된 조직은 내부로부터 붕괴된다'는 사례를 남기고 떠났다. 그리고 〈모노노케 히메〉가 남기고 간 이미지는 이렇다. 여자들의 싸움은 끝날 줄 모른다, 여자는 속이 좁아 상대방의 생각을 인정하지 못한다, 여자끼리는 대화가 통하지 않는다. 다시 말해 〈에반게리온〉과 〈모노노케 히메〉가 전하고자 하는 공통된 메시지는 '여자는 문제 해결 능력이 없어 대단원의 막을 내릴 수 없다'는 것이다.

애니메이션 왕국 여주인공들은 마음껏 싸우지 못했던 과거의 한을 풀기라도 하듯 이제는 모두가 무기를 들고, 남주인공들과 선수교체라도 한 양, 혹은 싸움과 정의에 대해 의구심을 품기 시작한 소년들과 정반대 방향으로 나아가는 것처럼, 소년 왕국과 소녀 왕국 양쪽 세계에서 싸우기 시작했다. 그러면 남자가 구하지 못한 지구를 여자가 구할 수 있다는 걸까?

애니메이션 왕국은 오로지 전사의 신념에 따라 움직인다

이 책에서 맨 처음 애니메이션 왕국 스타일을 소개할 때 소년 왕국은 소녀 왕국의 평화로운 일상을 본받고, 소녀 왕국은 소년 왕국의 사회성을 받아들여야 한다는 이야기를 했다(본문 44쪽).

사실 90년대 이후 애니메이션 왕국은 그렇게 진로를 바꾸었다. 전사 이야기로 일관하던 소년 왕국과 마법의 힘으로 옷만 갈아입으면 그만이던 소녀 왕국의 모순이 점점 심화돼 구조적으로 피로가 쌓이기 시작한 것이다. 이 현상은 실제 사회 변화와 관계없지 않을 것이다. 전사들의 정의를 표방하는 멸사봉공 정신을 내세운 기업사회와, 왕자님을 만나 결혼하는 것을 인생 최대 목표로 삼은 여성의 삶이 시대에 뒤떨어진 것으로 받아들여지기 시작했다.

당연히 남주인공과 여주인공 모두에게 새로운 삶이 요구된다. 하지만 지금 형편으로 보아 애니메이션과 특촬 드라마는 아직 새 시대의 주인공을 창조해내지 못한 모양이다. 오랜 기간 전사 이야기에 열중하던 데 대한 후유증으로 여자를 싸움터로 내몰아 어찌어찌 목숨을 부지하는 꼴이다. 학원드라마 같은 일상에 기반을 두고, 사랑이니 뭐니 하며 정신 팔려 있던 소녀 왕국을 생각하면 이런 모습은 얼핏 발전한 것처럼 보인다. 하지만 여주인공이 싸우는 이야기는 과거 소년 왕국의 난투극처럼 깔끔하게 끝나지 않는다. 그들은 승리가 명확하지 않은, 모순으로 가득찬 싸움을 강요당하고 있다.

애니메이션 왕국 여주인공은 남자 시청자를 위한 존재다

오늘날 애니메이션은 아이들만을 위한 매체가 아니다.

소녀 왕국 애니메이션이 로리콘 애니메이션이라는 속칭으로 성인 남자들에게 사랑받고 있다는 이야기는 앞에서도 살짝 언급했다. 마법소녀의 변신이 허울좋은 코스프레라는 점을 떠올려보자. 세일러복, 스튜어디스, 간호사, 딱 달라붙는 수영복 모양의 체조복…… 정말로 이런 복장(그리고 성인 여자의 육체)에 환상을 품고 있는 사람이 어린 여자아이들일까? 오히려 다 큰 남자들 아닌가? 사실 소녀 왕국에서 변신은 소녀의 꿈을 실현하려는 목적에서 이루어진다기보다 아저씨 취향에 맞춘 이미지클럽* 놀이와 아주 흡사하게 행해진다[1].

반대로 성인 여성은 대체로 소녀 애니메이션에 냉담하다. 여성들은 어느 정도 나이가 차면 재빠르게 애니메이션 왕국을 졸업한다. 가벼운 쓴웃음을 지으며 애니메이션에 열광하던 과거를 떠올리는 경우는 있어도, 어른이 돼서까지 〈요술공주 밍키〉가 좋아서 미치겠다는 사람은 잘 없다. 마법도구 장난감을 사달라고 조르는 자기 딸을 복잡한 심경으로 받아주는 정도가 최선일 것이다. 어찌 보면 이는 당연한 현상

* 상황과 역할을 설정해 성적 서비스를 제공하는 유흥업소.

이다. 성인 여자 입장에서 아버지가 바라는 소녀상(마법소녀)이나 상사가 부리기 좋은 여직원상(붉은 전사)은 이제 지긋지긋할 따름이다. 마법소녀이건 붉은 전사이건 간에 애니메이션 왕국 여주인공이 흡사 남자들의 애완동물처럼 그려진다는 사실은 아무래도 부정하기 어렵다. 여주인공들이 남자 시청자들의 기운을 북돋아주었을지는 몰라도(그것도 나름대로 훌륭한 일이라 주장한다면), 역대 여주인공들이 여자아이들에게 힘과 용기를 심어준 여성상이었다고는 빈말로도 할 수 없다[2].

애니메이션 왕국 여주인공 중에는 진짜 페미니스트가 없다

애니메이션 왕국에서 수많은 붉은 전사를 배출하고 심지어 그토록 지구 방위와 인류 해방을 고집해왔음에도, 여성의 권리와 해방에 관해 고심하는 여자 주인공은 단 한 명도 없었다. 신기한 일이다. 보수적인 애니메이션 왕국에서 그런 무시무시한 여주인공은 면접에서 탈락하는 것이 당연하다 해도 말이다.

남주인공들은 천편일률적으로 싸움을 지시하는 소년 왕국의 논리와 자기 자신과의 간극에 고뇌하는 자아를 지니게 되는데, 여주인공들은 도무지 자아를 지니려는 의지를 보이지 않는다. 여주인공이 자아를 가진다는 것은 곧 여자에게 천편일률적으로 "섹시해야 한다"고

지시하는 소년 왕국의 논리에 저항하는 것을 의미하며, 여자는 모두 사랑의 노예로 존재할 것을 지시하는 소녀 왕국의 논리에 대한 반역이나 다름없다.

여자의 싸움은 남자의 싸움과 질이 다르다. 애니메이션 왕국 여주인공들은 사회제도의 모순을 깨닫지 못하고 현실을 정면으로 마주하지 않으며, 남자 전사에게 교태를 부리거나 혹은 남자 전사처럼 싸울 줄만 아는데, 이들을 과연 TV 앞 여자아이들에게 용기를 불어넣는 존재라 할 수 있을까.

과연 애니메이션 왕국은 이제껏 여자라는 이유만으로 부당한 취급을 받고 분에 못 이겨 눈물짓는 소녀를 적극적으로 그려왔던가? 조직의 차별 대우에 저항하는 여성 대원은 또 어떠한가? 상사, 동료, 시청자의 성희롱에 단호한 태도를 보여준 붉은 전사는 존재했던가? 이런 말을 하면 "당연히 있었지. 그 작품에서는 말야……"라며 꼬치꼬치 따지려 들고 자잘한 지식을 과시하는 사람들이 있는데, 전체적인 그림에 대해 이야기하자는 것이다(참고로 미리 말해두겠는데, 목욕탕을 훔쳐보거나 치마를 들추는 행동에 대해 비명을 지르거나 뺨을 때리는 행위를 '성희롱에 대한 저항'이라 할 수는 없다). 애니메이션 왕국은 소녀가 세상을 구원해줄 것은 기대하면서 소녀를 구하는 일에는 무관심했던 것이다.

여왕벌 증후군과 버터플라이 증후군

소년 왕국 붉은 전사를 한마디로 표현할 수 있는 용어가 있어 소개하고자 한다. 바로 '여왕벌 증후군'이다. 여왕벌이라고 하니 마치 퇴폐업소 이름같이 들릴지 몰라도, 그렇지 않다. 70년대 초반 미국의 사회심리학자 단체에서 '여성해방을 방해하는 여성'을 연구하며 붙인 명칭이 바로 여왕벌 증후군이다[3].

여왕벌이란 남초 사회에서 예외적으로 성공한 '명예남성적' 여성을 가리키며, 세상에 성차별은 존재하지 않는다고 주장하는 사람들을 일컫는다. 그들은 "나는 노력을 통해 여기까지 왔다. 많은 여성이 나처럼 되지 못하는 이유는 노력이 부족하기 때문"이란 입장을 견지한다. 이들은 자신의 성공이 우연한 행운이 아니라 재능과 노력의 산물이라고 믿는다. 그리고 자기가 가진 지위에 특권의식을 느끼며 만족해하고, 자신이 특별한 존재로 인정받는데다가 주변 여자들을 잘 따돌린 덕에 혼자서만 좋은 결과를 얻을 수 있게 된 남성중심사회 역시 만족스럽게 여긴다. 이들은 여성 후배가 자기 뒤를 잇는 것을 좋아하지 않으며, 모든 여성이 권리를 획득하는 데 대해서도 냉담하다. 여성에게 균등한 기회가 돌아가는 사회가 온다면, 그들은 지위와 특권을 잃게 될 것이기 때문이다.

이야말로 소년 왕국의 홍일점(붉은 전사) 아닌가? 여왕벌, 즉 붉은 전사는 자신이 가진 홍일점이라는 특권적 지위를 사랑한다. 그렇기에 이들은 여성에게 부여된 전통적인 성역할마저 기쁘게 받아들이고, 밤낮없이 전쟁을 벌이는 조국에 의문을 품지 않는다.

참고로 소녀 왕국 마법소녀에게 걸맞은 용어가 떠올랐기에 소개하겠다. 그 용어는 '버터플라이 증후군'이다. 버터플라이 증후군에 걸린 사람은 남초사회에서 괜한 고생을 하기 꺼려하고, 전통적인 성역할을 이용해 성공을 이루고자 하는 여성이다. 소녀 왕국에서 옷을 예쁘게 차려입고 금이야 옥이야* 대접받는 것으로 만족한다.

소녀 왕국 여주인공(마법소녀)이 바로 이 유형이다. 마법소녀가 성인 여자가 되어 아름다운 옷으로 갈아입는 변신은 마치 번데기가 나비로 변태하는 행위와 같다. '나는 지금 애벌레지만, 머지않아 아름다운 나비가 되어 꽃밭으로 날아갈 거야' 같은 심정이 아닐까.

현실사회를 생각해보면 우리 주변에도 붉은 전사 같은 여성이나 마법소녀를 자처하는 여자가 있을 것이다. 이들은 짜증을 유발하는 유형이지만 비단 그 여성들만 책망할 수는 없다. 애니메이션 왕국이 만록총중홍일점이란 구조 아래 여왕벌 증후군과 버터플라이 증후군

---

* "금이야 옥이야"는 한국식으로 번역한 표현이며, 일본에서는 나비와 꽃으로 비유한다. 저자가 언급한 버터플라이 증후군이라는 표현은 이 말에서 유래한 것이다.

을 앓고 있는 여자만을 이상적인 여주인공으로 쉴 틈 없이 표방해왔으니 말이다.

단순히 "애니메이션과 특촬 드라마는 보잘것없다"는 식으로 이야기하려는 게 아니다. 아이들은 대중매체에 진심으로 몰입한다. 그래서 전후 애니메이션 왕국이 거대한 왕국으로 발전할 수 있었던 것이다. 그러나 아무리 정교하게 만들어진 시스템도 영원할 수만은 없다.

이쯤에서 나는 '진화의 막다른 길'이라는 구절이 떠오른다. 중생대에 전성기를 자랑한 암모나이트는 백악기 들어서 멸종 직전에 '비정상 나선'이라고 불리는 복잡하고 괴상한 형태로 다발했다. 깔끔한 소용돌이 모양이었던 암모나이트가 진화를 반복한 끝에 마구잡이로 말아놓은 끈처럼 이상한 모양으로 변해간 것이다. 오늘날의 애니메이션 왕국은 이 암모나이트를 떠올리게 한다.

애니메이션 왕국이 초창기부터 동경해왔던 21세기. 세기의 경계선상에 서 있는 지금에 '미래는 이미 진부하다'는 생각이 든다. 〈세일러문〉〈에반게리온〉〈모노노케 히메〉는 그전에 피어난 마지막 꽃이었다 할 수 있다. 애니메이션 왕국은 서서히 전환기를 맞고 있다. 개혁이 필요하다. 에보시도 말했다. "모두들 처음부터 다시 시작하자. 이 마을을 좋게 만들어보자"라고 말이다.

◆ 1 이미지클럽 놀이로써의 변신

이 발상 자체가 흥미롭기에 소년 왕국 남주인공에게도 이미지클럽 같은 변신을 시켜보는 방법이 있다. 세일러복이 아닌 가쿠란, 간호사복이 아닌 의사 가운, 스튜어디스 유니폼이 아닌 파일럿 제복을 입히는 것처럼 말이다. 물론 전투에 임할 때는 모쪼록 수영 팬티 한 장만 걸쳐야 할 것이다.

◆ 2 여성 시청자와 애니메이션의 관계

여성 시청자들이 애니메이션 왕국, 특히 여아용 애니메이션에 냉담한 반응을 보이는 이유는 '야오이'라는 십대 소녀 특유의 오타쿠 문화와 관련있지 않을까. 야오이란 주로 소년만화나 애니메이션에서 등장인물만을 차용해 미소년들의 어설픈 동성애 이야기로 고쳐 쓰는 취미를 일컫는 말이다. 남자 오타쿠(애니메이션 마니아)가 애니메이션 속 세계관을 그대로 받아들이고 세세한 '해석'에 열을 올리는 것에 반해 여자 오타쿠(애니메이션 마니아)는 이야기를 '고쳐' 쓴다. 그리고 남자 오타쿠는 소년 애니메이션과 소녀 애니메이션을 똑같이 즐기지만, 여자 오타쿠는 소녀 애니메이션에 눈길조차 주지 않는다. 이러한 현실은 여자들이 자신에게 주어진 이야기에 만족하지 못한다는 증거일지도 모른다. 여자 오타쿠들이 미소년을 고집하는 이유에 관해서는 여러 주장이 있지만, 이들이 금단의 사랑에 집착하는 이유 역시 애니메 이션 왕국이 (성인 남자가 생각하는) '건전한 사랑'을 지나치게 강요한 것에 대한 반동일지도 모른다. 그러한 야오이 소녀들이 예외적으로 인 정한(?) 소녀 애니메이션은 〈세일러 문〉이다. 그들이 〈세일러 문〉을 레 즈비언 이야기로 고쳐 쓴 경위에 관해서는 후지모토 유카리의 우수한 순정만화론 『내가 있을 곳은 어디지?』(1998)를 참조하라.

◆3 여왕벌 증후군

출처는 G 스테인즈, C 다브리스, T 쟈야라트니의 「여왕벌 증후군」(후 카마치 마리코 옮김, 『현대의 정신』 11호 「현대 여성의 정신 구조」 수록, 1977). '버터플라이 증후군'은 저자가 창조해낸 용어다.

3부

/

붉은 위인

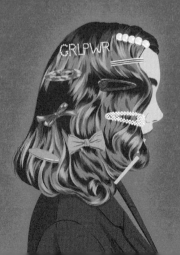

9장

천사의 허상:
플로렌스 나이팅게일

위인전 여주인공의 세 가지 유형

잔 다르크의 또다른 후손은 역사 속 실존했던 몇 없는 자수성가형 여성이다. 이를 '붉은 위인'이라 하자.

아동용 위인전집은 전후 아동도서의 중요한 장르였다. 초등학생 시절에 나이팅게일전, 퀴리 부인전 등 붉은 위인의 전기를 읽어본 사람이 적지 않을 것이다. 하지만 내용을 떠올려보려 하면 기억이 흐릿하지 않은가[1]?

앞에서 위인전 왕국은 신성하고 따분한 곳이라는 이야기를 했다 (본문 98쪽). 하지만 실제로 위인전을 읽어보면 이는 그리 단순한 문제가 아님을 알 수 있다. 위인의 이미지는 일률적이지 않다. 붉은 위인 뿐 아니라 모든 위인전 왕국의 인물은 다음과 같은 세 가지 이미지가 한데 뒤섞여 있다.

(A) 사회에 유포된 단순한 이미지
(B) 아동용 위인전을 지배하는 이미지
(C) 해당 인물의 실상에 가까운 이미지

(A)는 위인전을 읽어본 적 없는 (혹은 읽어보았지만 내용을 잊어버린) 사람이 막연하게 지니는 이미지이고, (B)는 아동용 위인전을 구성하고 있는 이미지, (C)는 어른들이 읽는 제대로 된 전기를 통해 상상할 수 있는 이미지다. 물론 이 모든 이미지는 위인 본인을 직접 만나서 얻은 정보가 아닌 만큼 전부 허상이라 할 수도 있다. 다만 여기서 문제 삼고자 하는 점은 (A) (B) (C) 사이에 존재하는 간극이다.

(A)는 지루한 성인군자지만, (B)는 애니메이션 왕국 주인공과 비슷하게 스타성을 겸비하고 있다. 그런데 대부분의 사람은 여기까지만 알고 있으며 (C)를 접할 일은 없다. 그리고 세월이 흐르면서 또다시 (A)만 기억에 남게 된다.

이 현상에 가장 적합한 사례가 나이팅게일이다. 우리는 나이팅게일하면 천사를 떠올린다. 백의의 천사, 크림의 천사, 램프를 든 천사. 아동용 나이팅게일전에는 이 같은 문구가 난무한다. 이를 통해 떠올리는 것은 성모처럼 상냥한 여성, 간호사라는 직업의 이미지와 오버랩되는 (A) 이미지의 나이팅게일이다.

그런데 아동용 도서를 지배하고 있는 (B) 이미지의 나이팅게일전은 공주님 이야기와 영웅전설을 합쳐놓은 것 같은 이야기, 다시 말해 애니메이션 같은 이야기를 담고 있다. 우선 아동용 나이팅게일전을 읽어보도록 하자[2].

나이팅게일전은 〈나우시카〉와 비슷하다

나이팅게일은 상류층 아가씨(공주님)였다

플로렌스 나이팅게일은 1820년 이탈리아 피렌체에서 태어났다(플로렌스라는 이름은 여기에서 유래했다). 나이팅게일의 국적은 영국인데 어째서 그는 피렌체 출신인 걸까? 그 이유는 나이팅게일의 부모님이 마차를 타고 유럽을 여행하던 중에 나이팅게일이 태어났기 때문이다. 나이팅게일과 한 살 터울인 언니 파세노프(퍼스)도 같은 여행 중에 태어났다. 당시 나이팅게일 집안은 지세와 이자로 먹고 사는 전형적인 상류계급이었으며, 나이팅게일의 부모님은 신혼여행을 핑계로 3년 가까이 외국을 떠돌아다니며 빈둥거릴 수 있던 한가한 부자였다. 그래서 나이팅게일이 유년 시절에 여름용 집과 겨울용 집을 오가며 공주님처럼 호화로운 생활을 지냈다는 점이 부각된다.

두 소녀가 손님방으로 들어가자 갑자기 모든 이가 조용해졌습니다. 새하얀 무명으로 만든 옷을 입고 파란색 허리끈을 길게 늘어뜨린 두 소녀가 그림에서 튀어나온 듯 어여뻤기 때문입니다.

나이팅게일은 이러한 출신 덕분에 주인공이 되는 길을 보장받은 셈이었다.

나이팅게일은 정의의 편에 선 미소녀였다

미소녀이기도 했던 나이팅게일은 사교계 스타라는 미래가 보장된 아이였다. 10대 후반 무렵에는 유럽을 돌면서 문화적 교양까지 두루 쌓았다.

열여섯 살이 된 나이팅게일은 눈부시게 아름다운 소녀로 자랐습니다. 금색으로 빛나는 곱슬머리는 윤기가 돌았고, 키가 크고 늘씬했으며, 허리는 가늘고 잘록했습니다.

그러나 나이팅게일은 만족할 수 없었다. 언니 퍼스가 상류사회에 적응한 사교성 좋은 아이였던 것과는 대조적으로, 나이팅게일은 공부를 좋아하나 사교계는 싫어해 '나는 매일 놀면서 지내. 무언가 세상에 도움이 될 만한 일을 해야 할 텐데, 이렇게 지내도 괜찮은 걸까' 하고 고민하는 정의의 사도였다.

나이팅게일이 빈민가를 방문하거나 주변 사람을 간호하는 경험을 하면서 간호사라는 직업에 종사하고자 하는 구체적인 의지를 굳힌 시기는 20대 중반 무렵이었다. 부모님과 언니는 거세게 반대했다. 당시 병원은 빈민굴이나 다름없었으며, 간호사는 술에 찌들고 품행이 단정치 못한 여자가 종사하는 최하등급 직업이었기 때문이다. 따라서 나이팅게일이 가장 처음으로 직면한 적은 '가정 내 악의 여왕'이라고 칭할 수도 있는 어머니와 언니였다. 초반에 이 두 사람이 적수로 등장해 극적 효과는 더욱더 부각된다. 화려한 것을 좋아하고 제멋대로 구는 엄마와 언니가 연합해, 신데렐라의 계모와 언니들처럼 마음씨 착한 히로인에게 철저히 훼방을 놓는다는 식이다. 하지만 나이팅게일은 당시 상류층 집안의 딸답게 (그리고 소녀 왕국의 주인공답게) 유달리 가족을 아끼는 아이였다. 그래서 나이팅게일은 서른 살 무렵까지 아가씨(새장에 갇힌 새)로 지냈다.

나이팅게일은 동물 및 신과 대화할 수 있는 마법소녀였다

나이팅게일의 유년 시절 일화 중 필수적으로 중요하게 다뤄지는 에피소드가 두 가지 있다. 그가 다리를 다친 개 갭에게 붕대를 감아주고 간호해준 일화와, 늙어서 쓸모없어진 말 페기를 아버지에게서 이양받아 열심히 보살펴주었다는 일화다. 특히 개에 얽힌 이야기는 나이팅게일의 간호사 자질을 어필하는 데 빼놓을 수 없다.

나이팅게일은 물에 적신 수건으로 갭의 피 묻은 다리를 닦아주었습니다. 그리고 검은 약 바른 천을 다리에 감아 그 위에 판자를 대고 붕대로 칭칭 감았습니다.
"갭. 나야. 플로렌스야."
나이팅게일은 두려움을 잊고 갭의 곁으로 다가갔습니다. 그리고 장갑을 벗어 조용히 갭의 목을 살며시 쓰다듬어주었습니다. 갭은 안심한 듯 울음을 멈추고 꼬리를 흔들기 시작했습니다.

이 장면은 마치 오무를 달래는 나우시카를 보는 듯하다[3]. 그런데 이뿐만이 아니다. 나이팅게일이 신의 부름을 받았다는 부분에서는 신비성이 돋보인다. 1837년 2월 7일(날짜까지 정확하다), 열일곱 살이 된 나이팅게일은 신의 목소리를 듣게 된다.

"플로렌스, 망설이지 마라. 스스로 올바르다고 여기는 길을 걷도록 하라. 그대를 기다리는 이들이 있다."

이 부분은 마치 잔 다르크 이야기 같다.

나이팅게일은 붉은 전사로 전쟁터에 나섰다

소녀 왕국 나이팅게일이 참을 인 자를 새기며 가족의 억압을 견디다가 사회에 첫발을 내디딘 때는 서른이 넘은 무렵이었다. 그가 독일 카이저스베르트 학원을 비롯해 각지 병원에서 현장 실습을 거치고, 런던의 병원에서 근무할 즈음에 크림전쟁이 발발했다.

크림전쟁이란 터키 내전에 편승한 영국-프랑스 연합군과 러시아군의 전쟁을 말한다. 장기전으로 이어지면서 연합군의 승리가 이어졌으나 영국 육군의 위생 상태는 끔찍했다. 동맹관계에 있던 프랑스

군과의 수준 차이를 한탄하며 즉시 간호사를 파견하라는 기사를 실은 언론사는 당시 몇 없던 전쟁 특파원을 현지로 파견한 〈런던 타임스〉였다.

나이팅게일은 기사를 읽고 "내가 나설 차례야!"라며 설렘에 몸을 떨었다(분명 그랬을 것이다). 정부를 향한 시민들의 비난은 거세졌고, 이들은 육군 위생 문제에 대한 대응을 촉구했다. 당시 국방장관이었던 시드니 허버트는 나이팅게일과 친분이 있는 사이였다. 시드니는 일찍이 병원 개선 사업으로 명성을 떨치고 있던 나이팅게일에게 육군 병원 개선 임무를 의뢰했다.

미스 나이팅게일은 정부의 공식 임명장을 받았습니다.
"터키의 영국 육군병원 간호 감독관으로 임명한다."
이 일은 영국에서 큰 화제가 되었습니다. 지금껏 여자가 이처럼 화려한 지위에 오른 적은 한 번도 없었기 때문입니다.

당시 나이팅게일은 34세였다. 조금 늦은 시작이었지만 이리하여 나이팅게일은 소년 왕국으로 가는 티켓을 손에 넣고 붉은 전사로 활동하기 시작한다.

나이팅게일은 병사들의 마돈나가 되었다

1854년 나이팅게일은 서른여덟 명으로 구성된 여성 간호팀을 이끌고 전선 기지인 스쿠타리 야전병원에 부임했다. 그가 근무한 병원은 상상 이상으로 비참한 곳이었다. 심각하게 비위생적인 숙소에, 식사는 엉망이고, 콜레라가 만연하며, 의사는 병사를 짐승 취급하고, 시체는 방치돼 있었다. 적대 세력은 러시아 병사가 아니라 다름 아닌 군 당국과 의사 단체의 관료주의였다. 하지만 나이팅게일은 열심히 일했고, 사비로(과연 부자답다!) 물자와 식료를 조달해 병사의 건강관리 및 병원 환경 개선에 힘쓰면서 상처받은 병사들의 신뢰를 얻었다. 나이팅게일 일행은 가장 먼저 식생활 개선에 주력했다.

"우유가 마시고 싶다고요? 지금 줄 테니 조금만 기다려요."
나이팅게일은 조수로 데려온 간호사에게 서둘러 취사장에서 따뜻한 우유를 가져오도록 시켰다.
"여기, 우유예요. 입을 벌려봐요. 옳지, 잘 먹네. 그럼 한 입 더."
나이팅게일은 아기를 돌보는 어머니처럼 부상당한 병사에게 숟가락으로 따뜻한 우유를 먹여주었습니다.

나이팅게일은 자장가를 불러주고, 몇 시간씩 무릎을 꿇은 채로 계속해서 붕대를 감았다.

그리고 나이팅게일의 '천사' 이미지를 부각시킨 사건은 병동 야간 순찰이었다.

밤이 깊어지자 간호사들은 잠이 들었습니다. 그후 나이팅게일은 병실을 살피며 돌아다녔습니다. 나이팅게일은 침대 위 병사들을 매일 밤 보살폈습니다.

키 크고 아름다운 나이팅게일이 램프를 들고 병실로 들어서자 환자 한 명이 아주 기쁘게 말했습니다.

"아아, 나이팅게일 님이 왔어." (…)

모두들 나이팅게일이 오기를 기다렸던 것입니다.

무임금 노동에 환자들의 정신건강을 돌보는 일까지, 나이팅게일은 유리 안느와 모리 유키와 같은 처지다. 이는 그야말로 소년 왕국 여주인공(붉은 전사)의 모습이라 할 수 있다.

나이팅게일은 병사들의 어머니가 되었다

이리하여 나이팅게일의 명성은 영국 전역으로 널리 퍼져나갔다. 그러나 정작 나이팅게일 본인은 과로로 크림-콩고 출혈열이라는 병에 감염돼 건강이 위독해졌다.

"당신은 천사예요. 우리를 죽음의 손길로부터 지켜준 천사입니다."
"천사가 사라질 리 없어요. 천사는 죽지 않아요."
"나이팅게일 님, 나이팅게일 님."
나이팅게일은 사람들의 외침과 기도를 듣지 못했습니다. 그저 축 늘어진 채 누워 있을 뿐이었습니다.

나이팅게일은 기적처럼 살아나 스쿠타리로 돌아왔다. 하지만 그후에도 계속 건강 상태는 좋지 않았다. 나이팅게일은 주변 사람들의 걱정을 뒤로하고 힘든 일을 결코 놓으려 하지 않았다.

나이팅게일은 "저는 5만 명 아이들의 엄마예요. 엄마로서 끝까지 일하겠습니다"라며 말을 듣지 않았습니다. 아이들이란 병사를 말합니다. 나이팅게일은 어머니가 그러는 것처럼 따뜻하고 엄격한 시선으로 병사들을 지켜보고 있었던 것입니다.

어머니의 위대한 자기희생 정신. 나이팅게일의 활약은 빅토리아여왕의 귀에 흘러들어갔고, 그는 귀국 후 여왕으로부터 명예의 브로치를 하사받았다.

실력 좋은 실전파 아줌마로서의 나이팅게일

사실 나이팅게일은 악의 여왕에 가까웠다

여기까지가 아동용 나이팅게일전 내용의 90퍼센트에 해당한다. 나머지 10퍼센트는 이후에 나이팅게일이 간호사 양성 학교를 세우고, 나이팅게일 정신에 따라 국제적십자가 설립되었다는 후일담이 급급하게 소개되며, 이윽고 나이팅게일이 죽음을 맞이하는 장면으로 거침없이 넘어가 순조롭게 결말을 맺는다.

어린 시절에 읽었던 나이팅게일전이 기억에 남아 있지 않은 것은 어찌 보면 당연하다. 나이팅게일은 부잣집 마법소녀였으며, 전쟁터에서는 천사 같은 붉은 전사였고, 마지막에 이르러서는 병사들의 어머니가 되었다. 안 그래도 여성스러움을 지겹도록 강요받는 여자아이들에게 천사 또는 어머니의 상징이 드러나며 '천부적인 여성성'이 만연한 이런 이야기가 재미있게 느껴질 리 없다. 하지만 어쨌든 간에 나이팅게일은 애니메이션 왕국 여주인공을 그대로 위인전 왕국에 옮겨놓은 듯한 사람이라는 건 사실이다.

그런데 나이팅게일은 1910년 향년 90세(만수무강!)에 눈을 감았다. 스쿠타리 야전병원에서 영국으로 귀환한 때 그는 36세였다. 그가 전쟁 이후 50년 남짓한 세월을 어떻게 보냈는지 아동용 위인전을 통해서는 도무지 갈피를 잡을 수 없다.

나이팅게일은 생전에 이미 슈퍼스타였다. 그의 위인전과 초상화는 날개 돋친 듯 팔렸으며, 나이팅게일을 찬양하는 노래가 만들어지고 관련 굿즈가 쏟아져나왔다 한다. 그는 말 그대로 살아 있는 이야기 속 주인공, 또는 무비스타나 마찬가지였다. 하지만 스쿠타리에서 과도하게 일한 것이 화근이 되어 여생 대부분을 침대 위에서 보내야만 했다. 나이팅게일이 눈 감았을 당시 많은 사람이 "미스 나이팅게일이 아직까지 살아 있었다니!"라며 깜짝 놀랐다 한다.

그런데 나이팅게일이 역사에 이름을 남길 수 있었던 이유는 어린 시절 개에게 붕대를 감아주었기 때문이 아니다. 신의 계시를 받았기 때문도 아니다. 심지어 스쿠타리에서 헌신하며 일했기 때문도 아니다.

이로써 우리 앞에는 새로운 문제 두 가지가 떠오른다. 첫째, 나이팅게일은 크림전쟁 이후 인생을 어떻게 보냈으며 그의 진정한 공적은 무엇이었는가. 둘째, 위와 같은 나이팅게일의 이미지가 대중에게 유포된 이유는 무엇인가.

나이팅게일전이라는 이름을 걸고 나온 책은 산더미처럼 많지만, 본격적인 내용이라는 면에서 예나 지금이나 일관된 평가를 받는 위인전으로는 에드워드 쿡의 『나이팅게일, 그 생애와 사상』(1913)과 세실 우드햄 스미스의 『플로렌스 나이팅게일의 생애』(1950)가 있다. 또한 나이팅게일이 저술한 책의 일부 내용은 『나이팅게일 저작집』 전3권 (1974~1977)에 정리돼 있다[4].

이 책들만 살펴봐도 나이팅게일의 이미지는 180도 바뀐다. 나이팅게일의 인생은 그가 전쟁터에서 돌아오고 나서부터 훨씬 박진감 넘치기 때문이다. 더욱이 인생 전반부는 아동용 위인전에 묘사된 것과 분위기가 크게 다르다. 요컨대 아동용 위인전에 자애로운(여성적인?) 인물로 묘사된 모습과 반대로, 실제 나이팅게일은 때로는 비정하기까지 한 (남성적인?) 현실주의자였다는 것이다. 솔직히 말해 나이팅게일이라는 인물은 오히려 애니메이션 왕국 악의 여왕에 가깝다.

나이팅게일은 글과 숫자를 사랑한 사람이었다

쿡과 우드햄 스미스는 어떻게 이렇게까지 상세한 내용의 위인전을 쓸 수 있었던 걸까. 그 이유는 나이팅게일 본인이 생전에 방대한 자료를 남겼기 때문이다. 나이팅게일은 글쓰기광인데다가 메모왕이었다. 그의 생전에 출판된 저작물만 해도 분량이 많고 적은 것들을 합쳐 150권이 넘는다. 어린 시절부터 손으로 쓴 개인 기록물이나 편지, 초고는 눈앞이 아찔할 정도로 많으며, 대영 도서관에는 두께가 10센티미터 넘는 '나이팅게일 문서'라는 제목의 대형 서류철이 160권 이상 보관돼 있다고 한다. 심지어 이는 극히 일부에 지나지 않으며 저서 대부분이 수많은 정부위원회 보고서에 포함돼 있다 한다. 나이팅게일은 여생을 대부분 침대 위에서 자서전과 정부 보고서를 쓰는 일에 쏟아부었다[5].

게다가 나이팅게일은 통계학광이었으며 숫자에 상당히 밝았다. 통계학에 대한 열정은 보통이 아니었고 통계표를 보고만 있어도 행복해하는 정도였다고 한다. 사실 나이팅게일은 스쿠타리 야전병원에서도 육체노동에 힘썼을 뿐 아니라 데이터를 가지고 통계 내고 그에 의거한 작전을 펼쳐 43퍼센트에 육박하던 사망률을 2퍼센트까지 끌어내렸다. 그리고 전쟁터에서 돌아온 후에는 대량의 통계표와 보고서를 작성하고, 영국 육군병원의 터무니없이 높은 사망률에 항의하여 육군 당국에 위생 개혁을 촉구했다[6].

나이팅게일은 근대 간호법을 확립한 인물이라고 전해지지만 관점을 바꿔 최초로 예방의학을 제창한 인물이라 해야 할 것이다. 나이팅게일의 무기는 두루뭉술한 모성이나 여성성 따위가 아니라 정보 수집 능력과 면밀한 조사 능력, 그리고 그것을 해석하는 능력이었다.

나이팅게일은 지독한 실무가였다

나이팅게일은 외교 수완이 뛰어난 실무가이기도 했다. 나이팅게일이 스쿠타리에서 돌아와 가장 먼저 열의를 불태운 일은 영국 육군의 위생 개혁이었다. 그러나 당시는 여성에게 투표권조차 없던 시대였다. 나이팅게일은 목표를 달성하기 위해 어떠한 기회도 놓치지 않았다. 결국 그는 동시대 인물인 빅토리아여왕의 신임을 얻어내는 데 성공했고, 여왕은 군사령관에게 나이팅게일은 "육군성에 필요한 인재"라는 내용의 편지를 부쳤다. 국방장관 시드니 허버트는 나이팅게일을 가장 잘 이해해주는 사람이자 협력자였는데, 나이팅게일이 무척 신뢰하는 부하였다고 할 수 있다(나이팅게일은 허버트가 심신이 쇠약해져 절대 안정을 취해야 할 때도 그가 공무에서 손떼는 것을 허락하지 않았다). 더욱이 나이팅게일은 유력한 정치가 몇 명을 자기 편으로 만드는 데 성공했다. 그는 정치가들과 함께 몇몇 소위원회를 조직했으며 위원회 정식 멤버가 아님에도 실질적인 사령관으로서 그들에게 지시를 내리고 본인은 보고서를 집필했다.

육군병원 개혁, 민간 의료기관 개혁, 인도 내 병원의 위생 개혁, 그리고 수많은 법률 제정. 나이팅게일이 직접 구상하고 육군성과 정부를 움직여 실현시킨 개혁안이 적지 않은데, 그 모든 상대는 국가 관료 기구였다. 관공서가 어떤 기관인지 떠올려보면 이런 일에 얼마나 끈기가 필요했을지 상상이 갈 것이다. 또한 나이팅게일은 육군을 향해 가차없는 비판도 서슴지 않았다. 스쿠타리 야전병원에 있을 때도 그렇고, 전쟁터에서 돌아온 후에도 그에게 대놓고 욕먹은 육군 당국과 정부 관료에게 나이팅게일은 분명 '망할 아줌마' '독한 아줌마'였을 것이다.

나이팅게일은 귀족 명예남성이었다

나이팅게일은 말 그대로 홍일점 슈퍼우먼이었다. 그는 남초사회에서 강한 발언권과 영향력을 지닌 진정한 '명예남성'으로, 스쿠타리에서 돌아온 뒤에는 병든 몸을 채찍질하면서 하루에 22시간씩 일했다

한다. 하지만 범상치 않은 능력과 인내력과 경제력을 지녀서였는지 평범한 여성에 대한 공감 능력은 부족했다. 나이팅게일은 자신이 여자라는 이유로 손해를 보거나 이득을 본 적이 없다는 뜻을 분명히 밝혔다. 유년 시절 트라우마 탓인지 별것 아닌 일에 일희일비하는 한가한 상류층 부인들을 매우 혐오했다. 반면 여권 확장 운동에 대해서는 비판적인 입장이었다. 나이팅게일은 당시 한창 고조되고 있던 여성 참정권 운동과 여성 의사 면허 요구 운동을 "허튼짓"이라는 한마디로 일축했다[7].

이러한 점을 나이팅게일의 한계라며 비판하는 사람도 있는데, 나이팅게일은 19세기 상류사회에서 자란 귀족으로 좋은 의미에서나 나쁜 의미에서나 뼛속까지 여왕벌이었다 할 수 있다. 또한 나이팅게일은 열렬한 개신교(영국국교회) 신자였는데, 신비주의 사상에 심취해 종교 해설 서적을 저술하기까지 했다. 그에게는 철저한 근대합리주의와 종교적 측면, 그리고 냉정한 판단력과 신경질적인 면이 공존했다. 나이팅게일은 역시 보통내기가 아니었던 것이다.

악의 여왕이 천사가 되기까지

　나이팅게일의 이미지는 이토록 극단적으로 나뉜다. 사실 이런 차이를 눈치챈 사람은 꽤 많다. 나이팅게일의 저서를 읽어본 사람은 항간에 떠도는 이미지와 실제 모습의 격차에 놀라며 분개한다. 따라서 어느 정도 양심 있는 나이팅게일전의 저자는 그에게 덧씌워진 천사 이미지를 씻어내려는 집념에 불타올랐다고까지 할 수 있을 정도다[8].

　하지만 한번 형성된 이미지는 그리 쉽게 깨지지 않는다. 동서고금을 막론하고 미담이 형성되는 과정은 어느 정도 틀이 정해져 있다. 항간의 소문을 저널리스트가 보도해서 권위자가 이를 소개하면 문학가가 또 시를 지어 권위를 부여하고, 이야기를 통해 통속화된다. 이야기는 시간이 흘러 단계를 거치면서 점점 더 추상화되며 전달되는 범위도 넓어진다. 나이팅게일 전설이 형성된 방식이 바로 그 전형이다.

나이팅게일을 '램프를 든 여인'으로 만들었다

　나이팅게일을 천사로 만드는 도화선이 된 것은 크림전쟁에서 돌아온 병사들이 쓴 편지였다. 한 병사가 조국으로 보낸 편지에 "램프 불빛으로 벽에 비친 나이팅게일의 그림자에 키스를 하는 병사가 있었을 정도"라는 이야기를 적은 것이다. 그 사실을 알게 된 〈런던 타임스〉 기자는 나이팅게일의 야간 순회에 대한 기사를 내보냈다. 이 기자는 스쿠타리 야전병원의 참상을 최초로 기사화한 사람이며, 나이팅게일 앞으로 보내진 '나이팅게일 기금'을 관리하는 사람이기도 했다. 기자는 이렇게 적었다. "군의들이 한 명도 남김없이 자기 방으로 돌아가 정적과 암흑만이 환자들의 침대를 감쌀 때, 나이팅게일은 작은 램프를 한 손에 들고 모든 병실을 홀로 순회했다."

게다가 나이팅게일을 전쟁터로 파견한 시드니 허버트는 병사들의 편지를 공개 석상에서 낭독하고, 또다른 의원은 국회에서 앞서 소개한 신문 기사를 낭독했다. 그들도 나이팅게일을 지지하는 입장이었다. 그리고 미국의 시인 헨리 롱펠로는 이 감동 비화를 소재로 시를 썼다.

보라, 저기 고통의 집에서 램프를 든 여인이

어둠 사이로 방에서 방으로

천사처럼 지나가는 것을

아픈 자들은 천국의 꿈에 취해

벽에 비친 그녀의 그림자에 입을 맞추네

「산타 필로메나」라는 제목의 이 시는 나이팅게일의 이름을 세계에

널리 알렸으며, '램프를 든 여인'은 그림과 조각으로 탄생해 전 세계로 퍼져나갔다.

나이팅게일을 '백의의 천사'로 만들었다

롱펠로의 시가 퍼뜨린 나이팅게일의 이미지는 그가 사망한 후에 할리우드 영화 〈백의의 천사The White Angel〉(1936)로 계승되어 나이팅게일의 대중적인 이미지를 부각시키는 데 기여했다. 영화의 클라이맥스는 물론 야간 순회 장면이지만 그 밖에도 흥미로운 점이 많다.

이 영화는 나이팅게일을, 눈물을 머금고 정의감에 가득찬 분노로 발을 구르며 목소리를 높여 모든 일을 자신이 마음먹은 대로 진행시키려 하는 감정적이고 매력적인 젊은 여성으로 묘사하는 데 안간힘을 쓴다[9]. 그가 하얀 드레스와 베일의 결혼식 복장을 한 채 간호사가 되겠다는 결심을 이야기하고, 부상당한 병사에게 아무런 조치도 취하지 않고 그저 부드럽게 그를 안아주고, 죽어가는 전 약혼자(이유는 모르겠으나 전쟁터에 와 있다)를 품에 안아 임종을 지키고, 큰소리 쳐서 문제를 해결하는 모습 등으로 말이다. 게다가 이 영화 역시 나이팅게일이 크림전쟁에서 활약하는 모습에만 초점을 맞추고, 빅토리아여왕에게 브로치를 하사받는 의식을 치르는 장면(실제로는 우편 배송으로 전해졌다)에서 막을 내린다.

나이팅게일의 '램프를 든 여인'과 '백의의 천사' 이미지는 일본에서도 그대로 정착됐다. 아동용 나이팅게일전 표지에는 백이면 백, 나이팅게일이 램프를 든 모습이 실려 있다. 또한 간호학교 졸업식 대모식戴帽式*에서 졸업생들이 어둠 속에서 불붙인 램프를 드는 의식도 나이팅게일의 램프에서 유래된 것이라 한다.

나이팅게일을 '적십자의 어머니'로 만들었다

여기서 끝이 아니다. 수많은 위인전이 도를 넘어 나이팅게일의 업적마저 날조하기에 이르렀다. 나이팅게일을 '적십자의 어머니'로 만들어버린 것이다.

적십자를 창설한 앙리 뒤낭은 나이팅게일과 비슷한 경력을 지닌 인물이다. 그 역시 나이팅게일이 스쿠타리 전쟁터로 떠난 지 몇 년 뒤에 솔페리노 전쟁터로 향했고, 당시 경험을 살려 중립 구호기관인 국제적십자를 출범시켰다. 전쟁터에서 겪은 경험이 훗날 업무에서 결실

---

* 간호학교 졸업식에서 학생이 간호 모자를 받아 쓰는 의식.

을 맺은 점이 나이팅게일과 같고, 적십자가 창설된 해가 1864년이었으니 시기상으로 봐도 나이팅게일의 활동 시기와 겹친다. 그래서 다음과 같은 오해가 생겨났다.

"물론 나이팅게일은 뒤낭의 의견에 찬성했습니다." "적십자사를 창립한 사람은 앙리 뒤낭입니다. 그러나 뒤낭이 이처럼 큰 운동을 일으킬 수 있는 계기가 된 것이 플로렌스 나이팅게일의 위대한 업적이었다는 사실을 잊어서는 안 됩니다."

이는 사실이 아니다. 뒤낭은 적십자 창설에 관해 나이팅게일과 의논한 적이 없다.

뒤낭은 런던에서 적십자 대회가 열렸을 때 "제가 적십자를 만들려고 나선 이유는 영국에 나이팅게일 여사라는 훌륭한 본보기가 있었기 때문입니다. 제가 무시무시한 전쟁터로 나서는 데 용기를 준 것은 나이팅게일 여사의 업적이었습니다"라고 말했습니다.

이 일화도 사실이 아니다. 그는 나이팅게일에게 자극을 받아 전쟁터로 나간 게 아니었으며 1907년 런던에서 열린 적십자 대회에 참가

조차 하지 않았다고 한다[10].

위인전은 얼마든지 와전될 가능성이 있다. 하지만 나이팅게일전만큼 정도가 지나친 경우는 없다.

간호학계에는 '나이팅게일주의'라는 용어가 있다고 한다. 자기희생과 헌신을 뜻하는 말이다. 아동용 위인전에 이런 내용이 나온다.

"천사 같은 나이팅게일. 당신 같은 분이 간병을 해주셔서 저는 행복합니다."
나이팅게일의 손을 잡고 눈물짓는 병사도 있었습니다.

이런 모습으로 묘사되는 '천사' 하면 떠오르는 애니메이션 왕국 후예로는 〈리리카 SOS〉가 있다. 이 작품의 핵심은 주인공 리리카가 자기 목숨을 바쳐 지구를 구해내는 결말에 있다. 나이팅게일주의는 이런 곳까지 침투한 것이다.

그러나 실제로 플로렌스 나이팅게일은 간호직을 근대의 전문직으로 확립하는 데 힘쓴 사람이다.

당신이 훌륭한 일을 해냈을 때 "여자치고는 훌륭하네요" "잘한 일이지만 그러지 말았어야 해. 그건 여성에게 적합한 일이 아니니까"라며 의욕 꺾이는 말을 듣고 싶지는 않을 것이다. (『간호 노트』)

이런 글을 쓴 나이팅게일이 〈리리카 SOS〉를 본다면 어떤 말을 할까.

◆1 어린 시절 위인전의 기억

필자만 해도 여성 위인전을 읽어본 기억은 분명 있지만 단편적인 기억 밖에 떠오르지 않는다. "나이팅게일전에 크림전쟁이라는 게 나왔었지" "퀴리 부인전에는 학창시절 너무 추웠던 나머지 침대 위에 덮을 수 있는 것들을 죄다 덮고, 결국 그 위에 의자까지 얹었다는 내용이 나오지 않았었나?" 이 정도가 고작이다. 물론 반 친구들 사이에서 위인전 왕국 인물이 화제에 오른 적도 없다. 남자아이들은 "퀴리 부인도 있는데 왜 가지 부인은 없냐"* "나이팅게일, 아루팅게일"** 같은 소리나 하며 우하하 웃어재끼곤 했다(지금 생각해보면 외설적인 단어를 연상시켰던 것이다). (일본에서는 나이팅게일을 외래어표기법상 '나이칭게루(ナイチンゲ_ル)' 라고 쓰는데, '칭'은 남성의 성기를 속되게 이르는 말로 쓰이기도 한다—역주) 초등학생 남자아이들의 지성은 대체로 그 정도 수준에 불과하다.

◆2 아동용 나이팅게일전

인용구의 출처는 쓰유키 요코의 『크림의 천사 나이팅게일』(『위인 이야기 문집』, 1952), 야마누시 도시코의 『소설 나이팅게일』(『아동 위인전집』, 1968), 쓰지다 하루오의 『나이팅게일』(『어린이 위인전집』, 1969), 무라오카

* 오이를 뜻하는 일본어 '큐리'와 발음이 비슷한 것을 이용한 말장난.
** 일본어로 '나이'는 없다, '아루'는 있다는 뜻.

하나코의 『적십자의 어머니 나이팅게일』(『불새 위인문집』, 개정판 1981),
시게카네 요시코의 『나이팅게일』(『소년소녀 전기문학관』, 1988)이다.

◆ 3 나이팅게일과 동물

참고로 나이팅게일은 어른이 되어 여행차 방문한 그리스에서 아이들
에게 붙잡혀 있는 올빼미를 구해 영국으로 데리고 갔다. 그리고 아테
네라고 이름 붙인 올빼미를 반려동물 삼아 전쟁터로 떠나기 직전까지
데리고 다녔다 한다. 이는 라라와 고양이, 나우시카와 여우다람쥐, 세
일러 문과 고양이처럼 애니메이션 주인공과 유사한 양상에 무심코 쓴
웃음을 짓게 되는 에피소드다.

◆ 4 어른용 나이팅게일전

쿡의 저서는 나이팅게일이 사망하고 3년 뒤에 출판된 두꺼운 책으로
나이팅게일의 편지, 저서 발췌문, 주변 사람들의 증언 등을 상세히 수
록한 위인전이다. 동시대 인물이 저술한 책인 만큼 사실성이 뛰어나
긴 하나, 미공개 자료나 사생활 보호 차원에서 일부 인물의 실명이 가
려져 있는 부분이 결점으로 평가되기도 한다. 한편 나이팅게일이 사
망한 지 40년이 지나서 집필된 우드햄 스미스의 저서는 방대한 자료
를 바탕으로 나이팅게일의 생애를 재구성한 것으로, 디테일 면에서는
전자에 미치지 못하지만 나이팅게일의 삶을 전체적으로 파악하기에

는 아주 적합하다. 무엇보다도 우드햄 스미스가 집필한 위인전이 일본어로 번역돼 출판된 때는 1981년(다케야마 미치코·고미나미 요시히코 옮김)이며, 쿡이 집필한 위인전이 일본어로 번역되어 총 세 권으로 완결된 시기는 1994년(나카무라 다에코·도모에다 구미코 옮김)으로, 제대로 된 나이팅게일전을 일본어로 읽을 수 있게 된 시기는 얼마 되지 않았다. 이전에는 루시 세이머의 『플로렌스 나이팅게일』(유마키 마스 옮김, 1965), 바바라 하메링크의 『근대 간호의 창시자 나이팅게일전』(니시다 아키라, 1979) 등이 많이 읽혔다고 한다. 두 권 모두 내용이 매우 간결하고 알찬 나이팅게일전이다.

◆ 5 나이팅게일의 저작물
출처는 우드햄 스미스의 저서에 수록된 「옮긴이의 말」이다. 그중 나이팅게일의 첫 저서 『간호 노트』가 유명하다. 이 책은 지금 읽어도 흥미로운 내용의 훌륭한 실용서로, 나이팅게일과 절친한 사이인 시드니 허버트가 이를 두고 "소설보다 재미있다"고 평가했다 한다. 『간호 노트』는 『나이팅게일 저서집』 제1권에 수록된 것 외에도 일본어판(우스이 히로코 옮김, 2000)이 단행본으로 출간되었다.

◆ 6 나이팅게일과 통계학
나이팅게일이 통계학 방면에서 일구어낸 공적에 관해서는 다오 기요코의 저서 『통계학자 나이팅게일』(1991)에서 확인할 수 있다.

◆7 나이팅게일의 여성관

나이팅게일은 여성 권리에 냉담했다. 그가 31세 때 작성한 첫 논문은 영국 여성을 향한 비판으로 시작된다. "예로부터 19세기는 반드시 '여성들의 시대'가 될 것이라는 전설이 있다. 그런데 이 전설이 우리 선조들의 지혜를 보여주는지 여부와 별개로 금세기 중반까지의 상황으로 미뤄보아, 영국 여성들은 19세기가 여성들의 시대가 아니었다는 사실을 아주 잘 알고 있다. 전설이 적중했다고 생각하는 사람들은 이러한 사태를 잘 모르는 사람들이다. 그렇다면 19세기가 여성들의 시대가 되지 못한 이유는 도대체 누구 때문일까. 남성들 탓은 아니다." (「카이저스베르트 학원에 부치는 편지」)

이처럼 보수적인 여성관에서, 당시대를 살아간 나이팅게일의 한계가 드러난다고 이야기하는 사람도 있다. 이를테면 바버라 에런라이크와 디어드러 잉글리시는 『마녀, 산파, 간호사』(나가세 히사코 옮김, 1996)에서 나이팅게일이 간호사를 여성의 천직으로 보는 태도를 혹독히 비판한다.

◆8 나이팅게일전 비판

1918년 리튼 스트레이치는 나이팅게일을 악마로 묘사했다(『나이팅게일전』, 하시구치 미노루 옮김, 1993). 또한 미야모토 유리코는 『진실되게 살아간 여성』(1989)에 수록된 「플로렌스 나이팅게일의 생애」(초판은 『부인 아사히』의 40년 4월호) 첫머리에서 나이팅게일 신화를 단호히 부정한다. "플로렌스 나이팅게일은 생전부터 자비의 여신이자 천사로서 전설적인 존재였다. 그는 후대로 갈수록 성녀의 색채가 더욱 짙어져 마치 천상의 존재가 인간계 신음 속에 강림한 것처럼 묘사되었는데, 오래도록 이어진 플로렌스 나이팅게일의 현실이 정말 자비라는 향로에서 피어오르는 향기 같은 모습이었을까"라고 말이다.

아동용 위인전에서도 비판하는 내용이 나온다. "'천사'라는 단어는 어딘지 모르게 감성적인 달콤한 울림이 있습니다. 그러나 나이팅게일의 업적을 보면 알 수 있듯이 그를 '천사'라는 말로 쉽게 치부할 일이 아닙니다(『적십자의 어머니 나이팅게일』, 무라오카 하나코)" "'백의의 천사'란 후대 사람들이 나이팅게일을 칭송하려고 멋대로 미화해 붙인 명칭입니다. 정작 나이팅게일은 천사와는 정반대로 괴로운 투쟁을 하며 일생을 보낸 사람이었습니다(『나이팅게일』, 시게카네 요시코)"라고 말이다. 하지만 해당 서적들에서도 '천사'와 '어머니'라는 명칭을 사용하기에 일관성이 없다.

이러한 비판에 입각해 새롭게 만들어진 아동용 위인전으로는 나가시마 신이치의 『나이팅게일』(1993)과 팸 브라운의 『나이팅게일』(지노 미도리 옮김, 『위인전 세계를 바꾼 사람들』, 1991)이 있다. 특히 후자는 과거의 나이팅게일상을 지우려 나이팅게일이 램프와 장미 꽃다발을 들고 있는 삽화를 넣고 "빅토리아시대의 낭만적 감상주의로 플로렌스 나이팅게일의 진정한 업적이 흐릿해지고 말았습니다. 왼쪽 그림을 봐 주십시오. 나이팅게일이 전쟁터에 있을 리 만무한 장미 꽃다발을 가 슴에 품고 달빛이 비추는 병동을 순회하고 있습니다"라는 조롱 섞인 설명까지 붙여두었다.

◆ 9 영화 〈백의의 천사〉

이 영화에 관해서는 앤 허드슨 존의 「〈백의의 천사〉(1936년)—할리우 드 영화 속 플로렌스 나이팅게일의 모습」(앤 허드슨 존 편저, 『간호사는 어떻게 평가되어 왔는가』 수록, 나카시마 노리코 감수, 1997)에 상세한 분석과 비판이 나온다.

◆ 10 와전된 나이팅게일 이미지

'적십자의 어머니'라는 나이팅게일의 호칭이 잘못됐다는 주장은 『나 이팅게일』(쓰치다 하루오, 1969) 제80쇄(1985)에 수록된 해설과 사토 신이치의 「나이팅게일과 와전에 관하여」에 자세히 설명되어 있다. 이 와 관련해 쿡의 저서와 우드햄 스미스의 저서에도 뒤낭이 제네바조약 관련 논문에 나이팅게일의 이름을 거론했다고 기록돼 있는 것으로 보 아(출처는 〈타임스〉 1872년 8월 7일자 기사), 뒤낭과 나이팅게일이 살 아 있을 때부터 와전된 정보가 버젓이 통용된 것으로 짐작된다.

10장

과학자의 사랑:
마리아 스크워도프스카 퀴리

◇　　　　　　**사랑 이야기로서의 위인전**

　퀴리 부인은 세계 최초로 과학 부문 노벨상을 수상한 여성이자 세계 최초로 노벨상을 두 번 수상한 인물로 알려져 있다. 그는 과학이 전성기를 맞이하던 20세기에 걸맞은 붉은 위인이라는 이미지가 강하다. 그러나 위인전 왕국에서 퀴리 부인을 다루는 방식은 그렇지 않다.

　『위인·영웅 세계사 사전 ③ 근대~현대』(나가사와 가즈토시 감수, 『학습연구 만화 사전 시리즈』, 1987)라는 학습만화가 있다. 이는 위인 16인의 이야기를 만화로 만들어 한 권으로 정리한 책인데, 아동용 위인전치고 라인업이 흥미롭다. 세계사가 포함되었기 때문인지 노벨,

에디슨, 슈바이처 같은 대표 위인들과 함께 쑨원, 레닌, 간디, 아타튀르크(터키를 건국한 영웅), 처칠, 마오쩌둥, 호찌민 등 영웅과 정치를 꺼리던 위인전 왕국에 있을 법하지 않은 인물을 적극적으로 다루었다. 그렇다 해도 위인 16인 중 여성이라곤 「근대 과학기술의 발명과 진보」 장에 등장하는 퀴리 부인 한 명뿐. 그야말로 홍일점인 처지다.

위인 열여섯 명의 이야기에는 각 장마다 제목이 붙어 있다. 노벨은 '안전한 폭약을 꿈꾸며', 에디슨은 '세계를 바꾼 발명왕', 레닌은 '러시아를 인민의 손에', 간디는 '길고 고된 비폭력 전쟁', 슈바이처는 '아프리카에 사랑과 희망의 빛을'.

그런데 이 책에서 퀴리 부인 이야기에 붙은 제목은 '남편의 죽음을 극복하고'다. 남편의 죽음을 극복하고? '세계를 바꾼 발명왕'과 '아프리카에 사랑과 희망의 빛을'에 비견하는 퀴리 부인의 공적이 '남편의 죽음을 극복하고'라고? 만일 남편의 죽음을 극복하는 것이 위인이 되기 위한 조건이라면 이 세상은 여성 위인으로 가득할 것이다.

이런 제목이 붙은 이유를 몇 가지 생각해볼 수 있다. 우선 퀴리 부인은 해당 책의 위인 중 홍일점이다. 목차에 빼곡히 줄 세워진 제목에 변화를 주고자 나머지 열다섯 명에게는 없는 개성(여성성)을 내세운 것이다. 또다른 이유로 퀴리 부인이 물리학자였다는 점이 있다. 과학자라는 직업이 지니는 딱딱하고 차가운 이미지를 희석하여 조금이나

마 친근감을 주고 싶었던 것이다. 게다가 일반인은 과학자의 업적을 쉽게 이해하기 어렵다. 그렇기에 퀴리 부인의 경우 누구든지 알 수 있는 가족으로서의 모습, 즉 남편의 죽음을 극복한 부분이 강조된 게 분명하다. 아인슈타인 이야기 제목인 '더벅머리 천재'에서도 이 같은 의도가 엿보인다.

하지만 퀴리 부인전 몇 권을 살펴보면 '남편의 죽음을 극복하고'가 단순히 제목의 문제가 아니며, 비단 이 책만의 문제도 아니라는 사실을 깨닫게 된다. 아동용 퀴리 부인전은 말 그대로 남편의 죽음을 극복한 이야기인 것이다.

마리 퀴리는 나이팅게일에게 없는 극적 요소를 지닌다. 바로 사랑과 결혼이다. 애니메이션 왕국 여주인공들이 연애지상주의자인 점을 떠올려보면 그들에게 따라붙는 사랑의 가치가 얼마나 큰지 알 수 있다. 이리하여 퀴리 부인전은 남편 피에르와의 만남과 이별을 중심으로 펼쳐지는, 이성애와 부부애 가득한 이야기로 그려진다.

하지만 퀴리 부인의 생애에서 나이팅게일전이 보여주던 혼란이나 날조를 찾아보기란 어렵다. 일찍이 전 세계 그 누구도 이의를 제기할 수 없는 최상의 퀴리 부인전이 저술되고 일찌감치 일본어로 번역되었기 때문일 것으로 추측된다. 그 책은 딸 이브 퀴리의 저서 『퀴리 부인전Madame Curie』(1938)이다[1]. 더욱이 아동용 퀴리 부인전 중에도 대표적인 작품이 있다. 이브가 위인전을 저술한 직후에 출판된 영국의 아동도서 여성 작가 엘리너 둘리의 저서 『라듐 우먼』(1939)이다.

그건 그렇고, 라듐 우먼이라니! 아스트로 보이(〈우주소년 아톰〉의 미국판 제목)에 버금가는 훌륭한 작명 센스 아닌가. 출판사가 이 책 제목을 '퀴리 부인'으로 바꾼 의도는 모르겠으나, 아동용 위인전집에서도 『퀴리 부인』만큼은 새로 쓴 원고가 아니라 『라듐 우먼』의 일본어판을 실어놓은 경우를 종종 찾아볼 수 있다[2]. 이 판단은 아주 지당했다. 『라듐 우먼』은 제목뿐 아니라 내용, 구성, 문체마저 실로 훌륭하다. 마치 〈세일러 문〉처럼 말이다.

마리 퀴리전은 〈세일러 문〉과 비슷하다

마리 퀴리는 악의 제국을 증오하는 애국소녀였다

마리아 스크워도프스카, 애칭은 마냐. 훗날 마리 퀴리로 불리는 이 아이는 1867년 폴란드 수도 바르샤바에서 다섯 형제 중 막내딸로 태어났다. 아버지는 물리와 수학을 가르치는 교사였고 어머니 역시 교육자였는데, 마냐가 열 살 때 어머니와 언니 한 명이 세상을 떠났다.

당시 폴란드는 세 나라가 점령하고 있었는데, 바르샤바는 러시아 지배하에 있었다. 즉, 조국이 악의 제국에 지배당해 존망의 위기에 있었던 것이다. 이에 따라 유년 시절의 하이라이트는 마냐와 러시아(악의 제국) 관료가 대립하는 장면이 된다. 학교에서는 모국어인 폴란드어 사용이 금지됐다. 하지만 마냐네 교실에서는 남몰래 폴란드 역사 수업을 했다. 그때 러시아 시학관이 시찰 나온다는 소식이 들려왔다. 교사와 학생들은 황급히 역사 교과서를 기숙사로 옮기고 재봉 수업을 하는 척 연기했다.

"마리아 스크워도프스카."

호명된 마냐는 시학관의 명령에 따라 러시아어로 기도문을 읊고, 상트페테르부르크에서 태어난 사람이 구사하는 것 같은 완벽한 러시아어로 역대 러시아 황제의 이름을 외고, "우리를 거둬주시는 분은 누구지?"라는 질문에 머뭇거리며 "러시아 황제, 알렉산더 2세 폐하이십니다"라고 대답했다. 시학관은 만족스러워하며 돌아갔지만, 긴장이 풀린 마냐는 가슴이 미어지도록 울었습니다.

이 장면을 통해 마냐가 얼마나 우수한 학생이었는지, 그리고 조국을 얼마나 사랑했는지 부각된다. 고작 열 살이라는 나이에 조국의 멸망 위기에 가슴 아파하던 소녀. 이 사실만으로도 이야기 속 주인공이 될 자격은 충분하다 할 수 있다.

운명의 왕자님과의 만남이 인생을 결정지었다

마냐의 집안은 유복하지 않았다. 열여덟 살이 된 마냐는 언니 블로냐를 먼저 대학에 보내기 위해 고향의 한 명문가에 얹혀사는 가정교사가 되었다. 이때 마냐는 첫사랑을 만나는데, 상대는 가정교사로 들어간 집안의 대를 이을 아들인 밝고 잘생긴 대학생이었다. 두 사람은 결혼을 약속했다. 이 부분에서 두 사람이 나누는 대화는 마치 순정만화에 나오는 듯하다. 하지만 남자 쪽 부모의 거센 반대로 이들은 허무하게 헤어지고 말았다. 신분(계급)의 차이 때문에 사랑을 포기한 것이다.

마냐는 스물세 살에 파리로 떠나 소르본대학에 입학했다. 그리고 몇 년 후 운명의 왕자님인 피에르 퀴리와 만나게 된다. 마리(파리에 와서는 자기 이름을 프랑스식으로 소개했다)는 스물일곱 살이고 피에르는 서른다섯 살이었는데, 당시 피에르는 이미 세계적으로 유명한 물리학자였다.

"어슴푸레한 방에 들어선 마리는 발코니 근처에 서 있는 키 큰 청년을 발견했습니다. 그 사람은 무척 젊어 보였습니다. 마리는 유명한 사람과 만나는 줄로만 알았던 터라 그 사실이 의외였습니다. 청년은 부드러움이나 우아함보다 어딘가 독특하면서 심금을 울리는 분위기를 지니고 있었습니다."

피에르는, 졸업 후에 조국으로 돌아가서 물리교사가 되려던 마리에게 열렬히 구애했다. 마리는 한동안 계속 거절하다가 "그럼 내가 폴란드로 가겠다"며 한발 물러서는 피에르의 모습에 넘어가게 된다. 애니메이션에 빗대어 말하자면 마리는 조국을 버리고 과학과 '사랑'을 선택한 것이다.

마리와 피에르는 1895년 7월 26일에 결혼했다. 두 사람이 첨단기구(자전거)를 타고 신혼여행을 떠나는 부분은 퀴리 부인전에서 가장 아름답고 인상 깊은 장면으로 꼽힌다. 소녀 왕국의 모든 여주인공은, 직장생활에서는 지도자이며 사생활에서는 반려자인 연상의 남자를 조력자로 확보해두었다. 즉, 마리에게 있어 피에르는 세일러 문의 턱시도 가면 같은 존재였다.

마리 퀴리는 인류를 구원할 보물을 발견했다

결혼 후 퀴리 부부는 실험실 마련에 난항을 겪어 고민에 빠졌다(소녀 왕국 여주인공에게는 설비가 갖춰진 작전 본부가 주어지지 않는다).
마리는 겨우 마련해낸 창고에서 방사선을 배출하는 물질에 관한 새로운 연구에 착수했다. 그리고 그는 광물에 포함된 방사선량을 조사하던 중 미지의 원소가 지닌 가능성을 발견하게 됐다. 피에르는 역시 턱시도 가면답게 자기 연구를 내팽개치고 마리에게 협력했다.

이윽고 두 사람은 물질 두 개를 발견해 각각 폴로늄과 라듐이라는 이름을 붙였다. 그런데 전 세계 과학자에게 물질의 존재를 알리려면 원소를 추출해 원자량을 측정해야만 했다. 미지의 원소는 보헤미아 유리를 만드는 원료의 찌꺼기인 피치블렌드(역청우라늄광)에 포함돼 있는 게 분명했다. 마리는 4년 동안 매일 밤낮없이 대량으로 들여온 피치블렌드를 커다란 냄비에 녹이고 달이기를 반복했다.

1902년 마침내 그날이 왔다. 마리가 드디어 라듐을 발견한 것이다. 심지어 라듐은 아주 놀라운 특징을 지니고 있었다. 마리는 "불을 켜지 마"라고 말했다. 라듐은 빛을 내뿜고 있었다.

어두운 방안에서는 마치 수면 위로 춤추는 푸르른 달빛처럼 아주 작은 빛이 반짝이고 있었습니다. (…) 신비로운 빛은 탁자 위에서, 그리고 선반 위에서 반짝였습니다.

그런데 라듐이란 무엇일까. 세계를 구원할 보물, 세일러 문에 나오는 환상의 크리스털에 해당될 것이다. 어찌됐든 라듐은 8톤이나 되는 원재료에서 1그램밖에 추출할 수 없는 귀중한 원소이며 신비로운 빛을 발하는 미지의 물질이다. 그뿐만이 아니다. 라듐은 방사선치료에 쓰일 가능성이 있었다.

> "이리하여 세상을 위한 야심 찬 큰 소원이 이뤄졌습니다. 라듐은 암 세포를 없애는 일에도 분명 도움이 될 것입니다."

이것이 인류를 구하는 마법의 보물이 아니면 무엇이란 말인가.

마리 퀴리는 가정에서 좋은 아내이자 현명한 어머니였다

마리는 비단 과학자만은 아니었다. 그는 한 가정에서 아내이자 주부이며, 어린 딸 이렌의 어머니이기도 했다. 위인전에는 마리가 과학자와 주부라는 두 가지 역할을 병행하려 노력하는 모습이 한가득 담겨 있다.

"과학책을 보고 공부하듯 요리책을 몇 번이고 다시 읽었습니다. 여백에 메모를 하고, 실패와 성공을 기록했습니다"라는 신혼 당시의 재미있는 에피소드가 있다. 마리가 새로운 물질에 조국과 관련된 이름을 붙인 일화는 다음과 같이 기록돼 있다.

마리는 피에르에게 새로운 물질의 이름을 속삭였습니다.

"폴로늄."

그러고 나서 마리는 집으로 돌아가 과일 젤리를 만들고, 이렌에게 옷을 입혀주었습니다. 그리고 일기에 딸의 몸무게를 기입하고, 젖니가 자란 일, 이렌이 손으로 고마움을 표현할 수 있게 된 일, 우유를 마시고 혼자서 트림할 수 있게 된 일 등을 기록했습니다.

과학자로서의 고된 연구와 육아에 쫓기는 나날. 피에르는 아기가 울 때마다 곧장 달려가는 마리를 탐탁지 않아 했다. 그는 마리가 연구에 더 많은 시간을 쏟을 필요가 있다고 생각했다. 그러나 마리는 애정이 넘치는 어머니였다. 노벨상을 수상하고 떠들썩해진 일상 속에서 마리에게 최고의 위안을 준 사람은 당시 갓난아기였던 둘째 딸 이브였다. 좋은 아내이자 좋은 어머니가 되는 것은 이야기 속 여주인공에게 빼놓을 수 없는 자질이다.

마리 퀴리는 별안간 고독한 여주인공이 되었다

환상의 크리스털, 아니 라듐을 손에 넣은 퀴리 부부에게 찬사가 쏟아졌고, 그들은 눈 깜짝할 사이에 세계적인 슈퍼스타가 되었다. 만일 애니메이션 왕국이었다면 보물을 빼앗으려는 자객이 악의 제국에서 쳐들어왔겠지만, 퀴리 부부에게 그런 일은 없었다. 라듐을 독점하지 않았기 때문이다. 특허를 내면 어마어마한 부를 누릴 수 있다는 사실은 알고 있었지만 마리는 그 권리를 포기했다.

"물리학자는 언제든 자기 연구 결과를 공표해야 합니다. 우리 발견에 금전적 가치가 있다 하더라도 그건 그저 우연일 뿐입니다. 우연을 돈벌이 수단으로 이용할 수는 없습니다. 게다가 라듐은 환자를 살릴 수 있습니다. 저는 그것을 통해 이익을 취할 수 없습니다."

마리는 과연 정의의 아군답다. 1903년 퀴리 부부는 방사선을 발견한 앙리 베크렐과 함께 노벨 물리학상을 수상했다. 그런데 이를 계기로 퀴리 부부는 파파라치에게 쫓기는 신세가 되어 안정적인 연구생활을 할 수 없게 되었다.

1906년 4월 19일, 예기치 못한 일이 발생했다. 피에르가 교통사고로 돌연 사망한 것이다. 당시 마리는 38세였다. 『라듐 우먼』에서 '암흑'이라는 제목이 붙은 해당 장에서는 이브의 저서 『퀴리 부인전』에서 인용한 구절로 끝을 맺는다.

"피에르가 죽었어."

마리가 그 말을 내뱉은 순간 고독과 비밀의 장막이 그를 휘감았고,
4월의 그날부터 마리는 영원히 고독한 외톨이가 되고 말았다.

마리 퀴리는 팀을 이끌고 전쟁터로 출동했다

마리는 갑작스럽게 왕자님을 잃고 비극의 여주인공이 됐지만, 망연
자실하고 있을 여유가 없었다. 마리는 용기를 내어 남편의 마지막 뜻
을 잇기로 결심했다. 마리는 피에르의 후임으로서 여성 최초로 소르
본대학 교단에 섰고, 여성 최초로 주임교수가 되어 금속 라듐을 분리
하는 데 성공해 두번째 노벨상을 수상했으며, 피에르가 염원하던 라
듐연구소를 신설해 초대 소장으로 취임했다. 애니메이션 왕국에는 천
재 과학자의 딸, 박사의 딸, 소장의 딸이 많이 있는데, 마리는 '누군가
의 딸'이라는 꼬리표를 지우는 데 성공했다.

그러나 이보다 더 주목해야 할 점은 제1차대전 당시 마리의 업적이
다. 악의 제국인 독일군이 제1조국 폴란드를 점령하고 파리로 침공해
올 때, 마리는 제2조국 프랑스를 위해 일어섰다. 소중한 라듐을 악의

제국에 넘겨줄 수 없었기 때문이다.

먼저 마리는 귀중한 라듐 1그램을 직접 배에 실어 옮겼다. 그리고 공무원 및 선의의 뜻을 가진 사람들을 설득해 기계를 개발했다. '리틀 퀴리'라는 애칭이 붙은 이 기계는 소년 왕국식 무기가 아니었다. '투시 기능이 있는 새로운 마법 장치'를 탑재한 대형 트럭, 다시 말해 엑스선 기계를 실은 세계 최초의 뢴트겐 차량이었다. 마리는 적십자 완장이 붙은 검정색 상의를 입고 빛바랜 모자를 쓴 차림으로 변신하고서 직접 팀(엑스선 담당)을 이끌어 포화를 피해 전쟁터로 출동했다.

부상병을 태운 들것이 긴 줄을 이루었고, 중상을 입은 사람들이 끊임없이 옮겨졌습니다. 마리가 기계를 작동시키면 외과의는 기계를 통해 뼈와 장기 곳곳에 까맣게 나타나는 총알과 포탄 파편을 살폈습니다.

마리는 4년 동안 엑스선 차량 20대를 만들고, 200곳이나 되는 병원에 엑스선 장치를 설치했으며, 100만 명이 넘는 부상병을 치료하는 데 도움을 주었다. 그러고는 딸 이렌을 포함한 여성 150명을 엑스선 기술자로 키웠다. 그렇다. 마리는 전선으로 나설 여성 팀을 만들어낸 것이다.

1919년 폴란드는 전쟁이 끝난 이듬해에 해방되었다. 마리는 조국에 있는 오빠에게 편지를 썼다. "우리는 노예로 태어나 요람 속에서 쇠사슬에 묶여 살아오다가 드디어 조국의 부활을 보는군요."

1934년 7월 4일 마리 퀴리는 66년의 생애를 마쳤다. 사실 마리는 병마와 싸우며 여생을 보냈다. 마리의 몸은 오랜 세월 방사능에 노출된 탓에 서서히 병들고 있었던 것이다. 이는 문자 그대로 라듐 우먼의 최후라 할 수 있겠다.

시골 출신 범생이 소녀로서의 마리 퀴리

마리 퀴리는 융통성이라고는 없는 영원한 범생이 소녀였다

이렇게 살펴보면 마리 퀴리의 인생에서 노벨상은 덤이나 다름없는 요소였다는 점을 알 수 있다. 마리 인생에서 전환점은 피에르와의 만남과 피에르의 죽음이었다. 마리는 말 그대로 남편의 죽음을 극복한 것이다. 플로렌스 나이팅게일에게 육군 대신 시드니 허버트라는 최고의 협력자가 있었듯이, 마리아 스크워도프스카에게는 피에르 퀴리가 있었다. 어쩌다보니 협력자가 남편이었을 뿐이지만 말이다[3].

그건 그렇고, 마리 퀴리전은 어쩜 이렇게나 〈세일러 문〉과 닮았을까. 그건 바로 일화를 고르고 이야기를 풀어가는 방식이 비슷하기 때문이다. 아름다운 이야기와 감동적인 일화들만 모아서 엮는다면 어떤 인생 이야기도 영웅담이 될 수 있다. 더군다나 마리 퀴리는 애니메이션 왕국이 선호하는 애국심, 이성애, 과학이라는 세 가지 요소를 갖추고 있었다.

『라듐 우먼』은 아동용 위인전으로는 최고의 책일 것이다. 딸 이브의 저서 『퀴리 부인전』과 비슷한 구성을 취해 생동감 있는 도서를 만들었는데, 허술한 부분이 눈곱만큼도 없다. 특히 마리가 진행한 실험을 설명할 때 실험 장치를 그림으로 풀어서 과학적 의미를 전달하고자 한 점은 일본 위인전에서 찾아볼 수 없는 강점이다. 하지만 그런 명작도 1930년대 아동도서의 한계를 벗어나지 않는다.

앞서 나이팅게일을 실력 좋은 실전파 아줌마라 했는데, 이런 식으로 해석하면 마리 퀴리는 생전에 융통성 없는 시골 출신 범생이 소녀였을 것으로 추측된다.

마리는 기분 전환으로 가끔 자전거를 타고 교외로 나가는 정도가 고작이었다. "먹고 자는 것도 잊어버리고 연구에 매진했다"고 하면 듣기에 그럴싸해도 시쳇말로 표현하면 이는 워커홀릭이다. 인간관계에 서툰 성격은 그렇다 치고 결정적으로 처세술 이전에 사회성이 부족했다. 마리는 성공한 여자를 향한 세상의 시선에 지독하게 둔감했다. 그

점을 뒷받침하는 예로 아동용 퀴리 부인전에서는 절대로 다뤄지지 않는 (그러나 유명한) 사건이 하나 있다.

마리 퀴리에게는 불륜 의혹이 있었다

피에르가 사망하고, 한창 소르본대학 최초의 여성 교수라는 영광을 누리고 있을 무렵에 마리는 스캔들에 휘말렸다. 44세이던 마리는 피에르의 학생이자 친구였던 다섯 살 연하의 물리학자 폴 랑주뱅 교수와 절친한 사이였다. 그 사실이 '퀴리 부인과 랑주뱅 교수의 연애 사건'이라는 언론의 가십거리로 폭로된 것이다.

군이 사건으로 치부된 이유는 그들이 흔히 말하는 불륜 관계를 맺었으며, 심지어 랑주뱅 교수는 아내와 별거중이었기 때문이다. 이를 두고 언론은 부부 금슬 좋기로 유명한 마리 퀴리의 불륜 스캔들이라며 그들의 죄 많은 관계를 낱낱이 캐고 다녔고, 증언과 편지를 바탕으로 있는 일 없는 일을 마구잡이로 써댔다. 비난의 초점은 마리의 출신으로 맞춰졌다. 이 일이 있기 직전 마리는 프랑스의 과학 아카데미 멤버 선거에 입후보했으나 한 표 차이로 낙선했다. 전통 깊은 과학 아카데미에 여자를 들이는 것을 둘러싸고 여론이 찬반으로 갈라졌고, 마리는 외국인 여자라는 이유로 거절당한 상황이었다. 거기에 더해 이번에는 불륜 의혹까지. '프랑스 여성의 남편을 빼앗은 유명한 외국인 여자'를 향해 세상 사람들이 끝없는 호기심의 눈초리를 보냈으리라는 건 충분히 짐작할 수 있다.

결국 두번째 노벨상 수상으로 마리의 추문은 잠잠해졌고, 이어서 발발한 제1차대전이 마리를 더이상의 소문으로부터 구제하긴 했으나 이 일로 인해 입은 정신적 피해가 상당했다 한다. 일련의 사건은 『라듐 우먼』에도 슬쩍 얼버무려져 있다[4].

> 마리는 성공한 아름다운 사람이었습니다. 그런데 사람들이 마리에게 익명의 편지를 보내고, 마리에 대해 터무니없는 거짓말을 하거나, 그가 상상도 못할 나쁜 짓을 저지르고 있다며 손가락질하기 시작했습니다.

이는 하나의 의견에 불과하다. 꼬마들에게 주간지에 실릴 법한 가십거리를 굳이 제공할 필요는 없다. 다만 퀴리 부인전이 '남편의 죽음을 극복하고'라는 사랑 이야기로 만들어진 이상, 어른들이 생각하는 '좋은 사랑'과 '나쁜 사랑'이 구분돼 있다는 사실에는 주목하도록 하자. 참고로 두 사람은 정말로 정을 통했을까. 오늘날에는 "그렇다"는 의견이 지배적이다. 물론 그렇다고 해서 마리 퀴리의 가치가 떨어지진 않는다. 이는 남자 위인들의 사생활을 생각해보면 쉽게 이해할 수 있다.

마리 퀴리는 주부 및 엄마 자격 미달이었다

아동용 위인전에서는 가정에서의 마리 퀴리의 모습도 적당히 얼 버무려 넘기려 하는 부분이 있다. 마리는 분명 좋은 어머니이자 좋 은 아내였다(그런 면이 많았다). 그러나 '세상의 기준'에 비춰 말하자 면 마리는 주부 및 엄마 자격 미달이었을 것이다. 그가 부랴부랴 요 리에 매진한 시기는 신혼 때뿐이었고, 그후에는 전직 의사인 피에르 의 아버지 닥터 퀴리가 연구에 몰두하는 퀴리 내외를 대신해 어린 두 딸을 돌봤다.

이브는 "어머니는 항상 집에 없었고, 매일 실험실—귀에 못이 박히 도록 들었던 바로 그 '실험실'—에 붙어 있었기에 할아버지가 아이들 과 훨씬 잘 놀아주는 친구이자 선생님이었다"라고 썼다. 그 시아버지 는 피에르가 세상을 떠난 지 몇 년 지나지 않아 유명을 달리했고, 마리 는 상당한 충격을 받았다 한다.

또한 이브는 어머니에게서 인사 방법이나 예의범절을 배운 적이 없다는 사실을 밝혔다. 두 딸은 두루 수준 높은 교육을 받았지만 어머니 마리는 미소 짓는 습관을 기르고 남의 집 방문 예절을 가르치며 정중한 말투를 지도하는 일에는 무관심했다. 딸들은 어른들께 인사하는 것이 사회생활에서 요구되는 습관이라는 사실을 성인이 되고 나서야 알게 됐다는 씁쓸한 기록을 남겼다.

하지만 이러한 면모는 퀴리 일가의 특성을 보여주는 부분이자 어머니의 부재가 잦았던 아이에 대해 공감을 표해줄 수 있는 일화일지언정 그렇다고 마리의 가치가 폄하될 문제는 아니다. 어머니가 없는 집에서 자란 두 딸 중 한 명은 어머니와 같은 과학자가 되었고, 다른 한 명은 저널리스트가 되어 어머니의 위인전을 저술했다. 어머니는 주부이자 엄마로서 완벽하지 않았을지 몰라도 딸들은 남부럽지 않은 훌륭한 어른으로 자랐다. 정 마음에 걸리면 이렇게 첨언이라도 해두면 그만이다. "지금도 그렇지만, 예전에는 사회에서 아이를 돌봐주는 제도가 갖춰져 있지 않았어요. 일하는 어머니들은 고생이 극심했죠."

이브의 『퀴리 부인전』과 둘리의 『라듐 우먼』 덕분이겠지만, 퀴리 부인전에는 나이팅게일전에서 실력 있는 실무가가 백의의 천사로 왜곡되어 그려진 것처럼 극단적인 날조는 많지 않다. 하지만 퀴리 부인은 '바람직한 여주인공의 모습이란 무엇인가'에 대해 새삼 생각하게 한다. 과학의 전성기이자 정치와 전쟁의 시대였던 20세기 초반. 사실 당시에는 마리 퀴리보다 더욱 영웅다운, 말 그대로 전투에 나서는 여주인공이 있었다. 그들을 조연으로 곁들여 생각해보면 퀴리 부인전은 애니메이션 왕국 이야기에 한층 근접해 있다.

로자 룩셈부르크는 마리와 동시대를 살아간 악의 여왕이었다

마리아 스크워도프스카는 폴란드 출신 애국자였다. 그는 10대 무렵에 실증주의자를 자처하며 정치 운동에 발을 담그기도 했다. 하지만 마리는 정치를 버리고 과학을 선택했다. 연인 피에르 퀴리가 그렇게 하도록 회유했기 때문이다. 그래서 마리가 직접 무기를 들고 싸우는 일은 없었다. 그런데 마리와 비슷한 시기에 같은 나라에서 태어나 아주 비슷한 유년 시절을 보내고, 정반대의 길을 선택해 혁명의 투사가 된 여성이 있다. 폴란드에서 다섯 형제 중 막내딸로 태어난 로자 룩셈부르크다.

어느 정도 나이가 있는 사람에게 로자 룩셈부르크는 퀴리 부인과 비교도 안 될 만큼 가슴 설레는 아이돌의 이름일 것이다. 퀴리 부인전을 읽고 있자면 마리보다 세 살 어린 로자가 연상된다[5]. 두 인물은 마치 색채가 반전된 사진을 보는 것 같이 상반된다.

로자는 마리처럼 우수한 학생이었지만 악의 제국(러시아)을 대하는 태도는 반항적이었다. 로자 역시 스위스에서 자연과학을 공부하고 박사학위를 취득해 독일인과 결혼했으나, 이는 독일 국적을 취득하기 위한 명목상의 결혼이었다. 로자는 마리와 반대로 과학을 버리고 정치를 선택했다. 마리가 첫 노벨상을 수상해 영광을 누리고 있을 무렵, 로자는 독일에서 벌어진 반체제 운동에 투사로 참여하다가 투옥되었다. 마리가 기계(리틀 퀴리)를 타고 프랑스 전쟁터를 동분서주할 때, 로자는 독일에서 '스파르타쿠스단'이라는 혁명 지도 집단을 창설했다. 그리고 마리가 파리에서 종전의 기쁨에 젖어 있을 무렵, 베를린에서 암살당한 로자의 시체는 운하에 유기되었다.

같은 나라에서 태어나, 동시대에 아군 국가(프랑스)와 적대국(독일)으로 갈라져 각자 다른 길을 걸어간 두 여성. 이들의 관계성은 100년이 흘러 동방의 아동용 위인전에 계승되었다. 그런데 마리 퀴리는 위인전 왕국 여왕으로 군림하지만, 로자 룩셈부르크는 흔적조차 찾아볼 수 없다. 생각하기에 따라서는 로자가 훨씬 '붉은 전사'다운데 말이다. 하지만 위인전 왕국에서 로자 같은 여성은 '악의 여왕'일 뿐이다.

이렌 졸리오 퀴리는 정치계 붉은 전사였다

이렌 졸리오 퀴리는 마리 퀴리의 장녀이자 마리의 위인전을 저술한 이브 퀴리의 언니다. 즉, 태어날 때부터 애니메이션 왕국 속 '과학자의 딸'이던 여성이다. 그런데 이렌은 평범한 딸이 아니었다. 〈에반게리온〉의 아카기 리쓰코처럼 이렌은 어머니와 똑같이 물리학을 전공했으며, 마리가 사망한 이듬해에는 인공방사능 연구로 공동 연구자인 남편과 함께 노벨 화학상을 수상했다.

열일곱 나이에 어머니를 도와 리틀 퀴리의 마법 광선(엑스선) 기술자로 전쟁터에 나간 이렌을 "세일러 전사의 일원으로 데뷔했다"고 표현해도 좋을 것이다. 이렌은 여러 방면에서 마리 퀴리를 빼닮았지만 어머니보다 '진보한' 여성이었다. 남편 프레데릭은 이렌보다 나이 어린 후배였다. 두 사람은 각자의 성을 합친 '졸리오 퀴리'라는 성을 사용했다.

이렌이 마리와 가장 다른 부분은 정치에도 관심을 가지고 있었다는 점이다. 이렌은 국제적 평화 운동가였으며, 여성 참정권 운동과 여권 확장 운동에도 적극 참여했다. 1936년 선거에서 인민전선이 승리를 거두고 프랑스에 연립내각이 생겼을 때는 단기간이긴 했으나 최초의 여성 대신(과학연구 담당 장관)으로 입각하기도 했다.

그러나 이렌이 지닌 정치적 지위는 과학자로서의 명성을 위협했다. 졸리오 퀴리 부부가 발견한 인공방사능이 결과적으로 핵 개발의 길을 여는 매개체가 되었다는 사실을 잊어서는 안 된다. 과학은 양날의 칼이다. 히로시마와 나가사키에 원자폭탄이 떨어진 해인 1945년, 제2차대전이 종결되면서 남편 프레데릭은 프랑스 원자력위원회 위원장으로, 이렌은 위원으로 임명됐다. 그러나 원자력의 평화적 이용(물론 당시 사람들은 이것이 가능하다고 믿었다) 가능성을 설명하는 졸리오 퀴리 부부의 주장은 수소폭탄 개발을 꿈꾸는 프랑스와 미국의 생각과 모순되는 것이었다. 프레데릭이 공산당원이라는 사실도 두 사람의 입장을 악화시켰다. 졸리오 퀴리 부부는 동서 냉전이 지속되면서 서양에서 '탐탁지 않은 인물'이라는 꼬리표가 붙었고, 미국에 상륙했을 당시 이렌은 입국 관리국에 의해 구류되고 말았다.

이렌은 마리만큼 우수한 과학자였지만 20세기 정치적 역학관계 안에서 마리보다 훨씬 더 많이 오해받은 여성이었다고 할 수 있다. 심지어 이렌은 한평생 폐병으로 고생하며 요양소와 연구실을 왔다갔다해야 했다. 어린 시절에 리틀 퀴리를 가까이한 탓에 피폭되고 그후에도 계속해서 실험실 방사능에 노출된 것이 그 원인이었다니, 이 얼마나 얄궂은 운명이란 말인가.

정치를 꺼리는 위인전 왕국과 과학지상주의를 표방하는 애니메이션 왕국의 규정상 로자와 이렌이 붉은 위인이 될 가능성은 없다. 20세기를 살아간 여성 과학자는 마리 퀴리 한 명만 있는 게 아니다[6]. 하지만 마리는 특별했다. 원자력에너지의 길을 연 라듐 우먼은 누가 뭐래도 "마음씨 착-한- 랄랄라 과학의 아-이-*"를 낳은 어머니이니 말이다.

* 〈우주소년 아톰〉의 일본판 주제가 가사 중 일부.

◆ 1 마리 퀴리전의 단골 소재

마리 퀴리의 생애를 뒷받침하는 자료로는 이브 퀴리의 『퀴리 부인전』
(가와구치 아쓰시 옮김, 신장판 1988) 외에 마리 퀴리가 저술한 『자서
전』(기무라 쇼이치 옮김), 장녀 이렌 졸리오 퀴리의 저서 『나의 어머니
마리 퀴리의 추억』(우치무라 사토시 옮김, 『세계소설전집』 수록, 1960),
마리 퀴리의 저서 『피에르 퀴리전』(와타나베 사토시 옮김, 1959) 등이
있다.

◆ 2 『라듐 우먼』

엘리너 둘리가 저술한 파브르전, 파스퇴르전, 퀴리 부인전은 둘리의
위인전 3부작으로 알려져 있으며, 특히 『라듐 우먼』은 영국의 우수한
아동도서에 주어지는 카네기상을 수상해 전 세계 사람이 읽고 있다
한다. 또한 본서 인용구의 출처는 전부 『라듐 우먼』의 일본어판 『빛은
슬픔을 넘어, 퀴리 부인』(사카키바라 고조 옮김, 『세계의 위인전』, 1972)
이다. 그 밖에 『라듐 우먼』을 아동용 위인전으로 번역한 일본어판으
로는 『빛나는 두 개의 노벨상, 퀴리 부인』(오케타니 시게오 옮김, 『불새
위인문집』, 1981), 『퀴리 부인』(나카야마 가즈코 옮김, 『소년소녀 위인전
문학관』, 1988)이 있는데, 후반부가 많이 생략된 초역본이기에 마리의
생애를 진실되게 담은 책이라고 보긴 어렵다. 참고로 일본에서 저술

된 퀴리 부인전은 수준이 여러 단계로 나뉘는데, 그중에는 차마 눈 뜨고 봐줄 수 없는 심한 것도 있다. 야마모토 가즈오의 『퀴리 부인』(『어린이 위인전집』, 1968)은 본문 150페이지 중 약 140페이지가 유년 시절 이야기에 할애돼 있다. 피에르와의 만남, 라듐 발견, 노벨상 수상, 사망이라는 중요한 내용을 마지막 5~6페이지에 압축해놓은 것은 가히 횡포다.

◆ 3 마리 퀴리전 속 드라마

사실 독자들이 퀴리 부인전에서 가장 설레는 영웅다운 일화를 꼽으라면, 마리가 피에르와 함께한 사랑의 나날이나 라듐을 발견한 에피소드보다 그가 리틀 퀴리를 몰고 전쟁터를 돌아다닌 일화를 꼽을 때도 많은 모양이다. 예를 들면 나이팅게일 장에서도 소개한 적 있는 『진실되게 살아간 여성』에 저자 미야모토 유리코는 「퀴리 부인」이라는 글을 하나 실었는데, 그 글에는 전쟁중에 '리틀 퀴리'로 활약하는 마리의 모습을 그야말로 영웅처럼 묘사한 내용이 나온다.

◆ 4 마리 퀴리의 스캔들

딸 이브는 『퀴리 부인전』에서도 이 사건을 "비열한 운동" "공연한 폭력" "상스러운 비방"이라고 표현했을 뿐, 구체적으로는 어떤 내용도 언급하지 않았다. 이브는 "마리는 남성 직업에 종사했기에 지인이나 친구 중에 남자가 많았다. 마리는 친한 사람들, 특히 그중에서도 한 명에게 깊은 영향을 끼쳤다. 이러한 사실을 이 이상 이야기할 필요는 없다"고 기록했다.

◆5 마리 퀴리와 로자 룩셈부르크

마리와 로자의 유사점은 사쿠라이 구니토모의 저서 『마리 퀴리』(1995), 다카기 진자부로의 『마리 퀴리가 생각한 것』(1992) 등에도 폭로되었다. 일본의 물리학자가 20세기 아이돌로 폴란드 여성 두 명을 언급한 점이 흥미롭다. 두 책은 물리학의 선구자인 마리에게 바쳐진 우수한 '오마주 평전'이다. 또한 로자 룩셈부르크의 위인전으로는 파울 프렐리히의 『로자 룩셈부르크의 사상과 생애』(이토 나리히코 옮김, 1987)가 있다.

◆6 이렌 졸리오 퀴리와 20세기 여성 과학자

이렌 졸리오 퀴리의 위인전으로는 노엘 로리오의 『이렌 졸리오 퀴리』(이토 리키지·이토 미치코 옮김, 1994)가 출판되었다. 또한 마리와 이렌 외에 노벨상을 수상한 여성 과학자 14인의 위인전으로는 샤론 버치 맥그레인의 『어머니, 노벨상을 받다』(나카무라 도모코 옮김, 나카무라 게이코 감수, 1996)*가 있다. 원제목 '과학 분야 노벨상을 받은 여성

Nobel Prize Women in Science'을 일본어로 번역하면서 '어머니'라는 단어를 선택한 점은 별로지만(경박한 옮긴이의 말도 경악스럽다), 책 자체는 나쁘지 않다. 그 밖에는 20세기 여성 과학자를 다룬 루이스 하버의 저서 『20세기 여성 과학자들』(이시다테 미에코·나카노 교코 옮김, 1989)이 재미있다.

* 한국어판 제목은 '두뇌, 살아있는 생각'이다.

11장

남다른 재능의 소유자 : 헬렌 켈러

동화 왕국 주민

　헬렌 켈러전은 특수한 경우로, 나이팅게일전과 퀴리 부인전과는 또 다른 특수성을 지닌다. 아동도서 속 헬렌 켈러는 위인조차 아닌데, 다른 영역에도 발을 담그고 있다.

　예를 들면 '세계 명작 판타지' '명작 애니메이션 그림책 시리즈'는 초등학교 1~2학년생을 대상으로 한 시리즈며, 입체감 없는 단순한 그림에 글자를 약간 곁들인 소형 그림책이다. 이 두 시리즈에도 『헬렌 켈러』가 있는데, 그 주변에 자리잡고 있는 책은 『에디슨』이나 『슈바이처』가 아니다. 『신데렐라』 『백설공주』 『엄지공주』 『인어공주』 『빨간 망토』『아기돼지 삼형제』『미운 오리 새끼』…… 그렇다, 이것은 동화책 시리즈다. '명작 애니메이션 그림책 시리즈'의 『헬렌 켈러』는 이렇게 시작된다.

> 미국에 사는 켈러 씨 집에 여자아기가 태어나 이름을 헬렌이라고 지었습니다.
> 어느 날 아침에 일어난 일입니다.
> "헬렌, 헬렌, 왜 그러니!"
> 열이 펄펄 끓었습니다.
> "여보, 어서 의사 선생님을 불러요."
> 엄마가 깜짝 놀라 말했습니다.

참고로 같은 시리즈에 있는 『백설공주』의 한 구절과 비교해보자.

> 이윽고 소원이 이뤄졌고, 귀여운 여자아이가 태어나 '백설공주'라는 이름을 지어주었습니다.
> 하지만 행복은 오래가지 않았습니다. 왕비님께서 병으로 돌아가신 것입니다.

이렇게 비슷할 수가 없다. 동화 『헬렌 켈러』는 헬렌이 대학교를 졸업하면서 막을 내린다. 그리고 마지막에 "백설공주와 왕자님은 언제나 서로를 도우며 오래도록 행복하게 살았답니다"라는 마무리에 맞먹는, "헬렌의 삶은 몸이 불편한 사람들에게 희망을 안겨주었습니다"라는 한 줄이 첨언돼 있다.

하지만 우리는 이런 조잡한(이렇게 말해도 되겠지) 동화를 비웃을 수 없다. 당신이 헬렌 켈러라는 이름을 통해 떠올리는 그림은 감동 넘치는 바로 그 장면 아니던가. 우물에서 쏟아져나오는 물. 그 물을 손으로 받으며 '워터Water'라는 단어의 뜻을 깨우친 헬렌. 그렇구나, 이 세상 모든 사물에는 이름이 있어!

당시 헬렌 켈러는 일곱 살이었다. 일곱 살이면 초등학교 1~2학년생이다. 그야말로 『백설공주』를 읽을 법한 나이다. 나이팅게일전이, 주인공이 전쟁터에서 활동한 인생 전반부에 중점을 둔 채 여생을 배제한 이야기로 그려진다는 점만 보면 이와 다를 게 없지만, 그래도 나이팅게일의 삶은 36세 무렵까지 다뤄진다. 그런데 헬렌 켈러의 인생은 일곱 살에 멈춰 있다. 해도 해도 너무하다. 그 이후에 헬렌 켈러가 어떠한 인생을 살았는지(참고로 헬렌 켈러가 사망한 나이는 87세다!), 당신은 제대로 대답할 수 있는가? 그래서 조금 더 큰 아이들을 대상으로 하는 헬렌 켈러전을 찬찬히 펼쳐보면…… 그후 헬렌 켈러가 성장해가는 모습을 서술한 부분 역시 동화 색채를 띤다.

헬렌 켈러전은 『미운 오리 새끼』와 비슷하다

헬렌 켈러는 1880년 앨라배마주 시골 마을 투스쿰비아의 제일가는 대지주 집안에서 태어났다. 출신으로 따지자면 헬렌은 나이팅게일에 비견하는 '아가씨'다. 그런데 1년 7개월이 될 무렵, 그는 원인불명의 열병에 시달리다 시각과 청각을 잃게 됐다.

헬렌이 일곱 살 때 가정교사로 파견된 사람이 바로 우리가 아는 설리번 선생님, 스물한 살의 앤 맨스필드 설리번이다. 위인전 전반부는 헬렌과 설리번 선생님이 이인삼각의 짝이 되어 지식을 쌓으며 공부하는 내용으로 이뤄져 있다. 헬렌은 앤의 가르침으로 사물에는 이름이 있다는 사실을 깨닫는다(앞서 언급한 감동의 워터 장면). 그후 빠른 속도로 단어를 익히고 점자를 읽고 쓰는 방법까지 깨우쳤다. 헬렌은 여덟 살에 앤의 모교인 파킨스학교에 입학하며, 열 살 때는 발성법을 배워 말을 할 수 있게 되고(여기가 두번째 감동적인 장면이다), 농아학교를 거쳐 일반 상급학교에 진학했다. 이력서 형식으로 정리하자면 이러하다. 케임브리지 여자학교 입학(16세), 래드클리프대학(하버드대학 여학교) 입학(20세), 대학 졸업(24세).

예의범절이라곤 모르던 소녀가 언어를 익혀 출중한 모범생이 되고, 공부에 매진해 출세까지 했다. 이런 이야기야말로 전후 일본에서 부모와 교사들이 선호한 내용이었다. '피나는 공부 열정'은 나이팅게일이나 퀴리 부인의 유년 시절 모습과 공통되는 부분이다. 하지만 헬렌 켈러는 장애를 극복해야 한다는 부수적 요소가 있었고, 간호사나 물리학자 등 전문직과 관련없는 '공부를 위한 공부'를 했던 터라, 헬렌 켈러전이 교육열 높은 부모들 취향에 더 맞을지도 모르겠다. 동화 『헬렌 켈러』에서 헬렌이 대학을 졸업하며 막을 내리는 것도 당연하다. 그렇게 끝내면 "미운 오리 새끼는 아름다운 백조가 되어 드넓은 하늘로 날아갔답니다" 하고 막을 내리는 『미운 오리 새끼』처럼 깔끔하게 마무리할 수 있으니 말이다.

헬렌 켈러전은 『피노키오』와 비슷하다

대학 졸업 후 헬렌 켈러의 인생은 소녀에서 성녀로 승격하는 이야기로 그려진다. 그는 전 세계를 여행하며 강연을 하거나 시청각 장애인을 위한 기금을 조성하기도 했다. 하지만 이런 업적은 대체로 '삼중고의 성녀'라는 이미지 안에 얼버무려진다. 헬렌이 일하는 모습도 이런 식으로 묘사된다.

가엾고 몸이 불편한 사람들을 돕기 위해서는 돈이 필요했습니다. (…) 다양한 책을 썼습니다. 그리고 자신의 성장기 모습이 영화로 만들어졌을 때는 주인공으로 출연하기도 했습니다.

오훔이라는 극단에 들어가 곳곳을 돌아다니며 강연을 열었습니다.

"대학까지 나와놓고, 극단에 들어가서 그런 창피한 짓은 하지 않아도 될 텐데."

무시를 당하기도 했지만 헬렌은 불쌍한 사람들을 생각해서 꾹 참았습니다.

이거야 원 서커스에 팔려간 소녀와 다를 게 없다. 위인전 왕국은 돈벌이를 나쁜 행위로 여겨 멀리하고 청렴과 가난을 좋은 것으로 취급하는 경향이 있다. 성녀라는 칭호는 '생활고에 시달리면서도 불쌍한 사람들을 위해 참고 견디며 일하는 사람'이라는 인상을 지닌다. 『헬렌 켈러』는 '부모 곁을 떠난 장애인 여성이 온갖 고생 끝에 훌륭한 사람이 되었다'는 내용이 전부다. 설리번 선생님이 마치 선녀처럼 헬렌을 지켜본 점을 생각하면, 헬렌 켈러전은 피노키오 이야기와 비슷하지 않을까.

헬렌 켈러전은 〈모노노케 히메〉와 비슷하다

이렇게 정리해놓으면 헬렌 켈러전은 딱히 재미있는 이야기도 아니다. 날로 자라나는 성장기로 시작해서 사랑의 전도사가 되는 성녀전으로 바뀌어가는 내용일 뿐이다.

그렇다면 헬렌 켈러전에는 나이팅게일의 크림전쟁과 마리 퀴리의 라듐 발견에 버금가는 클라이맥스가 없을까? 물론 있다. 헬렌 켈러가 처음으로 언어를 알게 되는 장면, 앞서 언급한 워터 장면이 그렇다.

중요한 사실을 먼저 밝혀두겠다. 사실 우리가 헬렌 켈러의 이름을 알고 있는 이유는 위인전이 아닌 〈기적을 일으킨 사람The Miracle Worker〉이란 연극 덕분이다. 〈기적을 일으킨 사람〉은 윌리엄 깁슨의 희곡을 원작으로 한 브로드웨이 연극이다. 1962년에는 아서 펜 감독이 영화로 제작해 세계적으로 크게 흥행했다. 주인공을 연기한 앤 밴크로프트는 아카데미 여우주연상을 수상했고, 당시 열다섯 살이던 패티 듀크는 여우조연상을 수상했다(그후에 패티 듀크를 주연으로 세운 TV 드라마가 제작되기도 했다). 〈기적을 일으킨 사람〉은 일본에서도 종종 공연됐는데, 초연은 아리마 이네코로 시작해 나라오카 도모코, 이치하라 에쓰코, 오오타케 시노부 같은 배우들이 역대 주인공을 연기했다.

헬렌 켈러는 전쟁 전후를 통틀어 총 세 차례 일본을 방문했다. 하지만 전후에 태어난 일본인이라면 오히려 〈기적을 일으킨 사람〉을 통해 헬렌 켈러를 알게 된 사람이 더 많지 않을까. 우리가 우물 에피소드 다음 장면을 기억하지 못하는 이유는 아주 간단하다. 〈기적을 일으킨 사람〉이 우물 장면에서 절정을 이루며 막을 내리기 때문이다. 이 장면에 대해 강한 인상이 남아 있는 것도 어찌 보면 당연하다. 연극 〈기적을 일으킨 사람〉은 위인전보다 훨씬 흥미로운 작품이니 말이다.

〈기적을 일으킨 사람〉은 '미개 대 문명'을 다룬 이야기다

잘 알다시피 연극 〈기적을 일으킨 사람〉의 주인공은 정확히 말해 헬렌 켈러가 아니라 앤 설리번이다. 앤을 연기한 배우는 연기파로 주목받는 중견배우였다. 상대역 헬렌 켈러는 대사가 없는 어려운 역할로, 젊은 배우가 몸을 내던진 연기를 보여주었다(잘은 모르겠지만 아마 그럴 것이다).

이 중견배우와 젊은 배우가 대립하는 장면이 〈기적을 일으킨 사람〉의 하이라이트인데, 〈기적을 일으킨 사람〉을 한마디로 정리하면 '성인 여자와 어린 소녀가 대결하는 드라마'가 되겠다. 성인 여자와 어린 소녀가 대결하는 이야기라 하면 무언가 떠오르지 않는가? 그렇다. 미야자키 하야오 감독의 애니메이션 작품, 예컨대 〈모노노케 히메〉 말이다. 농담을 하는 것도, 허풍을 떠는 것도 아니다. 〈기적을 일으킨 사람〉은 정말로 〈모노노케 히메〉와 비슷하다. 미야자키 하야오 애니메이션이 소년 왕국과 소녀 왕국의 대결을 그려낸 작품이며 근대와 반(전)근대가 대립하는 이야기라는 사실은 앞서 이야기한 바와 같다(본문 225쪽).

〈기적을 일으킨 사람〉 역시 마찬가지다. 눈이 보이지 않고 귀가 들리지 않으며 말도 할 수 없는 어린 헬렌의 곁에 가정교사 앤 설리번이 파견 나오는 시점부터 이야기는 시작된다. 흑백으로 촬영한 아서 펜 감독의 영화 〈기적을 일으킨 사람〉은 이 장면을 아주 상징적으로 묘사한다. 우선 극 초반에 황량한 들판에서 허공에 손을 휘저으며 위태롭게 걸어가는 헬렌의 모습이 비춰진다. 그다음 장면에는 들판을 쉴새 없이 달리는 증기기관차와, 그것을 타고 있는 앤의 모습이 등장한다. 미개척지 황야 같은 자연 한복판에 선 학생과 근대문명의 상징인 철도에 올라 학생을 찾아오는 교사. 이 얼마나 알기 쉬운 구도인가[1].

빛도 소리도 없는 '미개'한 황야에 언어라는 '문명'의 빛을 비추는 내용의 〈기적을 일으킨 사람〉은 명백히 미개 대 문명, 전근대 대 근대라는 대립 구도를 다룬 작품이다.

헬렌 켈러는 소녀 야수다

헬렌과 〈모노노케 히메〉의 산은 아주 비슷하다. 아기 때 숲에 버려진 산처럼 헬렌 역시 아기 때 시각과 청각을 잃고 지성의 황야에 홀로 남겨졌다. 산이 처한 입장이 '짐승사회 속 인간 한 명'이라면 헬렌은 '인간사회 속 짐승 한 마리'였다. 두 인물 모두 인간사회와 짐승사회의 경계선상에 있어 그 어디에도 속하지 못하는 존재다.

헬렌은 언어를 알지 못해 의사소통 수단을 갖추지 못한데다가 오냐오냐하며 키워져 일상생활 태도마저 짐승의 행동이나 다름없었다. 손으로 음식을 집어먹고, 툭하면 짜증내고, 마음에 들지 않는 일이 있으면 사람을 깨물곤 했다. 가족들이 애를 먹고 하인들이 벌벌 떠는 존재인 헬렌은 가정에 사는 야수(괴수)라 할 수 있다.

사실 〈기적을 일으킨 사람〉에서 소녀 헬렌의 행동은 처음부터 끝까지 야수의 모습을 하고 있다. 헬렌이 벌러덩 자빠져 울부짖고, 물건을 던지고, 아기가 자고 있는 요람을 뒤엎어버리는 등의 모습은 위태로워서 가만히 보고 있을 수 없다. 게다가 이 야수는 어린애 주제에 은근히 크다. 헬렌은 작품 설정상 어린아이이지만, 연극에서는 헬렌 역을 맡은 몸집이 큰(큰 몸집까지는 아니더라도 성인 신장의) 배우가 아동용 원피스 위에 하얀 앞치마를 두르고, 덤으로 인형까지 안고 있는 모습으로 몸을 내던지는 열연을 펼친다. 그에게 주어진 대사는 없다. 배우는 날뛴다. 야수라기보다 괴수 같은 모습이 더욱더 어울린다.

앤 설리번은 강인한 야수 조련사다

이 감당할 수 없는 야수(짐승)에게 문명이라는 빛을 전해주고자 사랑의 매를 집어든 인물이 바로 앤 설리번 선생이다. 여기에서 주목해야 할 점은 켈러 집안사람들 입장에서 보면 앤이 헬렌과 마찬가지로 다른 이들과 동떨어진 세상에 사는 사람이었다는 사실이다. 그런데 서로 정반대 환경에서 자란 앤과 헬렌 사이에는 커다란 공통점이 있었다. 앤 역시 시력이 극도로 좋지 않은 야수(짐승)였다는 점이다.

앤 설리번은 1866년 매사추세츠주 피딩힐스에서 가난한 아일랜드 이주민의 딸로 태어났다. 형제들은 잇달아 사망했고, 술주정뱅이 부랑자였던 아버지는 자취를 감췄으며, 병약했던 어머니마저 일찍 세상을 떠났다. 고아가 된 앤은 남동생과 함께 생쥐가 기어다니는 지옥 같은 주립 복지시설에 방치됐는데, 병에 걸려 걷지 못하던 남동생마저 그곳에서 사망해 천애고아 신세가 되고 말았다. 글자도 쓸 줄 모르고 예의범절도 모르며 반항적이던 앤이 '변신'한 것은 열네 살 때였다. 그는 한 자선 사업가의 도움을 받아 보스턴에서 유명한 퍼킨스 맹인학교에 입학했고, 눈 수술에 성공해 어찌어찌 글자를 읽을 수 있을 정도의 시력을 얻었다. 6년 뒤, 앤은 우수한 성적으로 학교를 졸업하고 교장의 의뢰를 받아 '야수 조련'에 나서게 된다. 온갖 고생을 겪고도 남자 못지않게 씩씩하며 인정사정 봐주지 않는 '호랑이 조련사' 앤은 〈모노노케 히메〉의 에보시에 버금가는 강인한 캐릭터다.

〈기적을 일으킨 사람〉의 하이라이트는 여자들의 프로레슬링이다

이리하여 앤이 헬렌의 집에 도착한 그 순간부터 두 사람의 격투가 시작된다. 앤은 헬렌에게 사사건건 손바닥에 손가락으로 글씨를 써서 글자를 알려주려 하지만 모조리 실패한다.

연극의 가장 재미있는 부분은 식당에서 벌어지는 일대일 전투 장면이다. 앤은 집안사람들을 모두 식당 밖으로 내보내 홀로 야수와 맞선다. 헬렌의 몸을 잡고 의자에 앉히려 하는 앤, 곧바로 양발을 굴려 의자를 차버리는 헬렌. 헬렌에게 접시에 차려진 음식을 먹이려 하는 앤, 그걸 바닥에 내팽개치고 식탁을 두 주먹으로 내리치는 헬렌. 헬렌의 팔을 잡고 숟가락을 쥐여주려 하는 앤, 숟가락을 바닥에 내동댕이치는 헬렌. 바닥을 뒹굴며 도망치는 헬렌, 그걸 붙들고 질질 끌어서 도로 앉히는 앤. 헬렌의 머리에 꽃병에 담긴 물을 뿌리는 앤, 쫄딱 젖어서 사납게 날뛰는 헬렌. 족히 15분은 될 것만 같은 이 격투 장면에는 대사가 없다. 그 대신 소년 왕국에 울리는 폭발음에 해당되는, 바닥에 숟가락이 떨어지는 소리, 접시가 부딪치는 소리, 바닥을 쿵쾅거리는 소리가 극의 분위기를 효과적으로 고조시킨다.

앤은 식당(전쟁터)에서 승리를 거두자 밖에서 안절부절못한 채 기다리고 있는 켈러 집안사람들에게 전투 결과를 보고한다. "접시에 있는 음식을 먹고 냅킨을 정리했습니다." 물론 앤이 헬렌에게 취한 행위는 훈육이며 버릇을 고치기 위한 것이다. 그러나 눈앞에서 벌어지는 상황은 여자들의 프로레슬링, 다시 말해 여자 야수와 여자 조련사가 맨손으로 격투를 벌이는 모습에 불과하다. 주체가 남자들이었다면 신기하지도 않았을 이런 장면도 여자와 여자, 그것도 한쪽이 어린 소녀라면 특히 더 재미있게 느껴진다. 검은 안경을 쓴 다부진 여자와 야생의 소녀만이 보여줄 수 있는 흥분되는 장면이다. 〈모노노케 히메〉에 등장하는 산과 에보시의 직접적인 대결 장면과 같다.

우물 장면은 이처럼 수많은 싸움 끝에 마련돼 있는 클라이맥스다. 오른손에 쏟아지는 물과 왼손에 손가락으로 쓴 글자 'Water'. 야수 헬렌은 머리에 직격탄을 맞아 쓰러지고, 그 순간 인간 헬렌이 모습을 드러낸다. 관객은 숨죽이고 이를 지켜보다 가슴을 쓸어내리고 몇몇 사람은 감동을 받은 나머지 눈물을 훔치기도 한다. 아, 다행이야……

〈기적을 일으킨 사람〉이 〈모노노케 히메〉와 다른 부분이 있다면 싸움과 승리에 관한 내용으로 완성된다는 것이다. 이 점이 대단원의 막으로 기능하는 이상 〈기적을 일으킨 사람〉은 무슨 일이 있어도 우물 장면에서 끝나야만 한다.

〈기적을 일으킨 사람〉은 2시간 남짓한 오락 작품치고는 기승전결이 분명하며 제법 잘 만들어진 연극이다. 이다음 전개가 지루한 것도 별수없다. 기승전결 중 '전'이 말을 익히는 워터 장면에서 끝났으니, 나머지 이야기는 성장기로 이어지는 수밖에 없다. 그런데 〈기적을 일으킨 사람〉을 두고 헬렌 켈러의 일대기라고 칭하기에는 억지스러운 면이 있다. 앞서 말했듯이 당시 헬렌은 고작 일곱 살이었다. 그보다 앤 설리번이 겨우 스물한 살이었다는 사실이 훨씬 놀라울 수도 있지만, 아무튼 간에 이 작품은 기껏해야 한 달 동안 벌어진 일들을 옮겨놓은 것에 불과하다.

그런데 헬렌에게 따라붙는 '성녀'라는 칭호는 무엇을 의미할까. 야수와 성녀는 동전의 양면과 같다. 어느 쪽이든 평범한 인간이 아니라는 점에 주의하자. '기적을 일으킨 사람' '삼중고의 성녀'는 '불가능한 일을 이루어낸 초능력자' '야수에서 성녀가 된 여자'를 향한 감탄이 담긴 호칭이다. 이것이 편견의 반증이라는 사실은 말할 것도 없다.

헬렌 켈러 이야기는 차별을 교묘하게 은폐한 '성녀전'이다. 헬렌이 사회에 진출한 이후의 이야기가 파급력을 지니지 못하는 이유는 이 때문이다. 야수였던 헬렌은 모범생에서 성녀가 되었고, 강인한 맹수 조련사였던 앤은 헌신하는 간병인이 되었다. 그런데 헬렌은 정말로 꾹 참고만 있었을까.

전략적 예능인으로서의 헬렌 켈러

헬렌 켈러는 비장애인 문화에 대한 냉정한 비판자였다

헬렌 켈러는 사는 동안 여러 저서를 남겼다. 헬렌 켈러전의 주요 자료가 된 저서는 『나의 이야기The Story of My Life』(1903)와 『나의 중년 Midstream: My Later Life』(1929)인데, 이는 헬렌이 직접 쓴 자서전이다. 특히 그가 스물두 살 대학 재학중에 집필한 데뷔작 『나의 이야기』는 미국 전역에서 베스트셀러로 등극해 헬렌 켈러의 이름을 단번에 알리는 계기가 됐다. 일본에서도 1937년에 두 책을 합한 일본어판이 출판됐다[2].

헬렌이 쓴 책 두 권은 단순한 자서전이 아니다. 이 자서전들을 처음 읽어본 사람이라면 비장애인 중심적 문화에 대한 관찰과 비평이 담겨 있다는 점에 놀랄 것이다. 〈기적을 일으킨 사람〉과 아동용 위인전 동화는 헬렌 켈러를 관찰하는 시점에서 쓰인 작품이다. 독자 입장에서는 '신기한 대상을 구경'하는 기분일 것이다.

반면 '구경당하는 사람'인 헬렌은 당연히 정반대 입장을 갖고 있었다. 헬렌의 자서전은 동물원 우리 안에서 관객을 바라보는 시점, 이야기의 주인공 입장에서 이야기 향유자를 바라보는 시점에서 서술됐다. 헬렌이 학교 교육에 실망한 일이나 대학 졸업식 보도 내용이 새빨간 거짓말이라는 사실을 전하는 대목을 읽어보면 그가 결코 단순한 모범생이 아니었다는 사실을 알 수 있다. 그 예로 이런 부분이 있다.

언론의 태도에 화가 나는 점이 있었다. (…) 내가 사회사업과 맹인사업에 몰두하는 동안 모든 언론이 나를 '맹인을 위한 여자 예수' '경이로운 여성' '현대의 기적'이라고 치켜세웠다. 그런데 내가 현대사회 문제나 정치 문제에 개입하기 시작하면서, 여론이 좋지 않은 쪽에 서기라도 하면 언론의 태도는 급변하곤 했다.

헬렌 켈러는 신랄한 시선으로 세상을 바라보는 사회비평가였다. 위 글은 헬렌이 제1차대전 중 반전론을 펼쳐 비호감을 사게 됐을 당시의 분노를 표명한 것인데, 장애아를 가난 속에 방치하면서 산아제한과

임신조절을 처벌하는 기괴한 국가정책을 거세게 규탄하기도 했다. 헬렌은 자신을 급진파 또는 사회주의자라고 칭하기도 했다.

헬렌 켈러는 뛰어난 예능인이었다

헬렌 켈러가 나이팅게일, 퀴리 부인과 가장 다른 부분은 사람들 앞에서 연설하기를 좋아했다는 점이다. 헬렌은 어느 시기부터 딱딱한 강연회뿐 아니라 쇼(말하자면 만담) 무대에 서기 시작했다. 이는 구경거리가 되는 입장을 역으로 이용해 내린 결정이었다. 헬렌은 "교회에서 하는 강연회는 따분해서 싫지만 만담 공연 관객들은 반응이 좋아 괜찮다"라는 기록을 남겼는데, 그에게는 '익살스러운 쇼걸'이라는 이미지가 있다.

〈기적을 일으킨 사람〉에 가려 그다지 알려지진 않았으나 헬렌은 할리우드 영화, 그것도 『나의 이야기』를 원작으로 한 본인의 일대기 영화에 출연한 적이 있다. 당시 서른여덟 살 때의 일이다. 완성된 작품은 혹평을 받았다는데(이유는 영화를 보면 금방 알 수 있다), 헬렌은 자서전에 촬영 당시 경험에 대해 "말도 안 되게 이상했다"는 식으로 기록했다[3].

영화가 제작에 착수된 지 얼마 지나지 않아 내 인생에는 극적인 부분이 거의 없다는 사실을 깨달았다. (…)

모두 유감이라는 듯이 말했다.

"헬렌 켈러의 인생에 로맨스 같은 건 눈곱만큼도 없다니까요. 연인도 없고 도전이라 할 만한 일도 없었으니 시시하죠. 연인이 있다 치고, 헬렌 켈러가 그 연인을 동경한다는 내용으로 하는 건 어때요? 그런 설정이라도 없으면 이 영화는 실패할 게 뻔해요."

이런 이유로 어떻게든 스릴 있는 장면을 연출해내려고 '시간'이라는 동굴 앞에서 '지식'과 '무지'가 내 머릿속을 서로 지배하려 사투를 벌이는 장면을 촬영하게 되었다.

여자와 관련된 극적인 장면은 곧 로맨스 아니면 프로레슬링이다. 헬렌 켈러는 자신이 성녀화(희화화)되는 과정을 냉정하게 관찰했다. 그러나 주목할 점은 헬렌이 이 터무니없는 영화의 제작 현장을 재미있어 하며 끝까지 함께했다는 사실이다.

헬렌 켈러만큼 사람들 입에 성녀로서 오르내린 위인은 또 없을 것이다. 하지만 헬렌만큼 성녀라는 지위의 허점을 속속들이 알고 있던 사람도 없을 것이다. 헬렌은 그 실체를 알면서도 성녀를 직업으로 받아들인 게 아니었을까. 물론 쇼 비즈니스로써 말이다. 헬렌은 사람을 매료시키는 힘이 있어 가는 곳마다 인기를 끌었다. 헬렌은 누구보다도 사랑한 어머니의 임종을 지키지 못했다. 만담 공연에 출연중이었기 때문이다. 성녀 헬렌 켈러를 예능인으로 취급하지 말라며 화를 내는 건 당치도 않다. 이 세상에 재주를 돈벌이로 삼는 사람만큼 위대한 사람은 없으니 말이다.

헬렌 켈러는 일본에 문명을 가져온 '제2의 페리'였다

헬렌 켈러는 1937, 1948, 1955년 총 세 번 일본을 방문했다(앤 설리번은 첫 방일 직전에 70세로 타계했으며, 헬렌은 그의 비서인 폴리 톰슨과 동행했다). 헬렌의 자서전은 그전에 마무리되었기에 아쉽게도 헬렌이 직접 남긴 방일 기록은 없지만 한 가지 소개하고 싶은 일화가 있다.

1937년 헬렌 켈러의 첫 방일 목적은 장애인 입지 개선뿐 아니라 당시 정세가 험악하던 미국과 일본의 관계를 중재하기 위한 친선대사, 이른바 '평화의 비둘기'로서 찾아온 것이었다. 헬렌은 남몰래 루스벨트 대통령의 친서를 가지고 왔다.

그 때문인지 헬렌의 첫 방일은 페리 제독의 흑선黑船 내항에 빗대진 모양이다[4]. 당시 미국 대사가, 일본 국민이 헬렌을 열렬히 환영하는 모습을 보고 "페리 원정 이후 처음 있는 일"이라며 본국에 전보를 보낸 사실이 뒤늦게 알려졌다고 한다. 해당 전보는 자화자찬 느낌이 다분하긴 해도 헬렌이 '제2의 페리'라는 견해는 꽤나 흥미로운 발상이다.

흑선이란 외국과 교류를 단절한 미개한 나라에 개국을 촉구하고 근대문명을 가져오는 함선을 이른다. 앤 설리번이 근대문명의 빛을 전해주고자 증기기관차를 타고 남부에 사는 '미개한 야수' 헬렌 켈러를 찾아간 일을 떠올려보자. 앤 설리번은 헬렌에게 페리나 마찬가지였다. 그로부터 50년 후, 이번에는 헬렌이 페리 제독이 되어 직접 흑선을 타고 동방의 섬나라로 향했다.

그렇다면 이 섬나라에도 어린 헬렌처럼 미개한 소녀가 있었을까? 물론 여럿 있었다. 당시 일본의 장애인 교육은 미국과 비교조차 할 수 없을 만큼 수준이 낮았다.

헬렌 켈러의 방일 소식을 듣고 어떻게든 헬렌을 초청하고자 했던 여성이 있다. 당시 맹인 여성 교육을 위해 동분서주하던 사이토 유리다[5]. 맹인여자고등학교 설립을 계획중이던 유리는 자금을 모으기 위한 자선 콘서트를 기획하고 있었다. 그때 마침 성녀 헬렌 켈러가 일본을 방문한 것이다. 유리의 의지가 불타올랐을 건 말할 것도 없다.

헬렌 켈러는 일본에 체류하는 4개월 동안 규슈에서 홋카이도까지 이동했는데, 총 서른 곳 이상의 도시에서 100회가 넘는 강연회를 소화했다. 정말이지 강인한 아줌마다. 무엇보다 헬렌의 일정은 전부 '헬렌 켈러 환영위원회'에서 도맡아 관리했기에, 자치단체나 신문사, 공립 시청각장애인학교에서 주최한 공식 환영회가 대부분이었으며 지사, 교장, 애국부인회* 회장 등이 접대원을 맡았다. 사이토 유리 같은 일개 개인이 끼어들 틈 따위는 없었다고 할 수 있다.

그러나 유리는 헬렌 켈러의 일본 후견인 겸 통역사를 맡고 있던 이와하시 다케오를 꼬드겨 마침내 〈강연과 음악의 밤〉을 주최하게 됐다. 이는 미야기 미치오의 전통 현악기 연주와 헬렌 켈러의 강연을 중심으로 내세운 행사로 성황리에 마쳤다고 한다.

그러나 문제는 그다음이었다. 사이토 유리가 주최한 헬렌 켈러 환영회는 과연 자선사업에서도 성공을 거두었을까? 전혀 아니었다. 〈강연과 음악의 밤〉 기획 단계부터 환영위원회의 간섭으로 행사 개최 전까지 우여곡절이 있었던데다가, 행사 수익금을 해당 위원회에 몰수당해 맹인여자고등학교 설립의 꿈은 멀어지고 말았다. 신문과 잡지에서는 헬렌 켈러의 첫 방일을 화려하게 써냈지만 이날의 기록은 모든 공공문서에서 지워져 '공백의 하루'로 남아 있다고 한다. 물론 아동용 위

---

* 제1차대전 발발 전 국방 지원 및 전사자의 유족 혹은 부상병을 돕기 위해 결성된 단체.

인전에도 방일 당시의 모습을 소개하는 대목은 있으나 사이토 유리와 관련된 내용은 없다.

동화 시리즈를 통해 헬렌 켈러전(모조품)을 읽은 아이들은 헬렌 켈러를 백설공주 같은 판타지 속 인물로 착각할 것이다. 아무리 "진짜로 있었던 일이랍니다"라고 설명한다 해도 말이다. 연극 〈기적을 일으킨 사람〉을 통해 헬렌 켈러를 알게 된 사람이 새삼 그의 자서전을 읽어보려 하지는 않을 것이다. 이야기가 깔끔히 마무리지어졌기에 관객은 그것만으로도 충분히 만족하고 그후 이야기까지는 흥미가 일지 않는 것이다.

소설은 때로 위인전의 적이다. 우리는 헬렌 켈러 위인전이 구식이라는 인상을 갖는다. 헬렌 켈러라는 인물이 구식이라서가 아니다. '삼중고의 성녀'에 스포트라이트를 비추는 이야기 방식이 구식이기 때문이다. 일본 내 맹농아盲聾啞 장애인은 현재 약 2만 명이라 하는데, 그들이 조명받기 시작한 건 최근에 불과하다.

◆1 미개 대 문명 이야기

19세기 미국의 개발 역사를 떠올려도 좋을 것이다. 앤 설리번이 앨라배마주 촌구석에 있는 켈러 집안에 파견된 때는 1887년 봄이다. 남북전쟁이 종결된 지 20년이 넘었다고는 하지만, 남부 투스쿰비아에는 그때까지만 해도 전근대 환경이 남아 있었다. 한편 앤이 다니던 맹학교가 위치한 보스턴은 당시 최첨단 공업도시였다. 그리고 1880년대 미국에서는 대륙횡단철도가 잇달아 건설됐다. 앤은 도시에서 변두리 지역을 찾아가는 데 말 그대로 최첨단 교통수단을 이용했던 것이다.

◆2 헬렌 켈러의 자서전

헬렌 켈러의 자서전 『나의 이야기』와 『나의 중년』은 현재 『나의 이야기』(이와하시 다케오 옮김, 1966)에 수록되어 있다. 그 밖에 헬렌의 생애를 다루는 자료로 앤 맨스필드 설리번의 저서 『헬렌 켈러는 어떤 교육을 받았는가』(마키 교코 옮김, 1995) 등이 있다. 본문 327쪽 인용문 출처는 아동용 헬렌 켈러전 『헬렌 켈러』(야마구치 마사시게, 1968)다.

◆3 헬렌 켈러 주연 영화

영화 〈해방Deliverance〉(1919)은 상당히 황당무계한 내용이었다고 한다. 헬렌의 연인이 오디세우스(!)라 하지를 않나, '탄식의 어머니'라는 영문 모를 캐릭터가 등장하지를 않나. 촬영 당시 상황을 헬렌이 낱낱이 폭로하고 싶어한 심정도 이해가 간다. "그중에서도 가장 황당했던 장면은, 내가 전쟁을 멈출 것을 권고하고자 사대 강국이 모여 세계의 운명을 논하는 자리에 찾아가려고 직접 프랑스로 떠나는 장면이었다." "마지막 장면은 언제 떠올려도 웃음이 절로 나올 만큼 기상천외했다. 내가 전 세계 노동자의 해방을 위해 투쟁한 잔 다르크 같은 사람이 되어 적군의 요새를 향해 행진하기 시작한 것이다. 나는 은색 안장을 걸친 백마에 올라타 앞장서고 있었다." 그렇다. 헬렌은 잔 다르크가 되기까지 했다. 헬렌은 할리우드에서 겪은 일을 오랜 지인이던 작가의 말을 인용해 이렇게 비평했다. "마크 트웨인은 '어리석은 자들에게 감사해야 한다. 그들이 없었다면 우리는 성공하지 못했을 것이다'라 했는데 이런 상황을 두고 한 말 아니었을까." 참 재치 있는 발상 아닌가.

◆4 헬렌 켈러는 제2의 페리

헬렌 켈러의 오랜 지인으로 그를 초청하는 데 힘쓴 이와하시 다케오는, 헬렌이 일본을 두번째로 방문했을 때(1948년) 첫 방일 당시를 회고하며 이렇게 기록했다. "나는 그 사람이야말로 일본에 지혜와 용기를 전해주려 신께서 보내주신 제2의 페리라고 단언할 수 있다. 게다가 헬렌은 탄식 있는 곳에 노래가 있고, 두려움 있는 곳에 희망이 있다는 사실을 증명하려 불멸의 빛을 비추는 사람이라는 점에서 큰 의의를 읽어내야 할 것이다." (「영광을 향한 문」, 『여성개조』1948년 9월호 수록)

◆5 사이토 유리와 헬렌 켈러의 일본 방문 비화

사이토 유리(본명 코쓰루)는 1891년에 출생했다. 그는 세 살 때 시력을 잃었는데 훗날 결혼해서 아이를 키우며 도쿄여자대학에 진학하고 (중퇴) 남편 다케야와 함께 일본의 점자 도서 출판과 맹인 여성 교육 방면에 큰 공적을 남겼다. 유리를 일깨운 것은 히라쓰카 라이초가 창간한 여성잡지 『세이토靑鞜』의 여성 해방 운동과, 그 당시만 해도 지배적 인식이었던 '맹인 여성 결혼 불가론·고등 교육 불필요론'이었다 한다. 사이토 유리의 생애와 그가 주최한 헬렌 켈러 환영회에 관해서는 아와즈 기요의 저서 『빛을 향해 피어나라—사이토 유리의 생애』(1986)에 상세히 나와 있다.

12장

붉은 위인의 50년

붉은 위인이 만들어지는 방법

따분한 여자 모범생들의 집합체인 줄로만 알았던 붉은 위인도 이렇게 살펴보니 꽤나 재미있게 느껴지지 않는가? 필자가 전하고 싶은 말은 아동용 위인전이 진실된 면과 인간적인 모습을 보여주지 않는다는 게 아니다. 사실 누구도 어디까지가 진실이고 어디부터가 허상인지 판단할 수 없다. 아동용 위인전에 인간적인 모습을 담으라 해봤자 '인간이란 무엇인가'라는 새로운 의문에 부딪힐 뿐이다. 문제는 무엇이 진실이고 거짓인지 따지는 데 있지 않다. 거짓이 매번 한쪽 방향으로만 수렴하는 이유는 무엇인가에 있다.

위인전 인물은 대부분 별명이 있다. 우리는 음악의 성인으로 베토벤을 떠올리고, 밀림의 성자로 슈바이처를, 발명왕으로 에디슨을, 미생물 사냥꾼으로 파스퇴르를 떠올린다. 위인전 왕국 여주인공 세 명에게도 수많은 별명이 있다. 아동용 위인전의 부제목과 각 장의 제목을 훑어보기만 해도 아래 별명들을 금세 찾아낼 수 있다.

◆ 나이팅게일: 크림의 천사, 백의의 천사, 램프를 든 여인, 적십자의 어머니

◆ 퀴리 부인: 사랑과 과학의 어머니, 근대과학의 어머니, 사랑의 과학자, 라듐의 여신

◆ 헬렌 켈러: 삼중고의 성녀, 기적의 여인, 맹농아의 성녀, 20세기 기적의 주인공, 장애인의 어머니

천사, 어머니, 여신, 성녀, 사랑, 기적 등등. 위인전 왕국 여주인공도 예외 없이 애니메이션 왕국 여주인공처럼 '마법소녀' '붉은 전사' '성모'와 같은 틀에 갇히고 만다. 혹자는 아동용 위인전에서 위인을 비현실적으로 묘사하는 현상은 당연하다 할지도 모르겠다. 하지만 냉정히 생각해볼 필요가 있다. 붉은 위인을 비현실적으로 묘사하는 과정은 마구잡이로 이뤄지지 않는다.

위인의 이미지는 세 가지 유형이 있다고 했다(본문 264쪽). (A) 사회에 유포된 단순한 이미지, (B) 아동용 위인전을 지배하는 이미지, (C) 해당 인물의 실상에 가까운 이미지. 위인의 별명은 (A)를 두고 하는 말이라 할 수 있지만, 잘 생각해보자. (A) (B) (C)는 사실 정반대 순서로 형성된 것이다. 어른용 전기 이미지에서 아동용 위인전 이미지로, 거기서 다시 또 단순한 이미지로, 즉 C에서 B로, 그리고 또 A로 전이된 것이다. 이것은 특정 인물 이야기가 소설·전설·신화로 만들어지는 과정이다. 아동용 위인전이라는 장르는 실화가 허구로 바뀌어가는 중간 과정에서 탄생할 뿐이다. 오늘날의 위인전은 제2차대전 이전에 존재하던 영웅전설과 다르게 역사적 사실에 충실한 실화라 할 수 있다. 하지만 그렇다 하더라도 위인전의 소설화는 손쉽게 이루어질 수 있다. 다음과 같은 식으로 말이다.

유년 시절 에피소드에 중점 두기

잔 다르크가 역사의 무대 위에 있던 때는 17세부터 사망한 19세까지 2년 동안에 불과하다. 아무리 대단한 사람일지라도 인생의 화려한 시절은 그리 길지 않은 법이다. 하지만 여성 위인전은 유독 어린 시절이나 젊은 시절 이야기에 많은 지면을 할애하는 경향이 있다. 책의

70~80퍼센트, 자칫하면 90퍼센트까지가 유년 시절 이야기로 허비되곤 한다.

나이팅게일전은 전쟁터에서 돌아온 36세 때까지, 퀴리 부인전은 피에르 퀴리와 만나기 전까지의 내용이 끝도 없이 이어지고, 심지어 헬렌 켈러전은 24세, 때에 따라서는 7세 때 막을 내리기도 한다. 정작 중요한 업적을 이룬 어른(중년)이 된 이후의 이야기는 전성기를 다한 여생이라도 된다는 듯 경시되고, "착한 아이였다, 예쁜 소녀였다, 공부를 좋아했다"며 어린 시절에 초점이 맞춰진다. 이러한 현상은 '아이들이 어린 친구를 좋아하기에 어린 시절 일화에 중점을 두는 것' 같은 설명만으로는 넘어갈 수 없다.

10대 초반 소녀를 마법소녀라며 귀여워하고, 젊은 여자는 붉은 전사라 찬양하면서, 성인 여성을 악의 여왕으로 만들어내는 사회구조가 아동용 위인전에 어떤 영향도 미치지 않았다고 단언할 수 있을까? 어른이 된 여자는 아무리 애를 써도 세상과 마찰을 빚게 되고 가혹한 현실이 꼬리표처럼 따라붙는다. 하물며 자기 힘으로 새로운 길을 개척한 여성이 현실적 문제에 부딪히지 않을 리 없다. 아동용 위인전은 이런 현실을 외면하려 하는 게 아닐까? 이렇게 생각해보면 스무 살 되기 전에 세상을 떠난 잔 다르크는 아동용 위인전의 이상적인 여주인공이라 해야 할지도 모르겠다. 사실 위인전 왕국도 애니메이션 왕국과 마찬가지로 성인 여자를 혐오한다.

헬렌 켈러는 어째서 그냥 '켈러'가 아닌 '헬렌'이란 이름까지 붙은 채로 기록되는가. 그 이유는 아마 헬렌 켈러전의 하이라이트가 유년 시절에 있기 때문일 것이다. 그의 자서전 『나의 이야기』가 헬렌의 어린 시절을 기록한 책이라는 점도 이와 연관이 있겠지만, 헬렌 켈러가 지니는 이미지는 어른이 된 켈러 여사가 아니라 어디까지나 교양 없고 사랑스러운 어린아이 헬렌이다.

악의 여왕의 성질을 희석시키기 위한 미사여구 개발

그렇다 하더라도 사실 나이팅게일은 90세, 마리 퀴리는 66세, 헬렌 켈러는 87세까지 살았다. 현역 시절도 결코 짧지만은 않았으니 적어도 이들의 초상이 어린 시절에 머물 수만은 없는 노릇이다. 우리에게 익숙한 여성 위인들의 사진(초상화)은 모두 중년 시절 모습이다. 따라서 어른이 된 여주인공이 나쁜 이미지를 갖지 않도록 하는 조치가 취해진다. 천사, 어머니, 성녀 따위의 딱지를 붙이는 작업이다.

마리 퀴리는 결혼해서 자녀까지 둔 아내이자 어머니인 점이 강조돼 "남편의 죽음을 극복한 퀴리 부인"이 됐다. 애당초 퀴리 부인의 '부인'이라는 호칭은 아내를 가리키는 표현이다. 물론 딸 이브 퀴리가 저술한 위인전 제목인 『마담 퀴리』에서 유래된 호칭임은 분명하다. 하지만 프랑스어로 성인 여성을 부를 때 사용되는 '씨'라는 존칭의 의미가 포함된 '마담Madame'과, 한자어 '부인夫人'의 뉘앙스에는 차이가 있다. 아내를 가리키는 호칭인 '부인'이 마리 퀴리의 이미지를 형성하는 데 일조했다는 사실은 부정할 수 없다.

　더욱 문제가 되는 인물은 평생 독신으로 지내고 장수까지 한 나이팅게일과 헬렌 켈러다. 부인도 아니고 어머니도 아닌, 여자의 인생 규범에서 '벗어난' 두 인물은 흡사 마녀, 즉 악의 여왕이나 다름없다. 따라서 그들이 마녀가 되지 않도록 영적인 존재인 천사와 성녀라는 패를 꺼내든 게 아닐까. 심지어 두 사람은 독신으로 살아가 다행히도(?) 친자녀가 없었기에 '모두의 어머니'가 될 수 있었다. 병사의 어머니, 적십자의 어머니, 장애인의 어머니. 이 과정을 통해 악의 여왕은 순조롭게 성모로 변모한다.

일본에 들여오면서 종교색 걷어내기

　한 가지 덧붙이고 싶은 이야기가 있다. 마리 퀴리는 차치하고 나이팅게일과 헬렌 켈러는 실제로 영적인 면이 있었다는 사실이다. 두 사람은 독실한 기독교 신자였다. 신비주의 사상가라 해도 좋을 만큼 말이다.

앞서 나이팅게일이 어릴 때 신의 부름을 받았다는 이야기를 했다(본문 269쪽). 나이팅게일은 생전에 신의 목소리를 네 번 들었다고 기록돼 있다. 그는 영국국교회의 열렬한 신도였으며 가톨릭 신비 사상에도 빠져 있었다. 그가 스쿠타리 전쟁터에서 돌아온 뒤에는 합리주의 사상이 깃든 저서 『간호 노트』가 베스트셀러에 올라 주목을 받았는데, 이듬해에 나이팅게일은 「사색을 위한 시사」라는 종교생활과 관련된 두꺼운 논문을 썼다. 이러한 그의 행보에 당시 사람들도 당황스러워했다고 한다.

헬렌 켈러 역시 신비주의와 떼려야 뗄 수 없는 사람이다. 헬렌이 평생 롤모델로 삼은 인물은 18세기 신비주의 사상가 스베덴보리로, 47세 때 그와 관련한 종교 고백서 『나의 종교』를 저술했다[1].

사실 나이팅게일과 헬렌 켈러의 사생활은 종교를 빼놓고는 논할 수 없다(그렇기에 이들은 잔 다르크의 정통 후계자가 분명하다). 베토벤과 슈바이처 같이 '성聖'이란 수식어가 붙는 사람은 대개 종교생활을 중시한 사람이라고 생각해도 무방하다. 에디슨이 '발명의 성자'가 아니고 퀴리 부인이 '과학의 성녀'가 아닌 이유는 이들이 종교색이 옅은 인물이었기 때문이다.

천사나 성녀 같은 영적인 별명은 기독교와 연관 지어 생각할 때 비로소 납득이 간다. 그런데 일본 위인전 왕국에서는 천사와 성녀에 담긴 종교적 가치관은 쏙 빼놓고 오로지 그 단어만 가져다 써 진정한 의미는 묻지도 따지지도 않고 사용했다. 이처럼 천사와 성녀를 일반명사로 사용해왔기에 단어에 담긴 진정한 의미가 흐려진 게 아닐까.

위인전 여주인공과 애니메이션 여주인공은 쌍둥이 자매

"마녀 취급한 것도 아니고 천사나 성녀로 받들어준 거면 그나마 괜찮은 거 아니냐"고 하는 건 어리석은 생각이다. 마녀건 성녀이건 '인간이 아닌 존재'라는 사실은 매한가지다. '실력 좋은 실전파 아줌마' '시골 출신 범생이 소녀' '전략적 예능인'은 필자가 임의로 제시한 대안이긴 하지만, 이처럼 달리 표현할 수도 있는 3인 3색의 개성을 지닌 인물들이 하나같이 '마법소녀' '붉은 전사' '성모'로 획일화돼서는 안 된다.

그렇다. 문제는 획일화에 있다. 애니메이션 왕국과 위인전 왕국, 소설과 비소설에서 제시하는 여성상이 서로 닮아가는 이유는 똑같은 방향을 추구하는 획일화 때문이다. 나이팅게일전이 〈나우시카〉와, 퀴리 부인전이 〈세일러 문〉과, 헬렌 켈러전이 〈모노노케 히메〉와 비슷한 이유 중 절반은 그 위인에게 그럴 만한 요소가 있었기 때문이다. 그러나 나머지 절반은 그것을 이야기로 엮어내는 사람에게 달려 있다.

위인전 왕국의 여주인공은 본디 선택받은 여성이었다

반복되는 내용이라 자세히 설명하진 않겠지만 나이팅게일, 퀴리 부인, 헬렌 켈러는 애초에 이야기로 만들기 좋은 요소를 지니고 있었다. 세 사람은 유복한 환경에서 자란 행운아다. 실제로도 유복한 어린 시절을 보낸 '선택받은 소녀'였다. 이런 성장환경에는 부모님, 특히 아버지가 세상의 기준에 얽매이지 않은 점이 큰 영향을 미쳤다. 이들은 가정에서 여자라는 이유로 차별받지 않았고, 최상의 교육을 받았다. 또 이들이 능력을 꽃피울 무대까지 마련돼 있었다.

즉, 그들이 위인전 왕국 슈퍼스타가 될 수 있던 이유는 애니메이션 왕국의 여주인공 같은 인생을 살았기 때문이다. 당시는 여성이 사회에 진출할 기회가 지금보다 현저히 적었다. 위인전 왕국의 여성 위인은 출신이나 환경을 잘 타고난 사람이 대부분이다. 집안이 유복했거나, 좋은 아버지를 두었거나 둘 중 하나라도 해당하는 경우가 많다. 아시아의 여성 지도자 인디라 간디와 아웅 산 수치를 보면 알 수 있듯, 민주주의가 발전하는 단계에서 여성이 사회에 진출하기 위한 가장 빠른 지름길은 '아버지의 딸'로 존재하는 것이다.

여성 위인이 모두 공주님이었고, 사회에 나오면 홍일점 붉은 전사가 되는 현상은 우연이 아니다. 사회제도가 시대 흐름에 뒤처진 곳에서 출세한 여성은 반드시 그렇게 된다. 따라서 애니메이션 왕국 여주인공에게 굳이 시대 흐름에 뒤처진 제도에 따른 여성상을 부여했다는 사실을 기억해둬야 한다.

여성 위인은 위인전 왕국 주인공이 되면서 획일화된다

그러나 출신만으로 해결하지 못할 문제도 있다. 위인전의 여주인공과 애니메이션의 여주인공이 서로 닮아가는 이유는 일찍이 우리 사회에 '이상적인 여성상'과 '이야기 속 그럴듯한 여성상'의 틀이 존재했기 때문이다.

앞서 설명했듯이 아동용 위인전은 결코 소설화를 면치 못한다(본문 87쪽). 따옴표를 사용한 대사를 잔뜩 집어넣고, 주인공의 심정을 대변하는 설명을 넣고 주변 경치까지 묘사해서 이야기로 만들어야 한다(그렇게 여겨져왔다). 그래서 위인전 작가가 진짜 같은 거짓말을 꾸며낼 때가 허다하다. 이를 두고 비소설 분야에서 말하는 뉴저널리즘* 수법이라고 설명할 수도 있겠지만 사실 그렇게까지 심각한 문제도 아니거니와, 단순히 아이들이 지루해하지 않도록 고안해낸 이야기 방식이 어찌어찌 관행으로 정착됐을 뿐이다. 이 과정에서 위인을 정해진 틀에 끼워맞추면서 무의식적인 소설화와 조작이 이뤄진다.

위인전·애니메이션·특촬 드라마는 창작 아동문학과는 다른 매체다. 위인전이나 애니메이션은 어느 정도 '먹힌다'는 사실이 증명된 상품이며, 기존에 존재하던 이야기를 똑같이 되풀이하는 것이다. 아이들에게 유익할 만한 에피소드와 어른들이 "아이들은 이랬으면 좋겠다"고 바라는 인간(여성)상과 두근거리는 전개. 재미있는 장면은 강조되고 지루한 장면은 생략된다. 이렇게 의식적으로, 또 무의식적으로 행해지는 조작은 모든 아동용 매체, 다시 말해 애니메이션 왕국과 위인전 왕국에 공통되는 부분이다. 똑같은 틀에 맞춰 만들었으니 비슷한 이야기가 만들어지는 건 당연한 결과다.

위인전 왕국 여주인공은 악의 여왕(마녀)이기도 하다

이리하여 '백의의 천사' '근대 과학의 어머니' '삼중고의 성녀'라는 이미지가 만들어졌다. 만일 실력 좋은 나이팅게일, 사회성이 부족한

---

* 사실에 입각해 소설처럼 실감나게 전달하는 데 목적을 두는 저널리즘 양식.

퀴리 부인, 비판 정신 투철한 헬렌 켈러의 모습을 전면에 내세웠더라면 이들이 과연 위인전 왕국에서 지금 같은 지위를 얻을 수 있었을지 미지수다. 그런데 여기에는 커다란 함정이 있다. 이처럼 조작을 거쳐 만들어진 위인전은 독자의 기억에 남지 않는다. 결과적으로 썩 매력 있는 캐릭터가 아니기 때문이다.

천사, 성녀, 어머니라고 불리는 나이팅게일, 마리 퀴리, 헬렌 켈러는 생각하기에 따라서는 누구보다 마녀에 가까운 사람들이다. 유럽의 마녀재판에서 처형된 이른바 마녀가 약초 지식과 기술을 갖춘 여성 과학자, 즉 민간 의료인이었다는 것은 잘 알려진 사실이다. 그렇다면 의료 현장에서 활약한 나이팅게일은 그야말로 마녀의 후손일 것이다. 마리 퀴리가 라듐을 발견하게 되는 과정을 떠올려보자. 마리는 커다란 냄비에 걸쭉하게 우라늄광을 녹였다. 이는 연금술이나 마찬가지인데 4년 동안 찬바람을 맞으면서 냄비와 씨름한 마리 퀴리가 마녀가 아니라면 무엇이란 말인가. 헬렌 켈러 같은 맹인 여성은 말할 필요도 없이 마녀의 혈족이다. 맹인 여성들이 전통적으로 무녀 또는 고녀* 일을 떠맡았던 이유를 생각해보자. 본디 간호사, 여성 과학자, 여성 장애인은 마녀라며 배척당하는 존재였다.

* 일본의 전통악기 샤미센을 타거나 노래를 하며 동냥 다니던 눈먼 여자.

물론 그렇다고 해서 "그러니 이 여자들은 마녀다"라고 주장하려는 의도는 아니다. 성녀 또는 마녀라는 이미지는 얼마든지 조작될 수 있다는 얘기다. 세상에 마녀와 성녀는 존재하지 않는다. 이 같은 과거의 고루한 관습을 타파하고 근대화를 향한 길을 개척한 것이 바로 여성 위인들의 진정한 업적이라 할 수 있을 것이다.

아동용 위인전은 더이상 예전과 같은 위상이 없다. 시대에 뒤떨어진 위인전은 이미 아이들을 사로잡는 대중매체 자리에서 물러난 지 오래다.

그렇다면 위인전의 사명은 이제 끝난 걸까? 나는 그렇게 생각하지 않는다. 아이들은 늘 미래를 진지하게 생각하고 고민한다. "어른이 되면 ○○가 되고 싶다"는 말은 어른들이 듣기에 그저 귀여운 꿈일지라도 아이 본인에게는 중대한 일이다(당신의 어린 시절을 떠올려보라). 열정적인 교사가 등장하는 드라마가 유행하면서 교육학부 지원자가 늘어난 일, 여성 수의사가 등장하는 순정만화를 읽고 수의학부를 지망하는 여학생이 급증했던 일 등 과거 사례는 적지 않다.

어른들은 아이들에게 다양한 직업과 다양한 어른의 모습을 제시할 의무가 있다. 한때 여자아이용 애니메이션은 주인공이 꿈의 직업을 가진 사람으로 변신하는 유행을 따라가기에 급급했다. 꿈의 직업이라는 것이 항상 간호사 또는 스튜어디스로 일관되다가 끝내 아이돌 가수로 수렴된 것은 나태한 어른들이 만들어낸 결과물이다. 큐티 하니가 변신한 모습들은 초등학생 여아를 대상으로 조사한 인기 직업 투표 결과를 반영한 것이었다는데, 초등학생을 상대로 마케팅을 벌여 어쩌겠다는 말인가. 다양한 직업을 제시하지도 않으면서 "여자애들은 하나같이 간호사나 스튜어디스가 되고 싶어한다"고 비판하는 일이 과연 옳을까?

아동용 위인전도 예전에는 나름대로 사명을 다했을 것이다. 하지만 전후 50년이 흐르면서 노후한 인물 선정 방식과 이야기를 풀어내는 방식은 더이상 시대에 부합하지 않게 되었다. 더욱이 근래에 들어 여성에게 주어진 상황이 크게 변화했다. 과거에는 여성성과 신비성을 강조하던 위인전이 여성의 사회진출의 방편으로써 도움이 됐을지 몰라도, 이제 그런 시각은 폐해만 끼칠 뿐이다[2]. 물론 현대사회에 적합한 새로운 위인전을 만드는 작업도 시도되고 있다[3]. 하지만 그와 동시에 이야기 속 여성상에 개혁이 필요하다. 아무리 소재가 훌륭해도 인물 이미지는 묘사 방식에 따라 얼마든지 바뀔 수 있다. 이를 가장 잘 나타내는 사례가 나이팅게일전과 퀴리 부인전, 그리고 헬렌 켈러전이다.

◆1 나이팅게일과 헬렌 켈러의 종교서

나이팅게일의 『사색을 위한 시사』는 『나이팅게일 저서집』(우스이 히로코 옮김, 1986~1988) 제3권에 발췌 번역이 실려 있다. 또 헬렌 켈러가 스베덴보리에 관해 저술한 『나의 종교』는 일본어판이 『헬렌 켈러, 빛 속으로』(도리타 메구미 옮김, 다카하시 가즈오 감수, 1992)라는 제목으로 출판되었다. 두 책 모두 나이팅게일과 헬렌 켈러의 또다른 면모를 알 수 있는 귀중한 자료다.

◆2 종래의 위인전이 여성 사회 진출에 끼친 폐해

이를테면 간호사라는 직업이 지니는 이미지를 생각해보자. 미국의 심리분석학자 자넷 머프는 「이미지와 이상—간호의 사회화와 성차별에 관하여」(앞서 언급한 『간호사는 어떠한 시선으로 비춰져왔는가』 수록)에서 책, 잡지, TV, 영화 등 대중매체에서 제시하는 정형화된 간호사 이미지는 다음 여섯 가지로 분류할 수 있다고 설명한다. '자애로운 천사' '의사의 하녀' '백의의 여성' '성적 이미지의 대명사 혹은 푼수' '잔소리꾼 아내' '고문하는 사람'. 일본 내부 사정도 크게 다르지 않다. 이처럼 진부한 이미지를 창출하는 데 아동용 나이팅게일전 역시 적잖은 기여를 했다.

◆3 위인전 시리즈의 행방

아동도서 편집 현장에도 아동용 위인전의 현실을 걱정하는 사람들이 물론 있다. 「위인전에 새로운 인물을」(〈아사히신문〉 1994년 10월 10일자 기사) 「위인전 주인공으로 새로운 얼굴을」(〈아사히신문〉 1998년 2월 7일자 기사) 같은 신문기사에는 에디슨, 헬렌 켈러, 나이팅게일 같은 기존 위인이 아닌 새로운 인물을 모색하는 현장이 소개됐다. "과거에는 갖은 노력 끝에 성공한 위인이 중심이 됐지만, 복잡한 세상에서 위인전 세계도 함께 변화하고 있다. 아이들이 자신의 미래를 생각하는 데 도움을 줄 수 있는 새로운 역할이 요구된다."(〈아사히신문〉 1998년 2월 7일자 기사) 그러나 4년이라는 시간이 지나서도 똑같은 지면에 내용마저 거의 비슷한 기사가 재차 실렸다는 점에서 짐작할 수 있듯이, 상황이 크게 나아졌다고 생각하기는 어렵다. 실제로 1994년도 기사에서 거론된 시리즈는 전부 고전을 면치 못했으며, 그중에는 아예 통째로 철수한 시리즈도 있다. 다만 새로운 위인전은 모두 다양한 직업을 제시하고 여성 인물을 적극적으로 다룰 것을 방침으로 내세웠기에 그 방향성은 높이 평가할 만하다. 건투를 빈다.

만록총중홍일점을 뛰어넘어

앞서 "이 세상에서는 남자가 훌륭한 사람이야"라는 말을 듣고 싸우게 된 일화를 소개했다. 사실 그 사건에는 후일담이 있는데, "이렇게 된 이상 확실히 마무리를 짓자"는 상황까지 갔다. 남자 위인과 여자 위인을 찾아와 겨뤄보자는 것이었다. 그 결과 드러난 차이는 의외로 근소했다. 적진의 명단은 여든 명, 우리편 명단은 일흔 명 정도였던 것 같다.

우리 부대는 "음, 무승부네"라며 타협안을 내놓은 상대팀을 계속 물고늘어졌다. 남자 위인은 엄청 많이 있는데도 너희가 가져온 명단은 그게 전부야. 그에 비해 우리는 얼마 없는 여자 위인을 이렇게나 많이 찾아왔잖아. 조사 능력의 차이를 인정해!

까맣게 잊어버리고 있던 사건인데 집필에 필요한 자료를 찾으면서 퍼뜩 떠올랐다. 이렇게까지 해본 경우는 별로 없겠지만, 초등학생 때 비슷한 상황에서 비슷한 분노를 겪어본 여자들은 많지 않을까.

이 책에서는 '홍일점'을 키워드로 잡고 오로지 아동매체(영상과 책)에서 묘사되는 여성상에만 초점을 맞추었는데, 마지막으로 한번 더 현실사회를 생각해보자. 애니메이션과 위인전에서 볼 수 있는 구조는 현실사회에도 해당되는 것들이다. 다수의 남성과 소수의 여성으로 이뤄진 소년 왕국 바로 옆 나라에는, 여성만 존재하는 소녀 왕국이 반드시 자리잡고 있다. 명문대학과 여자대학, 의사 사회와 간호사 사회, 기업의 핵심 부서와 비핵심 부서. 여자라는 성별로 태어난 아이들은 진학과 취직이라는 국면을 맞이할 때마다 소년 왕국과 소녀 왕국 사이에서 양자택일을 강요받는다.

애니메이션 왕국이나 위인전 왕국이라는 표현을 사용하긴 했지만 애니메이션과 특촬 드라마 혹은 아동도서의 제작 현장 역시 다수의 남성과 소수의 여성으로 이뤄진 사회다. 물론 많은 여성이 일을 하고 있다. 우수한 노동자도 많을 것이다. 하지만 사회 상층부, 즉 결정권을 쥐고 있는 지위에 가까워질수록 여성 비율은 낮아진다. 이야기 속 여주인공에 대한 제작권과 선택권을 쥐고 있는 자리에도 변화가 필요하다.

만록총중홍일점은 결코 건전한 상태가 아니다. 만록총중홍일점 자체가 불건전하다는 게 아니라, 유독 그 한 가지 구도만 활개치는 현상이 불건전하다는 뜻이다. 남자가 전부인 집단, 남자 여러 명과 여자 한 명인 집단, 성비가 반반인 집단, 여자 여러 명과 남자 한 명인 집단, 여자가 전부인 집단…… 다양한 성비를 이루는 조직이 당연히 존재할 때, 우리는 비로소 성비라는 사소한 문제에 시달리지 않게 될 것이다.

자, 이렇게 책 한 권이 만들어지는 과정도 팀플레이로 이뤄진다. 구상 단계부터 최종 편집 작업까지, 악의 여왕도 울고 갈 만한 사령관 역할을 맡아준 편집자 후카자와 마키 씨. 후카자와 씨와 거듭 작전 회의를 거치지 않았더라면 나의 게으른 함선은 1밀리미터도 앞으로 나아가지 못했을 것이며, 이 책은 빛을 보지 못했을 것이다. 호랑이 정비사라고 불러도 좋을 만큼 날카로운 시선으로 번잡하기 짝이 없던 고유명사, 숫자, 내용의 정확성까지 점검해주신 교정 담당자 시부야 신이치 씨. 그의 예리한 지적과 조사 덕분에 수없는 위기를 모면했다. 천재 과학자라 해도 모자랄 만큼 훌륭한 표지 디자인으로 이 책을 활기 넘치게 변신시켜주신 디자이너 사카가와 에이지 씨, 본문과 도표를 조정하는 사소한 작업이지만 책의 근간을 이루는 업무를 담당해주신 디자이너 후지타 도모코 씨. 그리고 하마터면 도중에 추락할 뻔했던 이 책의 출판을 맡아주신 빌리지센터 출판국 나카무라 미쓰루 씨에게도 진심으로 감사 인사를 전하고 싶다. 이 팀이 국가를 배후로 둔 군대도 홍일점 조직도 아니어서, 그리고 이곳이 전쟁터가 아닌 '책 만들기'라는 창작 현장이어서 정말이지 다행이라 생각해 마지않는다. 책 내용 중 어딘가 부족한 점이 있다면 그건 전부 미숙한 조종사인 사이토의 책임이다.

그럼 마지막으로 성명문을 하나 띄워두도록 하자.

마법소녀와 붉은 전사는 이제 옛것이 되었다. 고루하기로 따지자면 여왕벌 증후군과 버터플라이 증후군 역시 만만치 않다. 애니메이션 왕국과 위인전 왕국은, 아니, 그뿐만 아니라 어떤 사회도 많은 여성의 참여를 통해 반드시 무엇인가 바뀔 것이다. 홍일점의 문제는 첫째로 양, 둘째로 질에 있다. 양과 질의 요소를 충족한 새로운 여주인공은 양과 질의 요소를 충족하여 현실사회를 살아가는 여성들 사이에서 반드시 탄생할 것이다. 다수의 남성과 소수의 여성으로 이뤄진 세상에 철퇴를!

1998년 6월 10일
사이토 미나코

『요술봉과 분홍 제복』은 '포복절도 오락 도서'다. 재미있다는 한마디로 요약할 수 있다. 재미있는 점을 말로 설명하면 듣는 사람은 재미없다고 받아들이는 법이니, 차라리 『요술봉과 분홍 제복』을 재미없게 받아들이는 경우를 상상해보려 한다.

우선 저자에 대해 이야기해보자. 사이토 미나코라는 사람 말이다. 이 사람은 『임신 소설』이라는 평론으로 화제가 되어 "세상의 남성들을 충격으로 몰아넣었다"고 한다.

"~고 한다"는 표현을 사용하는 이유는 전해들은 말이기 때문이다. 나는 저자를 만난 적도, 이야기를 나눈 적도 없다. 공개 출판된 책이나 지인의 지인을 통해 전해들은 말이다.

"무섭다, 무서워. 사이토 미나코는 무서워."

이런 말을 듣곤 했다(혹은 '듣고 있다'가 맞는 표현일까).

"『임신 소설』이 무서웠으니까 『요술봉과 분홍 제복』도 무서울 것"이란 말들에 휩쓸리게 된다면 그렇게 느낄 수도 있겠다.

그렇다면 그 의견의 근원지인 『임신 소설』을 살펴보자. 이 단행본은 1994년에 출판됐는데, 그때부터 줄곧 '미스 미나코 사이토'가 쓴 책인 줄로만 알았다. 버블 경제 시기에 여성지에서 해설가로 자주 등장했던 미스 미나코 사이토. 그는 버블 경제기가 끝나자 모습을 감췄는데, 임신을 하고 결혼('결혼을 하고 임신'했을 수도 있다)했다는 뉴스를 보았다. 그 뉴스를 접한 시기와 『임신 소설』이 출판된 시기가 거의 비슷했기에 한 치의 의심도 없이 『임신 소설』은 미스 미나코 사이토가 배우자와의 만남과 출산, 육아에 관해 저술한 사소설이라고 생각했던 것이다.

"했던 것이다"라고 당당하게 할 말은 아니다. 말도 안 되는 착각이었다. 하지만 그 착각 덕분에 『임신 소설』을 무섭다고 평가하는 사람들을 봐도 미스 미나코 사이토의 호화로운 생활(소비 양상)에 놀란 거겠지, 넘겨짚으며 의심조차 하지 않았다.

그런데 미스 미나코 사이토와 사이토 미나코는 다른 사람인 게 아닌가. 모 잡지에서 사이토 미나코의 프로필을 보고 깜짝 놀랐다. 잡지에는 "사이토 미나코. 1956년 출생. 세이조대학 경제학부 졸업 (…) 미스 미나코 사이토와 다른 인물"이라고 적혀 있었다. 군이 "미스 미나코 사이토와 다른 인물"이라고 쓴 이유는 분명 나와 똑같은 착각을 하는 사람이 많았기 때문일 것이다. (아닌가?)

충격이었다. 어릴 때부터 A형인 줄로만 알고 살았는데 서른 살에 다시 검사를 받고 B형이라는 사실을 알게 된 것만 같은 충격. 충격을 받고 『임신 소설』을 구입하러 갔다. 오랜 시간 착각하고 있었기에 책을 구입하러 갔을 때는 이미 문고판으로 출간된 상태였다.

읽어보니 가히 충격적이었다. "무섭다, 무서워. 사이토 미나코는 무서워"라고 말하는 사람들에게 굉장히 큰 충격을 받았다. 이토록 예리한 지적과 분석이 제기될 때까지 너희들은 아무런 충격도 받지 않은 채 살고 있냐, 이 멍청이들아! 이런 충격이었다.

하지만 그 말은, 즉 보통 사람이라면 『임신 소설』이 무서울 이유가 전혀 없다는 뜻이다. 보통 사람이란, 산소가 없으면 불이 붙지 않는다든가, 가시코*는 여성이 편지 말미에 붙이는 말이라든가, 난자와 정자가 만나면 임신한다는 것 같은 상식을 알고 있는 사람을 말한다. 보통 사람 입장에서 『임신 소설』은 무서울 게 전혀 없는 책이다. 전혀 무섭

* '이만 실례하겠습니다'라는 뜻으로 여성이 윗사람에게 보내는 편지를 마무리할 때 사용하며, 상대방에게 경의를 나타내는 표현이다.

지 않다. 무섭기는커녕 마음이 놓인다. 힐링 평론서라고 해도 될 정도다. 깔끔하게 전개되는 평론과 매력적인 문체에 등골이 오싹해진다는 의미에서의 충격을 별개로 친다면 말이다.

『임신 소설』을 무섭다고 여기는 사람은 골든레트리버 강아지나 아기 삼색고양이가 다가와도 무섭다 할 사람들이다. 그러니 이런 사람은 『요술봉과 분홍 제복』도 무섭게 여길 것이다. 이들은 근시안적인 사람이다. 사물을 바라보는 카메라가 항시 피사체와 가깝게 붙어 있고 그 자리에 고정돼 있는 사람이다. 그들의 카메라는 납땜이라도 된 듯 움직이지 않기에 위치를 바꾸어 피사체를 바라보지 못한다.

이런 사람은 『요술봉과 분홍 제복』의 책장을 넘기면서 '퀴리 부인의 '부인'은 무엇인가' '악의 여왕은 성인 여성을 풍자한 캐릭터' '소년 왕국에는 성희롱이 난무한다' '소녀 왕국 여주인공은 모두 사랑꾼이다'는 글을 읽고(팔랑팔랑 넘겨 읽고) 무턱대고 무서워하며 진저리친다.

"페미니즘(연배가 있는 사람이라면 우먼 리브라는 명칭이 익숙할 것이다)을 외치면서 이제는 애니메이션까지 트집잡는군. 어이구, 무서워라……"

깔보듯이 코웃음치고 진저리치면서도 무서워한다. 세상에는 "뭐가 됐든 남자 잘못이야. 비가 내리고 눈이 내리는 것도 남자 때문이야"라며 화를 내는 사람도 있다. 그들은 감정적인 사람이지만, 그런 사람들에게 몸서리치며 여권이라는 단어만 봐도 "어이구, 무서워. 페미니스트 납셨네"라는 사람도 마찬가지로 감정적인 사람이다.

　재미를 느끼는 것 혹은 웃음 짓는 행위는 카메라 줌렌즈를 당겨보거나 밀어보지 않으면 알 수 없다. 따라서 고정된 카메라 렌즈를 가진 감정적인 사람은 『요술봉과 분홍 제복』을 즐길 수 없을 것이다.

　다만 똑같이 감정적인 근시안을 지닌 사람이라도 "내가 좋아하는 아야나미 레이를 모욕하지 마" "내가 좋아했던 밍키를 폄하하지 마"라며 화내는 사람이라면 『요술봉과 분홍 제복』을 즐길 수 있다. 화를 내는 것도 즐기는 방법 중 하나이기 때문이다.

　더욱이 "모리 유키와 스타샤는 어디어디가 달라. 턱시도 가면과 아시타카는 어디어디가 달라"라며 작품 하나하나 코를 박을 만한 위치에 카메라를 두고 일일이 반론하는 사람은 『요술봉과 분홍 제복』을 200퍼센트 즐길 수 있다. 책을 읽으면서 열띤 토론을 주고받을 수 있지 않은가. 독서의 즐거움이란 바로 이런 것이다.

　"〈에반게리온〉은 『더없이 카모시다』*와 똑같아. 자위에 대한 길고 장황한 변명이지"라고 마냥 가볍게 평가하는 사람은 『요술봉과 분홍 제복』도 가볍게 독파한 나머지 책에 대한 이해도가 50퍼센트에 그칠

* 일본의 러브코미디 만화. 작가는 야마모토 나오키.

지도 모르니 말이다.

　고양이도 가까이서 보면 호랑이고, 호랑이도 멀리서 보면 고양이다. 오래 살아서 익숙한 집도 천장에서 내려다보면 어쩐지 다른 집처럼 보인다. 쌍안경을 거꾸로 들고 들여다보면 익숙한 동네도 모르는 동네처럼 느껴진다. 그 모습을 어색하다고 느끼든 신선하다고 느끼든, 어느 쪽이든 재미있다는 느낌일 것이다.

　셰익스피어의 『로미오와 줄리엣』을 눈물의 비극이라는 관점에서 본다면 두 주인공이 키스하는 장면은 뜨거운 입맞춤을 나눈 것으로 보일 테고, 후지코 후지오의 단편만화 『우주인 리포트 샘플 A와 B』(우주인이 로미오와 줄리엣을 연구한다는 설정)에 나오는 우주인의 관점에서 본다면 '호흡기관과 호흡기관을 접촉시킨 것'으로 보일 것이다. 그렇다고 해서 키스를 했다는 사실을 후지코 후지오가 왜곡한 건 아니다.

　"이슬이는 동성 친구가 없다"는 이 책의 내용도 사실이다. 〈도라에몽〉이 재미없는 작품이라는 뜻이 아니다.

　사물을 보는 각도와 거리에 변화를 줄 때, 이전의 시점과는 또다른 재미를 느끼게 된다. 그것이 바로 '재미'다. "그러고 보니 이슬이는 여자 친구가 없어. 항상 진구랑 영민이하고만 놀고……" '그러고 보니 정말 그렇네'라고 생각하는 건 작품과 작가를 비방하는 행위가 아니거니와 남성을 비방하는 것도, 여성을 비방하는 것도 아니다. '이상하

네. 왜일까?'라고 의문을 품는 것일 뿐이며 의문을 품지 않는 사람이나 이제껏 의문을 품지 않고 살아온(애니메이션과 위인전 업계가 지나온) 세월에 질문을 던지는 것이다.

의문을 품지 않는 사람은 이 책을 두고 "왜 그렇게 성별에 집착해?"라며 천진난만한 얼굴로 고개를 갸웃거릴 것이다. 그저 주어진 상황에 따라 흘러갈 뿐 어떠한 의문도 품지 않는다. 그렇기에 『요술봉과 분홍 제복』이야말로 세상을 향해 '왜 그렇게 성별에 집착해?'라는 의문을 던지는 책이라는 사실을 깨닫지 못하는 것이다.

『요술봉과 분홍 제복』은 성별에 집착하는 책이 아니다. 주제를 정해둔 끝말잇기(꽃 이름이나 칵테일 이름 등 정해진 주제의 낱말로 이어가는 끝말잇기)처럼 성별에 초점을 맞춘 렌즈를 설치해놓고 이를 통해 바라본 애니메이션과 위인전의 그라피티를 즐기는 책이다. "장난감업계와 동맹을 맺기라도 한 건지 이상하리만치 군장비 확장을 지향한다" 같은 이러한 문장도 재미있다. 다른 예시를 구체적으로 더 들 지면의 여유가 없지만, 강약이 한데 섞인 리듬감과 독특한 유머가 담긴 문체는 사이토 미나코의 평론이 지니는 가장 큰 매력일 것이다.

즐겁게 그라피티를 구경하다보면, 이 세상에는 여성이 있으면 남성도 있고, 개를 좋아하는 사람이 있으면 고양이를 좋아하는 사람도 있고, 둘 다 좋아하는 사람도 있고, 둘 다 싫어하는 사람도 있고, 다양한

사람이 있음을 느낀다. 그러니 굳이 성별에 집착할 필요는 없지 않을
까? 이것이 내가 이 책을 포복절도 오락이라고 설명하는 이유다.

히메노 가오루코

1970년대 중반부터 2000년대 초반에 걸쳐 전성기를 누리던 옆 나라 일본의 애니메이션은 90년대 무렵 우리나라에 본격적으로 진출하기 시작해 국내에서도 누구나 쉽게 접할 수 있게 됐다. 내가 어려서부터 만화를 유달리 좋아해 일본어를 익히게 된 계기도 그 덕이었다. 그 말인즉슨, 성적 가치관이 올바로 자리잡기도 전에 주체적으로 여성 혐오misogyny에 노출되고 있었다는 것이다. 그런 채로 아주 활발히 여성 혐오를 행해왔다. 물론 이는 내 의지와 상관없이 현재도 진행중이다.

사이토 선생님의 문장에는 '맛'이 있다. 반어법을 이용한 비판과 직설적인 질타를 능숙하게 번갈아가며 활용하는 전문 평론가의 여유가 고스란히 느껴진다. 그런 훌륭한 글인 만큼 우리말로 옮기는 데 적잖은 애를 먹었다. 고도의 '돌려 까기'를 즐겨하는 그의 말을 왜곡 없이 전달하기 위해 고쳐 쓰기를 수십 번. 하지만 번역을 하면서 이만큼 유쾌하고 신나는 책을 또 만날 수 있을까 싶었다. 무뎌져 있었던 불쾌함에 분노하고 한편으로는 속이 뻥 뚫리는 통쾌함을 맛보면서 아주 즐겁게 작업했다는 감상에는 거짓이 없다고 단언할 수 있다.

불과 몇 년 전에 쓴 것이라 해도 크게 어색하지 않을 이 책은 일본에서 1998년에 출간되었다. 자그마치 20여 년 전, 버블 경제 호황으로 애니메이션 황금기를 지나온 일본의 어린아이들이 하나둘 사회인이 되었을 무렵이다. 이후 국내에 들어온 일본 만화를 보며 자란 세대인 80, 90년대생이 지금 2030세대가 되었으니, 마침 『요술봉과 분홍 제복』을 국내 독자들에게 소개할 적기라고 생각했다. 하지만 세월이 꽤나 흐른 작품이라는 이유로 선뜻 출판을 고려하는 국내 출판사가 많지 않았기에, 이 예전 책을 다시금 세상에 꺼낼 타당성을 찾는 것이 글을 옮기기 전 나에게 주어진 가장 큰 숙제였다.

언젠가 집에서 TV 채널을 돌리다 우연히 보게 된 애니메이션에서는 남성 캐릭터의 스토킹 행위가 여성 캐릭터를 향한 수줍은 짝사랑의 표현으로 그려지고 있었다. 머리를 세게 얻어맞은 기분이었다. 혹시나 하는 마음에 인터넷 검색을 해보니 불과 이전 해에 방영이 시작된, 심지어 국내에서 제작된 것이란다. 내가 TV에서 그 애니메이션을

봤을 때는 2018년이었다. 뉴스에서는 연일 '미투 폭로' 보도가 이어지고 피해자와 가해자가 하루가 멀다 하고 쏟아져나오고 있었는데 말이다. 비단 그 작품만이 아니더라도 세월이 흘러 다시금 마주한 현대 애니메이션의 구조는 역시나 홍일점 또는 홍전부라는 점에 변함이 없었고, 이야기 속 여자아이들은 여전히 마법으로 꿈을 이루고 사건을 해결하고 있었다.

그날의 충격을 통해 얻어낸 타당성은 혹시 모를 미래의 '제2의 나'가 자라나는 것을 방관하지 않기 위함이었다. 버터플라이 증후군을 안고 살아온 나는 불행했고, 지금 여권 신장을 외치면서도 어디선가 나타날지 모르는 왕자님에 대한 기대를 뿌리쳐내지 못하는 내면의 모순에 괴리를 느끼고 있기 때문이다. 과거에 나는 대중매체가 각인시킨 홍일점에 대한 환상을 품으면서도 막상 그러한 입장에 놓일 때면 불편함에 몸 둘 바를 모르곤 했다. 특별한 존재가 되었다는 우월감보다는 '그렇게 보여야 한다'는 압박감에 눌려 있었던 것 같다. 어쩌면 주체적인 다수의 남성과 대비해 그럴 수 없는, 혹은 그래서는 안 되는 나를 인지한 무의식의 박탈감이었을지도 모른다. 그후로 성인이 되어 『요술봉과 분홍 제복』을 읽기 전까지도 나는 이것이 무슨 감정인지 알 길이 없었다. 조심스레 짐작건대 아마 적지 않은 여성이 느껴본 감정이었으리라. 지금 생각하면 정형화된 여성의 삶이 주입식으로 새겨진 것에 대한 부작용이었는지도 모른다. 다만 누구도 나에게 그러한 삶을 직접적으로 강요한 사람은 없었다. 단지 소설이나 애니메이션 같은 '드라마'에 곧잘 몰입하는 성향이었을 뿐이다. 어린아이들은 눈앞에 펼쳐지는 세상을 여과 없이 받아들인다.

책에서 저자가 지적하는 아동매체 속 여성상의 문제, 다시 말해 여성 캐릭터의 양·질적 문제는 당연히 애니메이션이나 도서에 국한되는 사안이 아니며 영화, 드라마, TV예능 프로그램, 나아가 게임, 연극, 뮤지컬 등 장르를 불문하고 사정은 크게 다르지 않다. 오히려 요즘은 어떤 장르가 꼭 아동만을 대상으로 하지도 않는다.

과거를 살아오고 오늘을 살아가는 우리가 여성 혐오로부터 완전히 해방되려면 정말 많은 노력이 필요할 것이다. 인류 절반을 차지하는 여성들의 기본권을 촉구하는 운동은 오늘도 계속되고 있다. 그런 격동의 시대를 살아가는 지금, 사회의 인식도 차츰 변화하고 있다. 공주님을 꿈꾸던 여자아이는 대상화와 선망을 거부하기 시작했고, 마법소녀를 꿈꾸던 여자아이는 주체적 힘을 갈망하기 시작했다. 이제 겨우 시작일 뿐이지만 그 어떤 대작 드라마보다 장대한 서막일 것이라 믿어 의심치 않는다.

노예가 되기를 거부하여 자유와 혁명을 노래하는 〈레미제라블〉에 열광하면서도 민주사회 시민으로서의 기본권 보장을 외치는 〈서프러

제트)에 냉담하던 이 사회의 온도차는 여전히 나를 무기력하게 만든다. 하지만 그럼에도 낙담한 채 멈춰 서지 않는 이유는, 세상이 분명 변화하고 있다고 믿기 때문이다. 그 어떤 이유에서건 당신이 이 책을 펼쳐 읽고 있다는 게 바로 그 증거 아니겠는가.

자기 인생의 주인으로서의 권리와, 세상의 주인공이 될 자격은 모두 평등하게 누릴 수 있어야 한다. 마땅한 일이지만 마땅히 실행돼오지 못한 일이다. 고루한 관념을 철폐하는 방법은 사실 그리 어렵지 않다. 무엇보다 아이들에게 열린 세상을 전해야 할 매체가 그들의 정당한 길잡이가 되어줄 수만 있다면 말이다.

권서경

요술봉과 분홍 제복

세일러 문부터 헬렌 켈러까지, 여주인공의 왜곡된 성역할

초판 인쇄 | 2020년 10월 16일
초판 발행 | 2020년 10월 28일

지은이 사이토 미나코 | 옮긴이 권서경 | 펴낸이 염현숙

책임편집 유지연 | 편집 구민정 김수현
디자인 이효진 이주영 | 저작권 한문숙 김지영 이영은
마케팅 정민호 박보람 우상욱 안남영
홍보 김희숙 김상만 지문희 김현지
제작 강신은 김동욱 임현식 | 제작처 한영문화사

펴낸곳 (주)문학동네
출판등록 1993년 10월 22일 제406-2003-000045호
주소 10881 경기도 파주시 회동길 210
전자우편 editor@munhak.com | 대표전화 031)955-8888 | 팩스 031)955-8855
문의전화 031)955-8895(마케팅) 031)955-2690(편집)
문학동네카페 http://cafe.naver.com/mhdn | 트위터 @munhakdongne
북클럽문학동네 http://bookclubmunhak.com

ISBN 978-89-546-7507-9 03300

www.munhak.com